Estética da Comunicação

Dados Internacionais de Catalogação na Publicação (CIP)
(Câmara Brasileira do Livro, SP, Brasil)

Martino, Luís Mauro Sá
  Estética da Comunicação : da consciência comunicativa ao "eu" digital / Luís Mauro Sá Martino. – Petrópolis, RJ : Vozes, 2007.

  Bibliografia
  ISBN 978-85-326-3588-4

  1. Comunicação – Pesquisa 2. Estética I. Título.

07-7641   CDD-302.201

Índices para catálogo sistemático:
1. Comunicação e estética : Sociologia   302.201
2. Estética da Comunicação : Sociologia   302.201

Luís Mauro Sá Martino

Estética da Comunicação
Da consciência comunicativa ao "eu" digital

Petrópolis

© 2007, Editora Vozes Ltda.
Rua Frei Luís, 100
25689-900 Petrópolis, RJ
Internet: http://www.vozes.com.br

Todos os direitos reservados. Nenhuma parte desta obra poderá ser reproduzida ou transmitida por qualquer forma e/ou quaisquer meios (eletrônico ou mecânico, incluindo fotocópia e gravação) ou arquivada em qualquer sistema ou banco de dados sem permissão escrita da Editora.

Diretor editorial
Frei Antônio Moser

Editores
Ana Paula Santos Matos
José Maria da Silva
Lídio Peretti
Marilac Loraine Oleniki

Secretário executivo
João Batista Kreuch

Editoração: Dora Beatriz V. Noronha
Projeto gráfico: AG.SR Desenv. Gráfico
Capa: Marta Braiman

ISBN 978-85-326-3588-4

Este livro foi composto e impresso pela Editora Vozes Ltda.

Este livro demorou oito semanas para ser escrito. No entanto, de outro ponto de vista, reflete doze anos de estudos. Um trabalho desenvolvido durante mais de uma década depara-se obrigatoriamente com uma série de modificações, hesitações, escolhas e maneiras de compreender os códigos da realidade. Ao longo dos anos, as linhas do texto escrito se entrelaçaram com novas experiências, diálogos e leituras. A solidão do ato criador não é senão o momento de organizar os diálogos, as vozes, as críticas e as idéias.

Identificar todas é impossível: quem poderá se lembrar de todos os que atravessaram sua rota? Mas alguns não podem deixar de ser citados.

Aprendi este livro dos meus alunos. No espaço da sala de aula, as idéias e os comentários levam o pensamento por caminhos inesperados, e, em alguns, há a marca da genialidade. Depois é torcer e fazer o possível para encontrarem seu espaço.

O diálogo com alguns professores foi desafio e treinamento. Tive o privilégio de conviver com pessoas para quem o conhecimento é experiência a ser compartilhada. Deles ganhei mais do que idéias. Ganhei livros, textos, interrogações. De um deles, com quem aprendi o que eu seria, ganhei uma cachorrinha.

Os amigos? Ah, com eles a gente segue em frente. Acompanharam a evolução deste livro, mesmo sem saber. O grupo que editou a revista eletrônica *Aleph* durante alguns anos e hoje faz microrrevoluções no cotidiano. Mesmo quando o sentido do mundo se esconde no absurdo. E, sobretudo, há pessoas que desmontam o absurdo e deixam a vida como um *mistral-gagnant*.

O espaço do saber existe com outras pessoas. Não existe conhecimento fora do diálogo. Mais além, só a ilusão e o silêncio.

Sumário

Introdução – As linhas da textura, 9

    A. A construção do conceito, 10

    B. Método e divisão das partes do livro, 19

        Parte I – A produção da consciência comunicativa, 25

1. Comunicação e consciência, 31

    A. Os limites da percepção, 34

    B. O olhar intencional e a fronteira de contato, 36

2. Tempo e comunicação, 42

    A. A tomada reflexiva de consciência, 42

    B. A consciência do ser no tempo, 47

        Parte II – Consciência, signos, comunicação, 55

3. Linguagem e a realidade do ser, 59

    A. Linguagem e sentido, 61

    B. A realidade como texto, 67

4. Hábitos mentais e signos, 69

    A. O olhar automático e a ilusão do real em *Um estudo em vermelho*, 72

    B. A organização mental de Sherlock Holmes, 78

    Parte III – Comunicação negativa: poder e vida cotidiana, 83

5. Espaços de silêncio, 85

    A. O controle do discurso, 90

    B. O deserto da comunicação em *Roteiro do silêncio*, 104

6. Da realidade social aos signos da mídia, 118
   A. A comunicação e os limites da realidade, 127
   B. Mídia e realidade em *A hora da estrela*, 142

   Parte IV – Os novos lugares da comunicação, 155
7. Arquitetura empresarial e pensamento capitalista, 161
   A. A influência visível de um poder invisível, 165
   B. A reprodução das formas de pensamento, 168
8. A criação do eu digital, 175
   A. A lógica da ação virtual, 179
   B. A cidade eletrônica, 183

Conclusão – As dobras do texto, 197
Bibliografia citada, 201

Introdução
As linhas da textura

> *Do logos com que sempre lidam, se afastam e por isso as coisas que encontram lhes parecem estranhas.*
> Heráclito, fragmento 72.

No século XXI, o ser humano se recria a partir da mídia. O movimento iniciado há um século com o cinema e a televisão atinge um grau inédito, no qual as pessoas têm a possibilidade de criar uma nova identidade individual nas mídias eletrônicas, ao mesmo tempo em que o planeta se unifica quase à força no fluxo global de imagens e sentidos. Estética da Comunicação ataca o fundamento desse problema, mostrando o denominador comum entre as questões éticas e políticas da comunicação – da consciência do indivíduo à construção do "eu" digital.

As pessoas estão mergulhadas em um oceano de signos e mensagens, mas quase não se dão conta disso. Estética da Comunicação mostra as transformações no indivíduo e no cotidiano a partir da comunicação e esta ocupa todos os lugares, isto é, todos os espaços da vida cotidiana são preenchidos por relações de comunicação.

Estética da Comunicação é o ramo da teoria da comunicação que trata das relações entre o indivíduo e a mídia a partir de uma perspectiva de interação entre a consciência, seu mundo da vida e a mensagem.

Para a Estética da Comunicação não existe um momento de recepção de uma mensagem; mensagens circulam o tempo todo no espaço social; o indivíduo apropria-se delas, transforma-as, define-se com elas e através delas. O indivíduo se define a partir de suas relações de comunicação, em sua sensibilidade (*aisthesis*) para organizar e reorganizar os fluxos contínuos de mensagens e se definir em relação a eles, bem como aos outros indivíduos, em uma seleção dos eventos comunicativos, dos signos, das mensagens. Nesse ponto, não se trata de uma nova teoria da recepção, mas em considerar a existência humana como um imenso percurso de significações presentes não apenas nas ações comunicativas, mas em todas as ações sociais.

O tema remete a um paradoxo: o Ser está ligado à singularidade; comunicação prevê a alteridade. O indivíduo é único, mas existe junto com os outros. Como isso acontece? O Ser pode existir em si; a partir do instante em que se fala em comunicação, supõe-se necessariamente outro Ser, em relação com o primeiro, para o qual se dirige o foco de qualquer interação. A Estética da Comunicação deve considerar o Ser como um ente relacional, em contato com outros seres.

A. A construção do conceito

A existência é uma relação de comunicação. As formas e modalidades dessa relação são o objeto deste livro. O conhecimento humano, suas ações e suas razões práticas, seus julgamentos de valor fundam-se na interação recíproca entre os seres[1].

A Estética da Comunicação tem como objeto as relações e os atos de comunicação intersubjetiva subjacentes a toda existência humana – a noção de "intersubjetividade" compreendida aqui como o elemento construtor da realidade social[2].

A realidade social é construída na intersubjetividade, à medida que os indivíduos definem e redefinem a realidade em torno de signos e significados comuns, geradores de práticas comuns; em outras palavras, de um senso comum. Os meios de comunicação de massa atuam nessa relação intersubjetiva amplificando o alcance dos significados e carregando-os de um aspecto político na medida em que fazem necessariamente uma seleção dos significados disponíveis em cada mensagem[3].

O indivíduo está sempre em comunicação – a consciência é comunicativa, mas também há relações similares na esfera particular, na interação com o grupo, na integração com a massa de telespectadores. O elemento básico, a sensibilidade do indivíduo diante da mensagem,

---

1. "O modo de ser do *Da-Sein* como potencialidade de ser está existencialmente na compreensão" (HEIDEGGER, M. *Being and time*. New York: University of New York Press, 1996, p. 134).

2. "Comunicação é uma ação, um processo ativo no qual não há elementos passivos. Assim, os ouvintes ou receptores de uma mensagem devem ser participantes ativos no evento comunicativo" (CAMPBELL, P. "Communication Aesthetics". *Today's Speech*, Summer 1971, p. 10).

3. "O domínio do sensível se expande para além da esfera privada, ou seja, aquela onde nós construímos nossa personalidade, nossas relações subjetivas e utilizamos os objetos disponíveis aos nossos sentidos" (CAUNE, J. *Esthétique de la communication*. Paris: PUF, 1997, p. 5).

está sempre presente. Suas mudanças e formas de atuação também constituem o objeto de uma Estética da Comunicação[4].

O conceito de "estética" é aqui usado em um sentido amplo. Geralmente entende-se estética como o estudo da obra de arte, uma área da filosofia[5]. O termo, no entanto, é de origem grega – a já assinalada *Aisthesis* – e significa "sensibilidade" em um sentido ao mesmo tempo amplo e profundo. Uma atividade dos sentidos relacionada, no entanto, com as possibilidades mentais de atividade. É esse o conceito pensado quando se fala em uma Estética da Comunicação. Não se trata do estudo da obra de arte ou dos determinados elementos artísticos das mensagens da mídia, mas pensar as relações entre os meios de massa e o indivíduo como um exercício de sensibilidade e produção – uma *aisthesis* geradora de uma *poiesis*[6].

Uma Estética da Comunicação tem em vista o estudo dos atos comunicativos na dimensão de sua relação entre sujeitos, partindo do princípio de que é no indivíduo, em sua sensação perceptiva – sua *aesthesis* – que está centrado o processo de comunicação. A consciência individual em sua relação de intencionalidade com as outras consciências é o elemento pelo qual flutuam os sentidos de qualquer fluxo de comunicação.

O trânsito dos signos existe na medida em que há um código comum para decifrar seu sentido, e isso – os códigos, ou protocolos, de produção, circulação e recepção do ato comunicativo – só pode encontrar espaço na dimensão intersubjetiva. Uma Estética da Comunicação procura centrar seu foco nessa dimensão perceptivo-produtiva da consciência do ser.

---

[4]. "Para compreender nosso sistema televisivo, mesmo em sua dimensão histórica e ideológica, devemos estar atentos, ainda que parcialmente, às questões literárias. Devemos estar aptos a ler esses textos do modo como a audiência vai recebê-los: como histórias ou dramas, artefatos estéticos, cujo significado será completo apenas se empregarmos, ao lado de outros métodos de interpretação, as estratégias de leitura tradicionalmente usadas na crítica de cinema e literária" (THORBURN, D. "Television as an Aesthetic Medium". *Critical Studies in Mass Communication*, 4 (1987), p. 165).

[5]. "A rigor, o domínio dos fenômenos estéticos não está circunscrito pela arte, embora encontre nesta sua manifestação mais adequada" (NUNES, B. *Introdução à filosofia da arte*. São Paulo: Ática, 1989, p. 15).

[6]. "Perceber no sentido de criar a razão para o ato de percepção. Isto, de fato, é usar um sentido mais amplo do termo. Devemos começar, creio, pois é precisamente esta noção que é apropriada para constituir os atos da linguagem" (CAMPBELL, P. "Communication Aesthetics". *Today's Speech*, Summer/1971, p. 9).

Diferencia-se, dessa maneira, da chamada Estética da Recepção na medida em que não pensa no uso da mensagem feita pelo sujeito, mas nas relações do sujeito no processo de comunicação. Afinal, uma Estética da Recepção, em suas várias formas, deixa de considerar que o produtor da mensagem também é um sujeito e, portanto, mesmo em uma rotina de produção industrial – com sua contrapartida no consumo de massa – acontece também na microrregião das relações individuais, na qual as percepções e trabalhos da consciência ocupam o lugar proeminente.

O publicitário que desenha um cartaz mantém com ele uma relação pessoal – assim como o jornalista ao escrever um texto ou o radialista produzindo um programa. Por mais mecanizado e rotineiro que seja o trabalho, o criador precisa pensar, imaginar, criar e, para isso, comporta-se em uma relação pessoal com o objeto, mesmo que em um nível mínimo decorrente da repetição da mesma atividade.

Mesmo o procedimento de um trabalho repetitivo, amparado por uma produção em larga escala em constante demanda de mais elementos em menos tempo, não é o suficiente para sufocar as manifestações da consciência individual em relação ao seu objeto – daí a criação de peças dotadas de valor artístico mesmo dentro das indústrias da cultura.

A Estética da Comunicação é o estudo dessas relações individuais com o objeto. Esse indivíduo está em permanente relação com os outros e, portanto, vive em um oceano de signos intersubjetivos compartilhados por seus grupos sociais, com os quais divide práticas, gostos, idéias e conhecimentos. Sua relação com o mundo é constantemente mediada por todos esses fatores interpessoais, sem mencionar as questões de atividade da consciência. Uma Estética da Comunicação procura entender de que maneira os signos intersubjetivos circulam dentro da sociedade, sendo criados e recriados a cada instante na interação individual. Dessa maneira, é um estudo das relações entre indivíduos e comunicação, levando-se em conta que esse indivíduo é uma consciência-em-relação, um ser-no-mundo.

Evidentemente tal procedimento encontra raízes recentes na Fenomenologia, mas esse campo de estudos não é novo. Os vínculos poderiam ser remontados mesmo à fenomenologia hegeliana, à estética transcendental de Kant ou mesmo antes, nos estudos do conhecimento de Santo Tomás de Aquino ou, antes ainda, em Aristóteles. O conjunto díspare de nomes não deve causar estranhamento na medida em que há uma base comum em sua compreensão do ser-no-mundo como um elemento em relação e, portanto, em comunicação.

A busca desse elemento comum guia a Estética da Comunicação entre vários caminhos do saber, exclusivamente em razão de seu objeto não se confundir com o de outros pontos da teoria da comunicação, centrados no trinômio emissor-mensagem-receptor em seus múltiplos descendentes intelectuais. O emissor e o receptor são sujeitos de um processo mais amplo do que ambos, ao mesmo tempo por ambos produzido e fora de seu controle direto.

A Estética da Comunicação procura ver esse caminho em perspectiva, de outro ângulo – como se fosse possível, digamos, ver uma constelação de estrelas a partir de um planeta situado ao lado e encontrar, com o mesmo grupo de estrelas, outras formas, e notando que as relações presumidas eram apenas uma opção na maneira de ver, não uma necessidade oriunda de práticas reais. Esse é o objetivo de uma Estética da Comunicação tal como se explora neste trabalho[7].

O sentido de uma Estética da Comunicação refere-se à elaboração de uma metodologia centrada no sujeito, no ato intencional da consciência comunicativa, do qual a sensibilidade artística é apenas uma parte.

A palavra "estética" está ligada ao campo da arte. No entanto, esse uso é recente se comparado com a significação original da palavra. Em primeiro lugar, atualmente pensa-se em "estética" como o ramo da filosofia que trata da arte – e confunde-se, não poucas vezes, com a própria Filosofia da Arte ou a Sociologia da Arte. Estudar estética é estudar as manifestações e formas do belo, o que diferencia o belo natural do belo artístico e mesmo, em certos casos, uma história dos componentes de cada escola artística.

Esse uso, no entanto, remonta a Hegel. O filósofo de Iena, em suas palestras introdutórias sobre arte, toma a palavra "estética" como o que se entende hoje por Teoria da Arte, procurando explicar o desenvolvimento das formas artísticas desde a Grécia Clássica até seu tempo presente, o século XIX, como uma progressiva manifestação do espírito rumo ao Absoluto. A "estética", nesse sentido, seria o estudo dessas manifestações em suas variadas formas em seu caminho rumo à beleza.

---

[7]. "[Destaca-se] a posição central da perspectiva estética na maior parte dos estudos da cultura popular, especialmente nos filmes, programas de televisão e *shows* de *rock*, que contêm narrativas, representações ou apresentações de espetáculos musicais" (THORBURN, D. "Television as an aesthetic medium". *Critical Studies in Mass Communication*, 4, 1987, p. 162).

A filosofia da arte de Hegel está contida em sua estética – e, desde então, o uso se generalizou. Nem mesmo Hegel deixa de lembrar, no entanto, que o estudo do Belo está ligado às impressões do Belo sobre cada indivíduo e, portanto, se é possível retrilhar o caminho rumo ao Absoluto, não se pode pensar nisso sem se levar em conta a dimensão individual da arte – a impressão causada por uma determinada obra.

No entanto, o primeiro vínculo efetivo entre o uso da palavra "Estética", como aplicação de um pressuposto metodológico-filosófico ao gosto, data de sessenta anos antes de Hegel, quando Alexander Baumgarten, em um estudo sobre arte, propõe o uso da palavra "Estética" para pensar as manifestações do Belo[8].

Segundo Hegel, sua idéia original, partindo do grego *kalias*, "o belo", era batizar sua ciência da arte de *kalística*, mas, tendo em vista a dimensão peculiar restrita ao sujeito, rebatizou-a com o nome hoje conhecido. O uso da palavra "estética", no entanto, não foi completamente modificado na medida em que conservou sua acepção de uma "percepção" porquanto levava em conta as relações entre sujeito e objeto[9].

A noção de *aesthesis* na Antigüidade Clássica referia-se vagamente ao que hoje se entende como um estudo do belo artístico. Tratava-se de designar com isso um tipo específico de sensação, entendida como a impressão causada nos sentidos – e, portanto, na mente – pelos objetos exteriores. A "estética", nesse caso, seria o instante e o local no qual acontece a percepção do mundo externo e sua ligação com a mente – o instante no qual o sujeito e o objeto se ligam em uma relação.

Assim, o uso da palavra "estética" não está relacionado à perspectiva de um estudo dos aspectos artísticos da mídia ou a algum tipo de relação entre arte e meios de comunicação, mas a estética como uma percepção transcendental dos elementos externos à consciência. A estética é o local da produção de sentido. Portanto, uma Estética da Comunicação necessariamente passa pelo local por excelência no qual esse fenômeno acontece: a consciência individual. Trata-se antes de um fe-

---

8. "Já os filósofos gregos e os Padres da Igreja sempre distinguiram cuidadosamente as coisas sensíveis (*aisthéta*) das coisas inteligíveis (*noéta*). É evidente o bastante que as coisas sensíveis não equivalem somente aos objetos das sensações, uma vez que também honramos com esse nome as representações sensíveis de objetos ausentes (logo, os objetos da imaginação). As coisas inteligíveis devem, pois, ser conhecidas a partir da faculdade do conhecimento superior, e se constituem objeto da lógica; as coisas sensíveis são objetos da ciência estética (*episteme aisthetike*), ou então, da estética" (BAUMGARTEN, A. *Estética*. Petrópolis: Vozes, 1993, p. 53).
9. HEGEL, G.W.F. *Introductory lectures on aesthetics*. Londres: Penguin, 1993, p. 29.

nômeno do que de um campo de estudos. Esse fenômeno é o centro do processo comunicativo justamente por escapar das categorias simples de análise como elementos isolados, mas focar-se na interação. Espaço de convergência de estudos, a Estética da Comunicação tende a buscar elementos teóricos e conceituais nas correntes de pensamento onde a centralidade do sujeito é o fundamento. Essa perspectiva mantém no horizonte, o tempo todo, a possibilidade de integração de campos, áreas, teorias e métodos na investigação.

As categorias de análise de um único ramo da ciência tendem a reduzir os objetos de investigação a si mesmas, fechando-se em aglomerados de conceitos inter-relacionados e que, em seu desenvolvimento, costumam valer mais em si do que por conta de sua aplicação. Com isso, o diálogo entre os saberes torna-se uma ficção contestada a cada instante pelas práticas de estudo. O estudo deve existir por conta das variações do objeto. A pluralidade de métodos é o equivalente teórico a uma realidade fluida, em movimento inesgotável. A corrente de acontecimentos da realidade desafia quaisquer interpretações unilaterais[10].

Ao movimento do mundo real deve corresponder um método de investigação, com a similar base conceitual, igualmente aberto à contribuição de diversas áreas do saber. No estudo da comunicação, a multiplicidade do objeto – a rigor, uma unidade múltipla – multifacetada conforme esta ou aquela teoria. No lugar da divisão, a soma. Os processos de comunicação são demasiado complexos para serem explicados por esta ou aquela teoria. Das ciências cognitivas à filosofia, as ciências humanas são chamadas a integrar constelações teóricas para uma compreensão do fenômeno comunicativo[11].

---

10. Sem entrar no mérito de uma discussão sobre a validade e os limites de uma perspectiva inter ou transdisciplinar, é útil ressaltar que a pluralidade de faces de um objeto, longe de constituir qualquer problema para sua análise, é antes um estímulo à integração dos saberes de várias áreas na construção teórica e metodológica de compreensão. Isso, sem dúvida, gera uma diluição de fronteiras em prol do objeto. No conselho de Antonio Cândido a respeito da comunicação literária, pronto a ser seguido em uma Estética da Comunicação, "uma crítica que se queira integral deixará de ser unilateralmente sociológica, psicológica ou lingüística, para utilizar livremente os elementos capazes de conduzirem a uma interpretação coerente" (CÂNDIDO, A. *Literatura e sociedade*. 6. ed. São Paulo: Cia. Editora Nacional, 1980, p. 7).

11. "O preço pago por tal extensão da competência científica para incluir o homem e a sociedade é alto. O diálogo é sacrificado, e com ele é sacrificado o conhecimento em prol do reconhecimento. O resultado é a solidão do conhecimento: um conhecimento não reconhecido nem reconhecível. Pois se o conhecimento não for reconhecido dialogicamente, não for resultado de diálogo, e não se dirigir rumo ao outro, passa a ser absurdo" (FLUSSER, V. *Pós-história*. São Paulo: Duas Cidades, 1983, p. 53).

Aliar, por exemplo, a especulação filosófica às descobertas da psicologia cognitiva para entender o ato da consciência-em-relação auxilia a construir os caminhos de uma investigação centrada no Ser em sua necessária relação com o Outro. Não há nada de errado em tomar as referências de diversos pontos. O medo da contradição só poderia existir se o objeto não fosse também contraditório – o ser humano não pode ser reduzido a categorias estanques. O diálogo entre o conhecimentos de várias modalidades oferece o caminho possível para delinear os elementos do ato de comunicação. O objeto das ciências humanas é contraditório, e as ciências humanas devem convergir, não dividir.

A contradição existe, mas se resolve no diálogo. Não é outro o objetivo de uma Estética da Comunicação. Há um risco nesse tipo de diálogo entre o objeto e várias fontes de interpretação. É tornar uma obra a referência única e sua "visão de mundo" universal. Em outras palavras, é importante evitar a reificação dos conceitos abordados e procurar sua base real de construção conceitual. Nesse particular a tentativa de uma visão objetiva do trabalho e dos autores, conquistada no diálogo com textos, mas também com colegas, amigos e alunos, são válidos para encontrar outros caminhos e lembrar, a todo o momento, a parcialidade da visão adotada.

A narrativa coerente passa, em uma espécie de *continuum*, por caminhos distantes como as Ciências Exatas e a História, a Psicologia e a Química. E, sobretudo, pela simbólica e pelas artes da narrativa – isto é, pela comunicação. Aliás, em vários momentos pode-se perguntar se o "interdisciplinar" não se torna "indisciplinar", no sentido de negar a divisão artificial do conhecimento em disciplinas universitárias estanques.

Não seria isso uma tentativa ingênua de objetividade ou ecletismo, perante o trabalho, é claro, mas apenas uma possibilidade de "abertura da ciência", sem nenhuma pretensão. Afastando-se da razão analítica e dos conceitos utilizados ao longo do trabalho, isto é, do *logos* predominante, é possível encontrar o efeito de distanciamento retirado da epígrafe de Heráclito na abertura desta Introdução e obter um mínimo de distância entre o efeito de uma primeira leitura e de um trabalho mais amplo.

A palavra "estética" aqui é entendida no sentido original grego, como a impressão causada nos sentidos por um elemento externo. A comunicação é essa interação contínua. A pessoa é aquilo que consegue comunicar aos outros. Numa palavra, existir é comunicar. Da conversa entre duas pessoas à televisão, da linguagem familiar ao diálogo formal, da arquitetura à internet, Estética da Comunicação mostra como as diversas formas de comunicação atuam na vida dos indivíduos, mesmo nas situações em que isso parece menos provável[12].

Campo relativamente novo – os primeiros estudos na área datam dos anos 70 –, a Estética da Comunicação ganha terreno nos estudos de comunicação por sua perspectiva de derrubar algumas dicotomias, neles presentes, por conta da separação, em compartimentos estanques, do emissor, da mensagem e do receptor, como se não fizessem parte do mesmo "mundo da vida" e estivessem mergulhados no mesmo oceano de significados[13].

A Estética da Comunicação pensa a comunicação do indivíduo em suas relações com o "mundo da vida", com o Outro, seja outra pessoa ou a mídia. O ato estético se apresenta como o primeiro ato na redução da consciência aos seus dados imediatos – uma suspensão do sentido para a compreensão dele mesmo[14]. As ações humanas se apresentam à apreensão sensível como imagens, relatos, narrativas – e, dessa maneira, todo ato humano se converte em uma *performance* de signos a serem compreendidos pelo outro sujeito, desde que para isso tenha sensibilidade necessária – a interação fenomenológica é o ato estético intersubjetivo[15].

Dessa maneira, ao ressaltar a dimensão do sujeito, quebra a linearidade mecânica do ato comunicativo em busca de uma compreensão do fenômeno de comunicação. E, para isso, é impossível deixar de lado a contribuição de diversos campos de conhecimento em suas visões

---

12. "Hoje em dia, a comunicação engolfa os contatos humanos nos espaços de controle que transformam os lugares sociais em produtos distintos. A atividade artística se esforça em efetuar modestas ramificações, de abrir algumas passagens obstruídas, de manter em contato níveis de realidade tidos como separados uns dos outros" (BOURRIAUD, N. *Esthétique relationnelle*. Paris: Les Presses du Réel, 2001, p. 8).
13. "A experiência estética é assim a ligação de uma apreensão de si que inscreve a subjetividade na comunidade cultural" (CAUNE, J. *Esthétique de la communication*. Paris: PUF, 1997, p. 37).
14. "[...] verdade, de fato, que a via pré-científica se movimenta no sentido de conhecer e de trazer o desconhecido ao fundamento da experiência (que se confirma em si mesma e rejeita de si a aparência) e da indução. É o suficiente por uma *praxis* cotidiana" (HUSSERL, E. *La crise des sciences européennes et la phénoménologie transcendentale*. Paris: Gallimard, 2004, p. 141).
15. "Há um nível no qual a comunicação humana se torna dramática, um ato estético, na medida em que essa comunicação requer o uso de uma linguagem na fronteira das linguagens estéticas" (CAMPBELL, P. "Communication Aesthetics". *Today's Speech*, Summer/1971, p. 7).

particulares da interação humana – uma relação de comunicação[16]. Assim, a Estética da Comunicação se relaciona, em termos filosóficos, com a Teoria do Conhecimento e com a Ética, explorando em cada uma delas suas várias divisões e aplicações possíveis ao campo da comunicação.

Do sujeito cognitivo à produção industrial da mensagem, da distribuição da mensagem até seu retorno ao sujeito cognitivo, a Estética da Comunicação procura compreender esses fenômenos como um conjunto coerente mas não estático e, para isso, precisa buscar seu referencial teórico nas diversas matrizes epistemológicas que, até hoje, estudaram esses momentos específicos. Assim, a epistemologia de uma análise Estética da Comunicação não pode ficar restrita a uma opção teórica desta ou daquela disciplina. O campo da comunicação é dinâmico e vasto o suficiente para se recusar a ser compreendido deste ou daquele ponto particular.

A Estética da Comunicação transita entre diversas áreas – da crítica literária à sociologia, da eletrônica à filosofia – para compreender de que maneira as mídias alteram as relações sociais. A autonomia é defendida por autores diversos – pode-se citar Fred Forest, Paul Campbell, David Thornburn, Karin Berger, Jean Caune. Resolver questões de comunicação é um fator fundamental para eliminar outra série de problemas sociais. Aprender a lidar com as diversas formas da comunicação é a única maneira de resistir ao fluxo de mensagens do cotidiano[17].

O estudo da comunicação encerra em si uma Teoria do Conhecimento, uma Ética e uma Estética. As relações humanas estabelecem-se sobre o fundo recíproco de comunicações, e sua compreensão permite uma melhor análise do próprio indivíduo[18].

---

16. "A experiência estética não é somente a experiência do sujeito, é a experiência da relação com o outro, é a intersubjetividade" (CAUNE, J. *Esthétique de la Communication*. Paris: PUF, 1997, p. 22).

17. "Na perspectiva da antropologia estética, o sentido da televisão está vinculado simultaneamente à experiência real, às formas culturais e econômicas, mas também à história, a um sistema de narrativas – instituições construtoras de mitos e de narrativas populares – que têm criado a história ocidental desde Homero" (THORBURN, D. "Television as an Aesthetic Medium". *Critical Studies in Mass Communication*, 4, 1987, p. 167).

18. Assim, uma Estética da Comunicação tem como objetivo entender os processos relacionais a partir de seu estabelecimento, a troca/compartilhamento de significados entre os seres. "A visão estética, por isso, não pode estar separada de uma visão de conhecimento, uma vez que é pelo conhecimento que as coisas passam a existir, pelo menos no sentido do verbo francês *connaître*: nascer com" (MONTEIRO, A. *Escolha e sobrevivência*. São Paulo: [s.e.], 2004, p. 241).

A realidade da existência é a estrutura das relações de comunicação. Delinear essas estruturas é o objetivo deste livro.

B. Método e divisão das partes do livro

Quais as relações entre uma Teoria dos Signos e uma Teoria da Ação Social? Como explicar a relação mútua entre os indivíduos se essa relação era, sobretudo, uma troca de signos, mesmo quando se tratava de uma ação social recíproca? Ao mesmo tempo, como evitar a redução de todos os atos humanos a sistemas de signos? Em outras palavras: como unir a semiótica à sociologia sem reduzir uma à outra? O delineamento da resposta consumiu os anos de estudo e foi o elemento condutor a diversos campos do saber, da filosofia à crítica literária, da antropologia à semiótica. A complexidade do assunto não poderia ser tratada dentro das fronteiras epistemológicas de uma única área do saber. Relação parecia ser a palavra-chave[19].

O estudo da comunicação demanda a quebra de fronteiras entre campos do saber. O estatuto epistemológico do campo exige isso. Basta ver a quantidade de áreas que se dedicam, de uma forma ou de outra, a estudar a comunicação para ver a complexidade de seu objeto[20].

Não existe um método científico para a comunicação, mas a apropriação de métodos e teorias de outras áreas, cada uma delas encontrando na comunicação um objeto a ser tomado para si, quando, em uma inversão de perspectiva, é a comunicação que deve tomar para si tantos quantos forem os referenciais possíveis para sua compreensão, da psicologia à eletrônica, da antropologia à filosofia, passando pela crítica literária e mesmo pela própria literatura. A existência é uma relação de comunicação, e todos os seus aspectos interessam como formas de analisar essa relação[21].

---

19. "Nós chamamos relativas as coisas quando se diz que elas são ou estão, de uma forma ou de outra, em relação com algo além, quando sua existência está de alguma maneira relacionada às outras. [...] Uma condição é a condição de alguma coisa, o conhecimento, conhecimento de alguma coisa" (ARISTÓTELES. "Categories" [Organon]. In: *Complete Works*. Princeton: Princeton University Press, 1998, p. 10 [6b]).
20. Rubin, A. et al. *Communication research*. Londres: PromoBooks, 2003, p. 4).
21. "Como o objeto observado é geralmente considerado como um caminho possível, o termo 'cultura' é freqüentemente ligado à 'comunicação' e, no contexto deste artigo, esses termos são intercambiáveis (argumentamos, no entanto, que essa ligação é uma prática específica do campo da comunicação)" (GUNN, J. & BRUMMETT, B. "Popular communication after globalization". *Journal of Communication*, vol. 53, n. 1, mar./2003, p. 708).

No tecido deste trabalho vários outros autores foram utilizados, nem sempre como matrizes teóricas, mas sua contribuição não poderia ser simplesmente ignorada. Os diálogos entre textos, por exemplo, existem em vários pontos do texto, nem sempre de maneira explícita e também não para o confronto/complementaridade de idéias, mas por conta das necessidades de compreensão dos objetos em pauta.

O objetivo aqui não é explicar as teorias dos grandes pensadores, mas aplicá-las a um objeto múltiplo – a comunicação.

Um estudo sobre comunicação não pode ser circunscrito a outro campo do conhecimento que não o dos estudos de comunicação. O óbvio da afirmação é justificado pela própria história dessa área do saber. Em termos objetivos, este trabalho inscreve-se na matriz teórica da Teoria do Conhecimento, entendida como uma área afim da Teoria da Comunicação – que, por sua vez, é uma confluência de abordagens antropológicas, sociológicas, políticas, psicológicas e filosóficas. É um espaço privilegiado para a construção, difusão e legitimação de ações sociais e procedimentos cognitivos na sociedade. As relações epistemológicas entre essas áreas, eventualmente apresentadas como distintas, são mais fortes do que parecem.

As referências, diretas ou oblíquas, foram trazidas para o corpo do trabalho por conta de sua proximidade com a questão levantada aqui. A contribuição de autores foi conforme sua pertinência ao tema, não por conta da adoção de uma linha teórica. É claro que alguns autores não podem ser incluídos no mesmo espaço de outros, exceto por um esforço dialético fora de propósito em um livro que não tem por objeto um autor, mas um fenômeno. No entanto, as experiências de diálogo entre idéias, fatos e autores parece mais rica do que a construção de um monolito teórico. As Ciências Humanas e a Filosofia muitas vezes prescindem do diálogo intertextual em prol da aplicação de um referencial teórico à realidade. No entanto, a realidade é múltipla, complexa, e apenas a reunião de várias interpretações – com os devidos cuidados e complementaridades observadas – pode auxiliar a compreender os contornos do objeto sem cair na tentação de impor, *per fas et nefas*, um instrumental teórico-metodológico à realidade.

Os acontecimentos mudam, e a maneira de pensá-los deve mudar na mesma proporção se tiver alguma intenção de compreendê-los. Uma teoria social, bem como uma teoria da comunicação, só pode existir em uma forma dinâmica, com uma noção bastante clara de sua própria história e da maneira como determinados problemas e transformações sociais deram origem a formações teóricas capazes de compreendê-las. Portanto, toda teoria é a utilização de conceitos e formas anteriores em novas sínteses, capazes de compreender as transformações sociais de um tempo.

No entanto, algumas das minúcias de pensamento não podem ser simplesmente transpostas para a realidade sem uma compreensão do momento histórico atual, entendido como a antítese – a síntese é a aplicação do conceito abstrato em uma situação concreta. Essa é a validade dos conceitos[22].

As grandes idéias existem fora do tempo e os pensadores clássicos estão além da história, mas o uso de suas idéias e a prática de seus conceitos só pode existir em um espaço e um tempo específicos. Posso tentar enxergar o mundo de hoje pela ótica de Aristóteles, Marx ou Santo Tomás de Aquino e, provavelmente, não terei dificuldades em aplicar as linhas gerais de seu pensamento à compreensão do mundo.

Afirmar o contrário seria negar toda a validade da experiência e, por conseqüência, de todo o conhecimento sociológico, jogando o conhecimento em uma curiosa armadilha solipsista na qual não há critério algum e tudo é verdade na medida em que tudo é "construção" – e, pela lógica clássica, se tudo é alguma coisa, tudo também não é especificamente coisa alguma. Isso, em última análise, retira qualquer critério epistemológico claro[23].

O trabalho, portanto, só poderia ser estruturado em torno de seu objeto. Uma Estética da Comunicação remete imediatamente ao problema do Ser. As modalidades da relação entre comunicação e Ser apresentam-se na forma dinâmica de uma espiral que, partindo da

---

22. "Nenhuma teoria hoje escapa do mercado. Cada uma delas é oferecida como uma possibilidade entre outras opiniões com a qual competem. Todas estão à disposição para a escolha, todas são inquestionáveis. Não há proteções do pensamento contra isso, e a convicção que minha própria teoria vai escapar desse destino vai certamente se tornar autopropaganda" (ADORNO, T.W. *Negative dialectics*. Londres: Continuum, 2003, p. 4).

23. "Esse erro é reforçado por um pré-julgamento sem dúvida mais difundido, ligado a uma interpretação da epistemologia construtivista. Essa epistemologia atraiu a atenção justamente pelo fato de que nossa apreensão da realidade não é nunca 'transparente', mas sempre *aspectuelle*, isto é, relativa aos quadros de categorias preestabelecidas (embora parcialmente revogáveis). Infelizmente, isso gerou uma vulgata segundo a qual as realidades seriam criadas pelo discurso. Isso, diz, é válido sobretudo para os acontecimentos humanos: um fato social, existencial ou psicológico não existirá senão dentro e através de sua simbolização lingüística, ou pelo menos por um 'jogo de linguagem' que instituirá um 'modo de ver'" (SCHAEFFER, J.-M. *Adieu à l'esthétique*. Paris: PUF, 2000, p. 5).

consciência individual em sua relação intencional com a realidade que a cerca, se desenvolvia nas relações de intersubjetividade no espaço próximo, ganhava sua fronteira na comunicação de massa e ultrapassava os limites do espaço comunicacional a partir da relação do ser humano com seu contexto social e nas formas digitais – onde o Ser se reconstrói conforme quiser, agregando-se signos diversos em uma relação de comunicação infinita. Essa espiral, partindo do Ser, chegando à comunicação de massa e retornando ao Ser em uma nova dimensão, orienta a divisão de partes e capítulos deste livro.

Em vários momentos a literatura foi utilizada como estrutura básica para a elaboração dos capítulos por conta da dimensão comunicativa das obras escolhidas. Assim, sob a disparidade aparente de justapor autores, há uma continuidade subjacente de problemas relacionados a uma Estética da Comunicação. Se o conhecimento é uma interpretação coerente da realidade, não há por que estabelecer fronteiras[24]. Não se trata de crítica literária, mas tomar a literatura como exemplo concreto das situações comunicativas estudadas aqui[25].

Na primeira parte é estudada a relação entre consciência e comunicação em suas principais formas. O capítulo 1 compreende as perspectivas de interação entre a consciência e a realidade como uma forma estética, no sentido grego da *aisthesis*. O capítulo 2 amplia essas relações com a introdução da categoria do tempo, no qual se dá toda a comunicação.

Na segunda parte, o tema é a relação da consciência com o mundo exterior e o percurso dos signos, bem como sua interpretação. O capítulo 3 aborda as questões relativas às relações entre estrutura de signos e pensamento, compreendendo-a não como fim em si, mas como meio que transforma a mensagem. O capítulo 4 analisa a formação dos hábitos mentais como categorias de interpretação da realidade – a comunicação, nestes quatro primeiros capítulos, é o percurso do Ser para fora de si mesmo.

---

24. "O papel da arte não é limitado a refletir ou reproduzir alguma coisa; ela é a própria produção da verdade e forma de conhecimento" (JOZEF, B. *O espaço reconquistado*. Petrópolis: Vozes, 1974, p. 148).
25. "[...] sempre possível encontrar na literatura de ficção, principalmente na escala do romance, uma concepção-de-mundo, inerente à obra considerada em si mesma, concepção esta que deriva da atitude criadora do artista, configurando e interpretando a realidade" (NUNES, B. *O dorso do tigre*. São Paulo: Perspectiva, 1969, p. 94).

A terceira parte acrescenta a variável do poder na análise da comunicação, bem como sua antítese, a ética das relações sociais. No capítulo 5 é o indivíduo em perspectiva para além de si mesmo, nas relações cotidianas, que está envolvido em redes de poder de tal maneira que se chega ao paradoxo da comunicação negativa – os espaços de silêncio, nos quais a comunicação é limitada pelas relações sociais. Em escala mais ampla, no capítulo 6, são vistas as formas e limites da comunicação de massa e sua relação com o indivíduo.

Na quarta e última parte, ultrapassada a fronteira mais externa, a comunicação invisível porém significativa do ambiente urbano é estudada em sua face arquitetônica, espacial (capítulo 7), o que conduz à antítese do espaço concreto, os espaços fluidos das mensagens eletrônicas (capítulo 8). Dessa maneira, o Ser que aparentemente desaparece na massa das comunicações é reconstruído em uma nova forma eletrônica.

A espiral, desse modo, está completa.

PARTE I
A produção da consciência comunicativa

O Ser comunicativo é uma consciência relacional – projetivamente direcionado aos outros seres. No entanto, isso é adiantar a questão. Afinal, o Ser é uma entidade comunicativa em si antes de sê-lo para com os outros. Em sua estrutura, o Ser é uma relação consigo mesmo. O ser, em si mesmo, só toma consciência de si a partir da autopercepção – e isso é, em suma, uma relação de comunicação ontológica. O próprio exercício do pensamento, neste sentido, é uma relação comunicativa na qual o Ser discorre a respeito de si mesmo. Essa relação é um contínuo refazer-se ontológico na comunicação interior da consciência. O pensamento é o diálogo do ser em suas várias instâncias. Mesmo o solipsismo de um pensamento autocentrado não foge à contínua relação interna de comunicação do Ser consigo mesmo[1].

Se as ciências neuronais pretendem explicar o funcionamento do cérebro, a mente continua um vasto campo a ser compreendido. O cérebro pode ser reduzido a uma série de impulsos elétricos combinados; mas essa redução não explica como a mente transforma-os em imagens e atos. Da mesma maneira, a afetividade pode ser explicada em equações químicas de elementos, mas o grau de imprevisibilidade da ação humana é proporcional às qualidades dinâmicas de sua mente. O conhecimento da mente humana só pode se realizar plenamente na comunicação; só na comunicação a mente permite o acesso a seus conteúdos – nesse sentido, toda pesquisa sobre a consciência é, em primeiro lugar, uma tentativa de entrar em comunicação com os conteúdos de uma mente – além dos impulsos elétricos, além das fórmulas quími-

---

1. "A consciência simultaneamente distingue-se de alguma coisa e, ao mesmo tempo, liga-se a ele, ou, como é dito, isso passa a existir para a consciência" (HEGEL, G.W.F. *Phenomenologie of spirit*. Oxford: Oxford University Press, 1977, p. 52 [82]).

cas, apenas a interação comunicativa permite vislumbrar alguma possibilidade de explicar o indivíduo[2].

A existência humana estrutura-se nas relações intencionais da consciência comunicativa. A existência do mundo é a relação entre a consciência e um objeto no qual ela é projetada no canal dos sentidos, o elemento primeiro de interação com o mundo ao redor. A intencionalidade prevê uma relação indelével entre os limites subjetivos da consciência aplicados ao mundo – e isso significa uma apreensão limitada da realidade, limites que vão além da percepção sensível, mas se encontram nas estruturas profundas da mente. A possibilidade de transcendência demanda esforço para ultrapassar os limites da própria consciência. O exercício do pensamento é a tentativa dessa transcendência, que se dá em vários momentos da atividade mental, a saber, a imaginação, a intuição, a cognição e mesmo a estética, considerada como uma apropriação de um objeto[3].

A consciência do eu é sempre a consciência de um eu-em-relação; a projeção da consciência liberta o pensamento do solipsismo do *cogito* ou dos sentidos, criando uma abertura para a consciência ao mundo objetivo – esse canal de comunicação com o mundo externo é a âncora que garante a percepção da autoconsciência em contraste com tudo o que está para além do Ser e, nesse mesmo sentido, a dinâmica da própria consciência. O canal de comunicação com o mundo objetivo é a âncora que garante a percepção da autoconsciência na reflexão de um mundo exterior que, independente, oferece à intuição sensível outros objetos de reflexão além da própria consciência[4].

Nesse sentido, a relação com o mundo exterior é a raiz da dinâmica da consciência – os objetos exteriores do pensamento são retrabalhados com os conteúdos próprios da consciência – toda a história cognitivo-sensível de uma mente. A questão existencial, portanto, decorre da

---

2. "O espírito humano está em relação com outras coisas além dele e pode estabelecer relações que correspondem à relação existente entre as coisas. Tal é a dupla condição da verdade" (SANTOS, Mário Ferreira. *Ontologia e cosmologia*. São Paulo: Logos, 1957, p. 104).

3. "Estética, ou, digamos, experiência na esfera da qual o padrão é estabelecido, desde o começo transformou a obra de arte em um objeto para nossos sentimentos e idéias" (HEIDEGGER, M. *On the way to language*. São Francisco: HarperCollins, 1982, p. 43).

4. "Essa intuição é ainda doadora, é um ver que constitui seus objetos. Conhecer é ver, é colocar-se à distância dos objetos, dirigir-se a eles; ela não se une aos objetos nem os apossa, ela os visa" (CAPALBO, C. "Fenomenologia segundo Husserl". *Revista Brasileira de Filosofia*, vol. XXI, fasc. 81, jan.-mar./1971, p. 40. São Paulo).

indagação sobre as condições nas quais uma consciência pode se relacionar com tudo o que está para além dela – e a resposta só existe quando se considera essa consciência a partir de uma perspectiva relacional, isto é, como um elemento comunicativo.

As ciências cognitivas, a neurologia e toda a filosofia da mente encontram-se em face do desafio de conhecer as condições específicas do ato comunicativo que, em última instância, define a existência de qualquer pessoa. As condições objetivas de existência estão intimamente relacionadas com as possibilidades de comunicação do Ser. Talvez não seja errado falar de um significado comunicativo da existência. O Ser, no para além dos limites de sua própria percepção, é um Ser em comunicação[5].

Não importa em qual perspectiva se olhe, toda e qualquer ontologia do ser termina na indagação da existência de algo além do Ser pensante, do *cogito*, para o qual se direciona a consciência. A perspectiva cartesiana considerava a garantia e a validade das condições dessa consciência na existência de Deus – o primeiro, maior e principal objeto externo com o qual se relaciona o Ser. Não deixa de ser curioso notar, no entanto, que Descartes já considerava as possibilidades de existência de um outro Ser – o "gênio maligno" citado seria o primeiro outro com o qual o pensamento já se relacionaria. É com vistas a criar uma garantia de transcendência que a primeira relação da consciência humana, no modelo cartesiano, seja exatamente com Deus. A consciência de algo absoluto abre o caminho necessário para o Ser ter garantida não apenas sua própria existência, mas também de seus limites.

O processo guarda extraordinárias semelhanças com a tomada de consciência do indivíduo em seus estágios de desenvolvimento psíquico-cognitivo durante a infância – definir-se como "Ser" é um processo de tomada de consciência, na feliz expressão de Piaget, na qual os limites do Ser são encontrados a partir do contraste com tudo o que representa um não-ser, isto é, as fronteiras entre os domínios da consciência individual e um mundo objetivo a respeito do qual essa consciência não tem autonomia de controle, mas também ao qual não se pode furtar em sua existência.

---

5. "Quanto à comunicação, começa ela de fato como um ato da vontade, de uma intencionalidade, que impõe uma série de esforços necessários para vencer a estaticidade e a opacidade da matéria. Esta série de esforços organiza-se num sistema de operações que se constituem aos poucos em habilidade expressional ou técnica" (GALEFFI, R. *Novos ensaios de estética*. Salvador: UFBA, 1979, p. 27).

Conforme lembra Mário Ferreira dos Santos, a existência é uma crise, no sentido original do grego *krisein*, separação; a tomada de consciência é a crise do eu em meio a um mundo objetivo com o qual se desenvolve uma relação contínua – separado, mas indelevelmente ligado. Essa dialética da consciência individual com os objetos de um mundo para além de si mesma é a dinâmica da consciência individual – uma dinâmica, em tudo e por tudo, comunicativa. A consciência é a comunicação do Ser[6].

O *cogito* cartesiano pôde provar a existência do ser a partir de sua própria essência. No entanto, a existência do mundo exterior não foi vinculada à consciência do indivíduo. Antes, foi deixada aos cuidados de um Ser Transcendente no grau absoluto de transcendência – Deus. O *cogito* cartesiano é oposto à *noesis noetos*; o pensamento do Ser ao mesmo tempo envolvido e contrastando com o pensamento que pensa a si mesmo. Se existe algum solipsismo em Descartes, não está na redução do mundo ao *cogito*, mas na redução do pensamento à garantia regulada por um ser externo à própria consciência. Não é possível saber, a partir do *cogito* cartesiano, o que há além da consciência. Existe apenas Deus, e só através dessa primeira mediação transcendente entre o Ser e a realidade é possível chegar ao mundo.

A crítica kantiana da razão pura, como uma categoria própria do ser em relação ao mundo, ampliou o quadro de pensamento, acrescentando as notas referentes às categorias cognitivas da própria mente e acrescentando, aos dados objetivos dos sentidos, a perspectiva de um conhecimento subjetivo do objeto, em uma perspectiva de compreensão na qual a adequação da representação ao objeto torna-se impossível – a coisa-em-si está fora da esfera do cognoscível. O fenômeno transcendental do objeto não pode ser compreendido pela razão, seja teórica ou prática. O conhecimento está fora do mundo sensível, dentro do sujeito cognoscente. Os fenômenos do conhecimento esgotam-se no limite da percepção subjetiva – não é possível ultrapassar a barreira do fenômeno porque o fenômeno existe em sua relação com a mente.

A perspectiva kantiana, esboçada por Leibniz, prevê uma interação dinâmica entre o objeto do conhecimento e o sujeito cognoscente. O sentido do mundo está na relação entre os dados objetivos dos sentidos e sua compreensão. A resposta kantiana é detalhar o intelecto proposto por Leibniz a partir da possibilidade de conhecimentos *a priori*

---

6. ADORNO, T.W. *Negative dialectics*. Londres: Continuum, 2003, p. 4.

responsáveis por permitir a formulação de juízos objetivos sobre a realidade. Há, desde Leibniz, um deslocamento no centro do *cogito* cartesiano, se não de modo, pelo menos de grau.

A meditação kantiana abre as possibilidades para uma fenomenologia na medida em que concebe a relação sujeito-objeto como uma transcendência impossível de ser reduzida a um ou outro termo. A idéia do mundo como uma interação abre espaço para a dialética do movimento de uma consciência em todos os momentos desafiada por uma realidade independente, que deve ser compreendida em termos das categorias *a priori* rumo não apenas ao conhecimento do exterior, mas também ao próprio conhecimento de si, na medida em que a cada ação projetiva da consciência o Ser conhece-se um pouco mais a si mesmo – nenhuma reflexão escapa à auto-reflexão[7].

É nesse sentido que o desenvolvimento da consciência no sentido hegeliano de um fluxo interior em direção ao Absoluto não recai na tautologia de conceber o mundo como parte da Idéia, mas como uma relação entre as consciências em perpétua e mútua objetivação no sentido de uma exteriorização sem perder suas próprias características, imóvel em sua essência e dinâmica em sua existência.

A relação entre sujeito e objeto é também o conflito entre uma essência ontológica do Ser-em-si, imóvel, e a mudança do Ser-no-mundo, dinâmica. Nesse sentido, o objeto do conhecimento é o próprio espírito, para usar os termos de Hegel, em sua apreensão da consciência individual. O ser é devir, nesses termos, porquanto nunca está acabado em sua definição, embora esteja sempre completo em sua essência – mesmo que essa essência seja apenas de caráter estrutural – cognitivo-afetivo, como uma capacidade potencial. A consciência não tem conteúdos, mas é em si uma estrutura capaz de desenvolver os conteúdos do exterior em outros, combinando-os, definindo-os além de qualquer possibilidade jamais deixada transparecer pelos sentidos em si. A consciência em potência, nesse sentido, é uma espécie de método ou modelo aplicável à realidade; a consciência em ato é transformada a cada instante em seu contato com a realidade objetiva – sem perder, por isso, essa capacidade de estruturação da realidade, sua potência.

---

7. "Não quis falar assim senão daquilo que percebemos o mais claramente possível, a saber, da própria intelecção, pois nada de mais claro é por nós percebido. Com efeito, não podemos entender seja o que for que não conduza a um conhecimento mais perfeito da intelecção" (Proposição XXXI – Escólio). SPINOZA, B. *Ética*. Lisboa: Relógio D'Água, s.d.).

O paradoxo entre a essência de um Ser imóvel e um Ser-em-relação, portanto dinâmico, resolve-se quando se compreende o Ser como o Todo, congregando em si a unidade e a multiplicidade – a capacidade de se transformar sem deixar de ser o que é, a essência como conservação e a existência como mudança. A imagem de uma espiral é talvez a mais adequada. No tempo, o Ser está em contínua transformação em sua relação com os objetos, mas não perde sua essência como Ser. A evolução do Ser no tempo prevê sua transformação, nunca o fim de suas características essenciais. A consciência se transforma, se adequa ao mundo, interage com esse mundo sem deixar de ser a consciência ou conservar suas propriedades. No ponto de vista de uma Estética da Comunicação, a consciência do Ser é dialeticamente simultânea ao estável – a consciência-em-si – e ao dinâmico – a consciência-em-relação[8].

A concreção da consciência ocorre a partir das possibilidades de uma relação dialética entre as transformações do exterior e as permanências do interior. O Ser não deixa de existir em essência a partir de sua mudança, mas nem por isso continua o mesmo. A dinâmica do tempo é percebida pela consciência nas marcas de sua transformação e conservação – a mudança é inexorável, porém inacabada. Apenas a essência do ser é completa – mas existe no interior da própria consciência. A existência é o fenômeno externo em transformação de uma essência genética interior imutável[9].

---

[8]. "Assim a consciência do mundo está em um movimento constante, e o mundo é continuamente dado à consciência, sobre algum conteúdo objetivo na mudança dos modos de consciência mas também nas mudanças da afeição e da ação" (HUSSERL, E. *La crise des sciences européennes et la phénoménologie transcendentale*. Paris: Gallimard, 2004, p. 124).

[9]. "A realidade não se esgota em seu objetivo, mas em sua realização, não como o resultado de seu todo real, mas como o processo através do qual se torna algo" (HEGEL, G.W.F. *Phenomenology of spirit*. Oxford: Orford University Press, 1977, p. 2 [3]).

1
Comunicação e consciência

Todo processo de comunicação implica a relação entre uma produção e uma percepção. Essa relação poética/estética se desenvolve em um tempo, ganhando, assim, uma dimensão estrutural de desenvolvimento dinâmico, no qual as duas atividades são concomitantes. A dialética entre poética e estética se resolve na dinâmica do tempo na qual uma necessariamente se transforma em outra. Assim, a comunicação é a estrutura móvel resultante dessa transformação dialética dos objetos do pensamento transmitidos/recebidos – em outras palavras, compartilhado – pelos sujeitos participantes.

Qualquer situação de comunicação desenvolve-se ao mesmo tempo na intersecção das esferas poética/estética do Ser. O objeto do ato comunicativo nasce na necessidade de expressar algo para além de si mesmo. Essa expressão se restringe à necessidade de nomear o ambiente ao redor ou descrever determinadas situações; dito de outra maneira, o ato comunicativo não se pretende apenas o domínio do *logos*, mas também a comunicação de afetos, sentimentos, sensações. Há uma estética, portanto, em todo ato comunicativo. A *aisthesis* grega, aqui entendida como uma sensação do exterior que impressiona os sentidos e passa a existir na mente do sujeito, mas também pode ser comunicada assim como foi recebida – se não de maneira idêntica, ao menos parecida[10].

Nesse sentido, toda mensagem é uma imitação de si mesma na medida em que a sensação (*aisthesis*) original jamais pode ser compartilhada em sua essência. Afinal, em um mundo intersubjetivo, a razão

---

10. "Por 'experiência estética' eu entendo simplesmente as experiências a partir das quais aplicamos conceitos estéticos aos objetos. Assim como temos diante da cor azul a reação de dizer 'isto é azul' nós temos, diante de outros, de dizer 'isto é feio' ou 'é elegante'" (ZEIMBEKIS, J. *Que'est-ce qu'um jugement esthétique?* Paris: Vrin, 2006, p. 11).

comunicativa não pode esquecer a reconstrução de qualquer mensagem que chega ao sujeito pelo próprio sujeito[11].

A *aisthesis*, nesse sentido, é o ponto de partida para uma nova *poiesis* – uma comunicação é, portanto, um ato estético na medida em que é a reconstrução poética de uma sensação que se pretende externar, expressar para além de si mesmo e compartilhar, causando uma sensação similar em outro indivíduo. Não é possível, portanto, pensar em uma oposição entre produção e recepção de uma mensagem, mas em um contínuo dialético intermediado pelo tempo em ação na consciência do sujeito[12].

A conversão e reconversão contínua da poética em estética e vice-versa se dá em um tempo definido pela própria consciência, mas nunca deixa de agir – mesmo o silêncio é uma resposta, mesmo a expressão guarda em si algo de incompleto como o silêncio – e estar sempre em uma contínua perspectiva de desenvolvimento da unidade na variação. Nesse sentido, o ato comunicativo é uma estética da produção[13].

A relação da consciência com o mundo não se esgota em receber as impressões dos sentidos, mas em transformar essas impressões em formas de expressão de maneira a compartilhar com os outros indivíduos as sensações e os conhecimentos. A vida em sociedade prescreve isso mesmo à mais introvertida das pessoas. A consciência do Ser no mundo é objetivada na relação comunicativa mantida com os outros[14]. Essa relação de compartilhar o mundo presume o acordo fundamental em

---

11. "Há um aspecto inelutavelmente *denso* na vivência estética. [...] Arma-se, de fato, uma comunicação entre intimidades, uma comunicação integral. A rigor conhecemos mais o estofo deste escultor, daquele romancista ou de um músico do que o do vago tio ou primo que apenas nos tangenciou o jogo da vida. A arte manifesta-se, assim, como um meio de romper a solidão" (FONSECA, J.P. "Comunicação Estética". *Revista Tempo Brasileiro*, n. 19-20. Rio de Janeiro).

12. "Uma experiência subjetiva se concretiza assim em um objeto endereçado aos sentidos: à visão, à audição, ao toque. Essa noção da sensibilidade (estética, em grego) dá ao objeto sua dimensão estética" (CAUNE, J. *Esthétique de la Communication*. Paris: PUF, 1997, p. 3).

13. "Toda criação artística deixa de ser completa e verdadeira se o ato intuitivo-expressivo que lhe dá origem na mente ou alma do artista não se prolonga em um ato de comunicação que o transmita aos outros em uma série mais ou menos numerosa de tentativas de exteriorização" (GALEFFI, R. "A tese da autonomia da arte". *Revista Brasileira de Filosofia*, vol. XXV, fasc. 99, jul.-set./1975, p. 294. São Paulo).

14. "Na vida cotidiana, a consciência tem como conteúdo elementos de informação, experiência, pensamentos, objetos concretos dos sentidos e princípios básicos – qualquer coisa será conteúdo, seja como algo fixo e estável, seja em mudança. Às vezes a consciência segue esse conteúdo; às vezes trabalha arbitrariamente com ele" (HEGEL, G.W.F. *Phenomenology of spirit*. Oxford: Oxford University Press, 1977, p. 28 [48]).

uma concepção do que seja esse "mundo" e sob quais aspectos deve ser abordado. A existência de um sistema de comunicação complexo como a linguagem prevê esse acordo tácito de representação comum do mundo como norma primeira para a sobrevivência de qualquer agrupamento social. Dito de outra maneira, apenas a partir do momento em que uma norma de representação intersubjetiva se constrói a partir da linguagem é que qualquer sociedade humana pode tomar forma e se estruturar enquanto tal. A linguagem é um acordo tácito sobre as formas de representação do mundo e, portanto, é o elemento fundamental que abre as possibilidades de ações sociais referentes a um mundo em comum, compreendido em linhas gerais por todos e, portanto, tornado objetivo a partir de sua compreensão lingüística pelo grupo. O domínio da consciência projetada para o outro é o mundo intersubjetivo de representações comuns[15].

É necessário notar que essas representações vão muito além da simples descrição lingüística, mas também – quiçá sobretudo – na inter-relação de troca de signos entre os indivíduos. Signos de toda natureza, não apenas os utilizados para descrever ou nomear, mas também para se referir ao próprio pensamento. É nesse sentido que a objetivação da linguagem, embora seja uma produção subjetiva, se manifesta projetivamente sobre outro indivíduo no qual se espera conseguir um efeito de sensação e compreensão – um efeito estético, em suma – a partir do mútuo entendimento de algo como tal. O mundo só existe a partir dessa compreensão mútua decorrente do entendimento de critérios lógicos para o estabelecimento de bases objetivas de conhecimento do mundo em qualquer sociedade[16].

Assim, o caminho do pensamento do indivíduo é sua projeção para o objeto. A existência, compreendida não apenas como a autopercep-

---

15. "O outro pensado não é outro real. É necessário entrar em comunicação e verificar a posição do outro relativa ao meu julgamento no espaço das discussões reais. Esse procedimento é de certa forma desconfortável, porquanto implica um percurso indefinido rumo ao outro. As discussões empíricas podem se organizar conforme um acordo universal. À ausência de limites desse procedimento não está vinculada nenhuma outra objeção exceto a impossibilidade do homem de ser moralmente perfeito" (CANIVET, Michel. "Le principe éthique d'universalité et la discussion". *Revue Philosophique de Louvain*, tome 90, fev./1992, p. 35).
16. "Com efeito, o indivíduo humano é mais do que a consciência de si e das relações que mantém com os elementos externos. Cada ser humano é essencialmente demiúrgico, a sua presença é uma atualidade criadora, e as criaturas que dessa presença lhe afloram se condicionam ao mesuramento, à escala do demiurgo" (COUTINHO, E. *O lugar de todos os lugares*. São Paulo: Perspectiva, 1976, p. 17).

ção do Ser, mas também como sua percepção por outros, é o resultado dessa projetividade do pensamento em relação a um mundo do qual ele faz parte mas não domina. A tomada de consciência é a percepção dos limites objetivos do "eu" em relação ao mundo. Uma consciência sem essa perspectiva de conhecer o além de si mesmo ficaria restrita aos limites de sua mente e, portanto, longe de qualquer relação com o mundo – sem qualquer existência, sem qualquer percepção[17].

A. Os limites da percepção

O limite de percepção é o microcosmos do indivíduo. É constituído pelas relações intencionais da consciência imediata e de suas reelaborações mentais. Tudo quanto estiver fora desse limite não possui senão uma existência estritamente objetiva e, portanto, indiferente ao indivíduo. À medida que os objetos se aproximam desse campo perceptivo, adquirem significado e passam a integrar, ainda que brevemente, esse microcosmos.

Nem tudo o que compõe o mundo existe para o indivíduo, da mesma maneira que o indivíduo também não tem uma existência significativa para todo o mundo. O mundo de cada um é o microcosmos constituído pelos elementos aos quais atribui um significado intencional, que passam a figurar na paisagem da consciência e são destacados como uma figura isolada à qual se dá importância destacada de um fundo de objetos sem significado, com os quais se mantém uma relação indiferente da consciência. Quando figuram nessa paisagem da consciência são os objetos da percepção, aos quais atribuímos significado. Apenas quando é dotado de significado o Ser passa a existir para outros. Sua existência, até então, é indiferente. Ao figurar na paisagem da consciência, deixa de ser indiferente e sua relação com o sujeito, até então eventual e desprovida de qualquer sentido, ganha significado e relevância proporcional à sua interferência no indivíduo – interferência não apenas cognitiva, mas também afetiva e volitiva. Nesse momento, o objeto passa a integrar a consciência do sujeito, afeta – novamente uma *aisthesis* – sua percepção e ganha espaço como um obje-

---

[17]. "Colocado de outro modo, em termos de uma fenomenologia pura: a ideação em situações específicas como as experiências – deixando de lado tanto a concepção empírico-psicológica quanto a afirmação existencial do Ser, para lidar apenas com o conteúdo fenomenológico real dessas experiências – nos leva à Idéia ou Experiência ou Ato Intencional nas variadas formas de sua forma pura, fenomenológica" (HUSSERL, E. *The shorter logical investigations*. Londres: Routledge, 2001, p. 214).

to da consciência com o qual existe uma relação, passando a integrar o microcosmos[18].

Assim, os limites desse microcosmos não estabelecem a existência ou inexistência objetiva de tudo quanto está fora dele, mas apenas estabelece o critério de relevância e significado para o que entra em seus limites – em outras palavras, o que passa a constituir o "mundo da vida" do sujeito[19].

Os objetos desse mundo são os objetos em relação com o sujeito. A projeção da consciência no mundo é limitada e esses limites são as fronteiras do microcosmos particular que cada indivíduo desenha para si no "mundo da vida" intersubjetivo – outro dado relevante na perspectiva de uma Estética da Comunicação.

O mundo é completamente indiferente ao sujeito até que lhe seja atribuído um significado, que pode ser de natureza cognitiva, prática ou estética, isto é, referindo-se à possibilidade de conhecer o mundo, à existência de um juízo de valor na ação recíproca ou como uma valoração específica da percepção da mente. A indiferença é quebrada com a interferência recíproca dos sujeitos[20].

Os aspectos dessa relação de influência recíproca são contingências das estruturas de comunicação que há entre a consciência e seus objetos – seja uma coisa, seja outra pessoa, seja o mundo. A tomada de significado de um objeto está vinculada à sua presença na consciência e isso só acontece mediante uma relação de comunicação. Assim, em essência, toda comunicação é uma forma de ampliar os limites do microcosmos de percepção, restrito, por definição, à realidade imediata e às formas de memória e história pessoal de cada sujeito. As variedades

---

18. "O conhecimento está em acordo com o modo pelo qual se conhece, pois a coisa conhecida está no conhecedor de acordo com ele" (q. 14, art. 1) (AQUINO, Tomás de. *Summa Theologica*. Londres: Britannica, 1952).

19. "O mundo da vida é o domínio de evidências originais. O dado evidente é, conforme o caso, interpretado pela percepção como 'ele-mesmo'; todos os outros modos de intuição são, no entanto, presentificações do 'ele-mesmo'. Todo conhecimento mediado importante dessa esfera" (HUSSERL, E. *La crise des sciences européennes et la phénoménologie transcendentale*. Paris: Gallimard, 2004, p. 145).

20. "Os miradouros contemporâneos, na intervisualidade em que se positivam uns aos outros, elevam-se à mutualidade cosmogônica, a de todos se habilitarem a conduzir, com a morte, a comunidade do acervo que têm agora em suas vidas, indigitando à realidade presente uma fatalidade mais profunda do que a simples efemeridade do instante: a fatalidade de perecer irressuscitavelmente – me, mim, comigo" (COUTINHO, E. *O lugar de todos os lugares*. São Paulo: Perspectiva, 1976, p. 39).

da comunicação são responsáveis pela forma que esse microcosmos vai ter – e aqui pensa-se na comunicação desde sua variável interpessoal até os meios de massa. A essência é a mesma – transformação do sujeito pelo contato com um objeto que, dialeticamente, também se transforma em uma espiral de influência mútua no qual o tempo é o elemento condutor.

A comunicação é a expansão dos limites do microcosmos, mas também é a abertura desse microcosmos à possibilidade de ser parcialmente moldado pelos novos objetos de consciência introduzidos nesse contato comunicativo com outros objetos[21].

A ação social provida de significado é a objetivação dessas relações de consciência nas quais os indivíduos fundam o mundo em sua forma intersubjetiva e passam a importar um ao outro. Ganham significado, passam a se ver mutuamente como sujeitos. O efeito colateral da existência é o estabelecimento de relações humanas a partir das quais o indivíduo passa também a definir suas ações. O recurso da indiferença, nesse sentido, é a preservação da própria consciência que, sem relação com outros sujeitos, não se transforma.

B. O olhar intencional e a fronteira de contato

Ao projetar-se intencionalmente para o mundo, a consciência não se apresenta como pura intenção. Ao contrário, essa projeção do Ser é acompanhada, a cada instante, daquilo que o define existencialmente enquanto Ser. Ao conhecer o mundo, ao estabelecer relações com o mundo ao redor, o Ser define-se a partir da projeção de um Si-Mesmo preexistente que se realizará por completo na intersubjetividade. O "mundo da vida" é, assim, o fruto do encontro entre os mundos subjetivos na intersubjetividade do cotidiano[22].

---

21. "O homem é um animal social, a comunicação é um pré-requisito para o intercurso social, símbolos são meios de comunicação. A simbolização deve ser julgada principalmente pela maneira como serve a propósitos cognitivos" (GOODMAN, N. Languages of art. In: ROSS, D. *Art and its significance*. Nova York: State University of New York Press, 1994, p. 248).

22. "São esses modos da evidência que reconduzem toda confirmação imaginável, porquanto o 'ele-mesmo' (aquele de cada um de seus modos) se encontra 'ele-mesmo' presente nas intuições, como pode ser provado e confirmado na intersubjetividade" (HUSSERL, E. *La crise des sciences européennes et la phénoménologie transcendantale*. Paris: Gallimard, 2004, p. 145).

Essa construção, como o nome diz, é "entre-sujeitos". E, portanto, infere-se uma projeção do Ser para além de si. Isso significa que a totalidade do Ser existente é projetada sobre o mundo para o qual se olha, ao qual se apreende conforme a existência mesma desse ser. Assim, o "mundo da vida" é uma estrutura complexa que se desenvolve no encontro da projeção do Ser sobre o Real limitado pela projeção do Outro que, por sua vez, também constitui um microcosmos autônomo de percepção. O mundo está em minha consciência tanto quanto minha consciência está no mundo. Quando olho alguma coisa, quando o Ser projeta sua consciência intencional sobre a realidade, projeta-se a si mesmo e configura o mundo de acordo com essa consciência[23].

A consciência do Ser não se limita à percepção; antes, é tudo quanto forma o Ser. Se uma crítica da razão pura se faz necessária para a compreensão da própria estrutura do pensamento, é necessário lembrar que o Ser, ao projetar-se sobre o mundo para apreendê-lo e dele fazer parte, não o faz de maneira inerte, rasa, como se cada olhar fosse o primeiro. Ao contrário, é necessária uma crítica do olhar puro – embora a palavra "puro" pudesse ser transformada em outra que ainda não escolhi – com vistas a entender a construção subjetiva de uma realidade a partir das condições – cognitivas, morais, estéticas – de onde se vê e compreende o mundo[24].

A ilusão de um olhar puro, desprovido de todo o significado, como se toda percepção e a consciência fossem continuamente renovadas a partir do zero em um reinício da própria existência, cria a ilusão de uma objetividade na relação com os Outros. O olhar puro é a utopia pretendida de uma renovação impossível, na medida em que a flecha do tempo não muda de direção. Não se pode fazer a experiência deixar de existir; todo fato, uma vez existente, torna-se eterno – se não em sua existência concreta, em suas conseqüências ou na existência metafísica como parte do sujeito que lhe deu origem. Não é possível trazer a exis-

---

23. "O Ser é, de fato, o primeiro objeto de nosso pensamento. Tudo o que podemos está sempre ligado a uma modalidade do Ser, e todas as outras noções de algum modo se congregam nessa natureza universal" (FOREST, A. *La structure métaphysique du concret*. Paris: Vrin, 1956, p. 3).

24. "Em nossa reflexão sobre a consciência perceptiva das coisas, ficamos restritos à própria percepção delas, ao meu campo de percepção. Mas em um campo desses apenas minha presença pode vir a ser percebida, jamais aquela que me é estranha" (HUSSERL, E. *La crise des sciences européennes et la phénoménologie transcendentale*. Paris: Gallimard, 2004, p. 122).

tência de volta; uma vez que ela acontece, já aconteceu e está indelevelmente marcada para existir independente da vontade – o tempo é a garantia da eternidade de cada ação na trama intersubjetiva da realidade social. Mesmo quando uma ação é aparentemente "desfeita", na verdade foi um ato "X" realizado para corrigir ou modificar o ato "Y", que nem por isso cessa de ter existido. No tempo, a ação "X", sendo posterior a "Y", torna-se mais uma, soma-se à anterior e, embora possa mesmo lhe modificar o sentido, jamais pode alterar sua existência. Esse sentido último de cada ação, essa irreversibilidade das ações cotidianas, que muitas vezes passa despercebida por conta de sua pouca importância no cotidiano, torna-se patente nos eventos de grande magnitude igualmente irreversíveis – na morte, pela primeira vez o Ser se dá conta da irreversibilidade dos processos de tempo, mas essa impossibilidade de retornar um evento, essa condenação temporal à existência é a estrutura do sentimento trágico do cotidiano. O ato inexorável, conduzido sempre para frente e, por isso mesmo, irreversível, é a causa da tragédia existencial de um cotidiano que se transforma em memórias líquidas no fluxo do tempo, mas nem por isso deixa de existir, cessa de acontecer. O fluxo de existência e eternidade de cada ação é a inexorabilidade da existência, a certeza de uma eternidade fora do controle do Ser, no fluxo da qual ele é arrastado e do qual, no próprio Ser, não restarão senão vestígios. Essa é a causa do tédio profundo que alguns espíritos sentiram ao longo da história: era o sentimento trágico da história cotidiana, mergulhada nos vestígios de acontecimentos dos quais a presença é sempre reconhecível em cada instante na consciência do Ser – e daí mesmo o tédio da existência, a certeza de uma eternidade dos atos nos quais mesmo as rupturas não são mais do que nós na trama existencial.

A consciência ética e ao mesmo tempo trágica de Kierkegaard, bem como o mal que acomete todo artista, é essa percepção em larga escala da *vanitas* primordial da existência na qual o significado último do mundo só pode estar além da existência imediata – seja essa finalidade última o encontro com Deus, no caso do filósofo de Kopenhagen, ou mesmo a atribuição de um significado mínimo a uma ação que se deve eleger como principal. Assim, é impossível para o Ser, em sua projeção intencional de consciência para o mundo, fazê-lo de maneira pura, desprovida do conjunto de significados anteriores e expectativas posteriores nas quais está mergulhado. O Ser, ao projetar-se para o mundo, lança consigo todo o fluxo de conhecimento, valores morais e valores estéticos dos quais está provido e dos quais espera um retorno a partir da percepção do mundo. A cada olhar, todo o Ser é projetado sobre os objetos e vê nos objetos a imagem refletida de Si-Mesmo projetado, dando a cada objeto o aspecto de sua própria consciência tal qual a vê refletida[25].

O olhar é o primeiro elemento de valoração, porquanto a apreensão visual do mundo é, em geral, uma das primeiras delimitações das fronteiras do Ser com o mundo. O olhar é uma atividade, não apenas a recepção mediada dos dados sensoriais da imagem. Se a visão é uma atividade da alma sensível, como diriam os antigos, o olhar é uma intervenção no mundo feita pelo Ser e a partir da qual o mundo é dotado dos significados existentes na mente de cada um. Assim, o olhar cria uma paisagem e dela se apropria no microcosmos de cada Ser.

Quando se olha, a imagem externa é confrontada com a imaginação interior, e o resultado é a percepção em seu nível mais imediato – o choque das duas imagens se dá a todo momento. O olhar é criado na mente e projetado sobre o mundo de forma intencional, moldando a realidade na medida em que sua visão não é limitada por nenhuma outra. Apenas uma outra visão pode limitar a projeção dos valores do olhar sobre o mundo. Quando dois olhares miram o mesmo objeto, embora ele continue ontologicamente o mesmo, será compartilhado pelas duas visões, cada uma das quais atribuindo sobre o objeto os seus valores, expectativas, julgamentos. Aquilo que pode ser confirmado pelas duas visões limita-as na medida em que impedem o livre exercício das faculdades da imaginação sobre o objeto. O olhar do outro é o limite da imaginação do indivíduo e a fronteira de estabelecimento dos dados objetivos da realidade, sobre os quais qualquer julgamento de valor precisa ser acompanhado de uma lógica particular de ação em sociedade. A comunidade dos olhares forma a primeira dimensão do "mundo da vida" na qual esse próprio olhar está mergulhado. O olhar do outro é a fronteira objetiva de valores aplicáveis à realidade.

---

25. "E se qualquer conhecedor tem conhecimento da coisa de acordo com seu ser, o conhecedor, sabe disso a partir de um ser fora dele. Assim, o intelecto conhece uma pedra de acordo com o ser inteligível que aparece em seu intelecto" (q. 14, art. 6) (AQUINO, Tomás de. *Summa Theologica*. Londres: Britannica, 1952).

A condição para que esse procedimento não seja um elemento simples de redução da realidade ao sujeito é a existência de outros sujeitos realizando o mesmo processo e em interação constante com aquele Ser que faz; o limite da projeção subjetiva da consciência e da focalização de um objeto é o outro. Não existe um objeto que seja somente o que é por si; todo objeto é definido na apreensão intersubjetiva que dele fazem as múltiplas consciências em sua relação não apenas com o objeto dado, mas também em si mesma como foco de conhecimento e base de percepção ativa do mundo.

Diante da realidade, há uma apreensão múltipla dos objetos e dos sujeitos. "Meu mundo" é, em parte, compartilhado com os outros, formando um "nosso mundo" no qual a percepção de um indivíduo não pode estar muito distante da percepção dos outros – e essa é a única garantia da existência de uma realidade para-além do Ser-em-Si; os limites não são apenas cognitivos, mas também volitivos: a falta de controle do mundo por parte do sujeito é a prova de um limite causado pela consciência de outro, com o qual se estabelece uma fronteira de contato. Essas fronteiras delimitam o espaço de cada Ser e, ao mesmo tempo, estabelecem os espaços intersubjetivos da sociedade. As relações de comunicação acontecem nessa fronteira entre cada Ser. Apenas ao projetar-se além dessa fronteira o Ser entra em relação com o outro, e essa projeção não pode ser feita pelo Ser-em-Si, senão pelo conjunto estruturado de signos e símbolos para onde converge, ainda que de maneira limitada, o próprio Ser. A insuficiência dos conjuntos semióticos, para dar conta da multiplicidade do Ser, gera um limite quase intransponível para a comunicação entre os seres, limite que pode apenas ser ultrapassado fora da esfera cognitiva, quando se pensa no conjunto da afetividade e do estabelecimento de valores passionais de natureza estética regulados por uma contrapartida de valores morais responsáveis por regular essas fronteiras de contato entre os seres[26].

O sentido de "existir", do latim *ex-sistere* – em uma tradução bárbara, "sair-para-fora" – é alcançado na própria essência da comunicação. Só é possível ao Ser ultrapassar os limites da própria consciência a

---

26. "A Estética da Comunicação refere-se a uma profunda transformação no sujeito. Ele não se constitui mais na auto-referência nem na delimitação rígida da fronteira eu/não-eu; na estética da comunicação o sujeito [...] se faz campo de trânsito de correntes de energia" (COSTA, M. *L'estetica della comunicazione*. Roma: Castelvecchio, 1999, p. 34).

partir do momento em que entra em contato com outras subjetividades além da sua. É nesse momento que a consciência, em um ato da vontade, se projeta intencionalmente para o exterior, onde encontrará outras mentes na construção de uma percepção comum – portanto objetiva – do mundo. O "mundo da vida", na expressão de Husserl, é o domínio do intersubjetivo[27].

---

[27]. Tratando do mesmo tema em uma perspectiva fenomenológica similar, Vilém Flusser caracteriza a interação entre os seres como o ponto principal da existência, no qual a linguagem é um dos elementos principais, mas não o único. Segundo ele, "Os intelectos estão abertos uns para os outros, são reais não por estarem aqui, mas por estarem juntos. Os intelectos absorvem informações emitidas por outros, isto é, aprendem e compreendem e emitem informações novas, isto é, articulam" (FLUSSER, V. *Língua e realidade*. São Paulo: Herder, 1963, p. 152).

2
Tempo e comunicação

A meditação concernente às possibilidades objetivas da consciência só foi plenamente atingida com Husserl. Partindo do *cogito* cartesiano para uma reflexão sobre a própria consciência do Ser em relação aos outros, Husserl escapou das armadilhas do idealismo. A redução fenomenológica presume a existência de uma relação entre uma consciência e seu objeto. Uma relação intencional, na qual o ato da vontade se manifesta no ato de consciência. O Ser transcendental de Husserl é um Ser-no-mundo; existir não é apenas o pensar, mas pensar *alguma coisa*. A existência desse "alguma coisa" é compreendida pela própria consciência, tanto como uma consciência de si quanto do objeto. Se, por um lado, a percepção é sempre auto-referencial, essa referência escapa de qualquer circularidade porquanto só existe a partir do momento em que a consciência se compreende como tal a partir do limite de um objeto. Ser é estar em relação; a redução eidética proposta pela fenomenologia, dessa maneira, é um constante repensar da experiência da relação; uma vez que a consciência deve estar em contato com o que quer que seja de maneira intencional, uma vez que há uma projeção do sujeito sobre o objeto e uma dimensão reflexiva do objeto, a Fenomenologia se impõe como uma filosofia da comunicação[28].

A. A tomada reflexiva de consciência

A consciência transcendental de Husserl é a consciência do ser-no-mundo. Ele entende o Ser como o elemento existente. Não se preocupa em provar a existência da própria consciência porquanto isso já tinha sido feito por Descartes; ademais, não é necessário provar a existência na medida em que se está diante de algo evidente. No entanto, não se vive sozinho. Husserl coloca a discussão cartesiana em termos

---

28. "É a categoria de comunicação (compreendida de acordo com a intersubjetividade transcendental) que permitirá a constituição intencionalmente estruturada das diversas 'idealidades' constituvivas da Totalidade (KATZ, C.S. "O problema da comunicação na obra de Husserl". *Revista de Cultura Vozes*, n. 8, ano 66, out./1972, p. 640. Petrópolis: Vozes).

de uma prática, isto é, em termos de uma reflexão a respeito de um Ser que existe em relação com outros. Uma das modalidades do Ser, talvez a principal, para Husserl, é um Ser-no-mundo.

Não se existe sozinho, não existe apenas para si, mas, antes, existe em um mundo e para esse mundo. A consciência começa a existir para si-mesma a partir do momento em que consegue separar tudo o que *pertence* a ela de quanto *não-pertence* a si mesma nos domínios de sua própria experiência dos sentidos. Como Ser no mundo, a consciência não tem pleno conhecimento do principal, as causas a partir das quais existe. Começa já na relação, longe de qualquer possibilidade de colocar em decisão sua própria existência. O Ser-no-mundo deve fazer todas as escolhas na medida em que foi privado da primeira, sua presença transcendental em uma ordem preexistente e que continuará para além dele. O Ser é um esforço de individualização no fluxo contínuo de existências para além de si mesmo. Nasce em um mundo que não escolheu, vive em circunstâncias para além de seu controle imediato e ainda deve se escolher perpetuamente em sua definição. Esse processo não ocorre de imediato; a consciência do Ser-no-mundo se desenvolve a partir de sua relação com esse mundo. Não é simples nem rápida. Precisa, ao contrário, de todo um período para ter as mínimas noções – esse período, não raro, é o da própria vida humana[29].

A consciência se define como ser no mundo e, por conta disso, está de saída condenada a viver em um mundo que não escolheu e do qual não tem conhecimento algum, exceto a possibilidade de conhecer. O Ser está no mundo: todas as outras questões a respeito da existência decorrem dessa presença. Não é possível escapar e, portanto, é necessário transformar essa necessidade ontológica em algo favorável ao Ser.

O Ser-no-mundo está também em relação com os outros. É o "nós", compreendido como o princípio de toda a relação, o nós do "eu-relação-outro" em um todo completo no qual o sentido se atualiza a cada

---

29. "Mas Ser-no-mundo é atributo essencialmente ligado ao *Da-Sein*. Assim, o conhecimento do Ser que pertence ao *Da-Sein* implica o conhecimento do 'mundo' e no ser dos seres existentes dentro desse mundo" (HEIDEGGER, M. *Being and Time*. New York: State University of New York Press, 1996, p. 11. Cf. também HEIDEGGER, M. *Poetry, language, thought*. New York: Harper and Row, 2004, p. 188).

instante. A vida ocorre em um mundo, e as relações com esse mundo são o princípio definidor da própria consciência individual. A definição do Ser é realidade plena do Nós[30].

A compreensão do próprio indivíduo acerca de sua relação é a tomada de consciência de si. O Ser é o resultante de sua relação a partir da qual aprende a ser o que é. E, nesse sentido, a formação de qualquer indivíduo está intimamente vinculada às possibilidades de saber não apenas o que se é, mas também o que dizem que se é. Não há contradição, aqui, entre essência e aparência na medida em que uma está em permanente ligação com a outra – a essência do Ser é a ontologia do ser-em-si-mesmo, enquanto a aparência é a dimensão fenomenológica criada na dimensão reflexiva do indivíduo em contato com os outros[31].

A construção do "eu" envolve não apenas o que se é, mas também o que se foi – uma reflexividade histórica com o passado – e também a respeito da expectativa de quanto se venha a ser – uma dimensão futura. A passagem do tempo garante a unidade desses elementos – o Ser-em-si e a tridimensionalidade temporal do Ser-no-mundo. Em outras palavras, a complexidade da consciência decorre dessa dupla dimensão do que se é e do que se espera que seja para a definição da identidade de uma consciência plena do Ser – ou o mais próximo possível dessa plenitude, que só pode ser alcançada em termos individuais[32].

Essa dimensão reflexiva da atitude fenomenológica diante da realidade pressupõe não apenas a existência de uma consciência, mas também de seus próprios limites. À medida que a percepção – isto é, a estética – está vinculada ao uso de sentidos limitados, a consciência *a priori* dos elementos do mundo também será enquadrada pelos limites

---

30. "O conhecimento da verdade é acompanhado, pois, de outro conhecimento – um conhecimento intuitivo de si mesmo. Não conhecemos a nós mesmos senão conhecendo algo. Nunca conhecemos só a nós mesmos. O ato cognoscitivo de algo envolve, na reflexão completa, o conhecimento do eu como sujeito cognoscente" (LADUSÁNS, S. "Reflexão crítica". *Revista Brasileira de Filosofia*, vol. XXVIII, fasc. 112, out.-dez./1978, p. 428. São Paulo).

31. "A consciência é, por um lado, a consciência do objeto e, de outro, consciência de si mesma" (HEGEL, G.W.F. *Phenomenology of spirit*. Oxford: Oxford University Press, 1977, p. 54 [85]).

32. "Cada ação individual carrega consigo a responsabilidade da história completa da cultura e da sociedade ocidental. Cada vez que começamos uma tarefa, trazemos isso conosco" (OLKOWSKI, D. "Art and the orientation of thought". *Research in Phenomenology*, vol. XVI, 1987, p. 171).

desses sentidos, que podem apenas ser ultrapassados pela própria atividade da consciência[33].

Note-se, no entanto, que o exercício intelectivo só vai operar sobre os materiais dos sentidos e da pura lógica do pensamento. Assim sendo, há uma única consciência da qual se pode ter pleno conhecimento: a própria. Não é possível, nunca será possível, ter uma visão total da consciência alheia – nesse sentido, ninguém consegue efetivamente conhecer ninguém.

É inútil a expectativa de saber o que se passa no íntimo da consciência alheia; isso é impossível, *contraditio in terminis*. O conhecimento dos outros, isto é, de uma realidade subjetiva, é duplamente limitado, portanto. O chamado "mundo social" é o elemento concreto restante da intersecção entre todos os mundos subjetivos – tudo o que escapa ao duplo limite da consciência, esse mínimo denominador comum à totalidade de consciências é o que se denomina "realidade".

A expectativa de conhecer a fundo outra pessoa é um exercício de análise fenomenológica fadado ao fracasso. Não existem recursos expressivos em nenhuma linguagem humana para se chegar a outra consciência. Daí que o conhecimento do Ser é restrito a si mesmo; por maior que seja o grau de intimidade entre duas pessoas, haverá sempre uma barreira expressiva entre as consciências. O tempo não diminui essa distância, nem qualquer forma de convívio social. A expectativa de compreender os atos de outra pessoa a partir de um suposto conhecimento de sua consciência tende a falhar na medida em que esse conhecimento é sempre parcial[34].

A *desilusão* com determinada pessoa é a compreensão súbita desse limite da intersubjetividade e do conhecimento de outro. De fato, no mesmo sentido, as relações humanas costumam se pautar na *ilusão* da compreensão recíproca absoluta, quando, de fato, trata-se apenas de um conhecimento parcial do outro, duplamente parcial na medida em

---

33. "A experiência estética é um procedimento tão ativo quanto o ato criativo do artista, mas ela destaca um outro tipo de atividade: não se trata de uma ação operatória, mas uma conduta de discriminação cognitiva" (SCHAEFFER, J.-M. *Adieu à l'esthétique*. Paris: PUF, 2000, p. 44).

34. "Cada indivíduo está aberto potencialmente para uma larga variedade de relações sociais, das quais se efetivarão apenas algumas. Cada pessoa está relacionada externamente com outros aspectos de seu ambiente e de sua sociedade que ela não interioriza, com as quais não está de fato ligada, com as quais simplesmente coexiste" (GEORGE, Richard. "Social reality and social relations". *The Review of Metaphysics*, vol. XXXVII, n. 1, Issue n. 145, p. 6).

que implica uma seleção de expressividade na atividade poética de construção do si-mesmo e uma seleção na estética a partir da qual compreendemos. Na medida em que essa relação é recíproca, concentrar a intenção da consciência na esperança de conhecer alguém a ponto de imaginar o que se passa em sua mente é um exercício de frustração contínua.

A consciência do Ser, ao projetar-se afetivamente para outra consciência, desloca o foco de sua verdadeira felicidade do conhecimento-de-si para o conhecimento-do-outro. Do absoluto possível de si mesmo para o relativo impossível da relação com o outro. O único momento de felicidade da consciência em conhecimento pleno é a atividade de conhecer a si mesma, ainda que através de um objeto. Não é por acaso que Aristóteles abre sua *Metafísica* dizendo que todos os homens desejam naturalmente saber, e Jung certa vez afirmou que pensar é um dos maiores prazeres da raça humana.

Em que pese o fato de não se relacionarem exclusivamente à satisfação dos sentidos, essas afirmações mostram a consciência individual como fonte da felicidade do Ser. Na medida em que é a única consciência da qual se pode esperar conhecimento pleno, projetar a felicidade e a satisfação para outros é jogar-se no desconhecido de outras consciências distantes de qualquer conhecimento pleno.

Cria-se uma expectativa de ação com base nessas certezas parciais sobre o outro; quando essas expectativas são frustradas, o que ocorre mais cedo ou mais tarde, é difícil lembrar que não se trata de uma frustração, mas de uma característica existente desde sempre, que foi obscurecida pela ilusão do conhecimento total. A consciência iludida tende a experimentar a quebra das expectativas como atos próprios da vontade alheia contra ela, sem imaginar que esse ato pode não ter sido compreendido assim pelo outro indivíduo. A projeção da percepção em uma única pessoa, isto é, a dimensão estética da relação social tem limites pouco visíveis, mas a partir dos quais toda a percepção é estruturada.

Quando dominada pela paixão, a consciência tende a compreender a ação recíproca em função dessas estruturas prévias de expectativa de ação e, por conta disso, passa a atribuir significados específicos a todas as atitudes do objeto de paixão a partir desses quadros de referência da própria consciência. É como se a consciência apaixonada utilizasse o objeto de sua paixão como protagonista em um filme imaginário do qual só ela sabe o roteiro; cada vez que, por contingência ou escolha, o objeto da paixão deixa de cumprir o que é esperado de sua atuação, a consciência do sujeito entende isso como uma separação entre expectativa e realidade, como uma crise – novamente no sentido grego de *krisein*, divisão – e, portanto, uma situação difícil não apenas de compreender quanto de superar. A contínua quebra de expectativas é a dinâmica de toda a criação artística movida pela projeção estética de um ser nos atos de outro.

B. A consciência do ser no tempo

A consciência é o lugar no qual os fluxos do tempo convergem para se tornarem elementos de delimitação da própria experiência. O tempo é percebido sempre a partir das categorias específicas da consciência conforme a sua relação mais forte com o exterior ou com o interior (para-si e para-outro). Daí a imprecisão objetiva do tempo precisamente objetivo. A consciência não segue o fluxo do tempo, mas reconstrói a cada instante sua própria percepção do tempo objetivo, subjetivado, apropriado pela consciência como o tempo do ser[35]. Os dados imediatos dos sentidos apontam um tempo externo à consciência, que, uma vez conhecido, é confrontado com o conjunto de experiências do ser no tempo, ao que denomino tempo interno – os dados imediatos do pensamento. A conjunção é o fluxo de tempo percebido pela consciência[36].

Daí o tempo do ser nunca ser igual ao tempo dos objetos ou de outro ser na medida em que sua percepção é única. Se a percepção do tempo fosse comum a todos os seres não haveria necessidade de se medir o tempo; os relógios não existiriam, pois todo o tempo seria comum ao conjunto do ser, nada de particular haveria para distinguir o tempo do indivíduo do tempo objetivo dos outros seres. O controle do tempo objetivo é a garantia de existência dos tempos de cada ser.

A consciência é profundamente temporal no trato das experiências, mas obedece apenas ao tempo de si mesma, vozes na trama do pensamento. O tempo é a percepção de si mesmo em relação ao outro,

---

35. "O espaço e o tempo são quantidades contínuas. No tempo, o presente traz consigo o passado e o futuro. O lugar é, também, uma quantidade contínua. As partes de um corpo ocupam um espaço determinado, e essas partes têm limites comuns" (ARISTÓTELES. "Categories" [Organon]. In: *Complete works*. Princeton: Princeton University Press, 1997, p. 8 [5a]).

36. "Qualquer elemento percebido no campo visual, completo como todo conteúdo visual, é uma experiência que contém várias partes" (HUSSERL, E. *The shorter logical investigations*. Londres: Routledge, 2001, p. 214).

uma quantidade determinada de espaço percorrido, um evento externo a partir do qual a consciência reconstrói-se nessa percepção[37].

Há sempre uma contradição entre o tempo dos outros e o tempo pessoal. Na consciência individual, misturam-se os tempos do passado, presente e futuro nas condições dialéticas de pensamento e experiência. Nenhuma experiência existe fora do tempo, mas, uma vez apropriada pela consciência, sua temporalidade objetiva é substituída pela temporalidade do ser, responsável, daí por diante, por atribuir a cada experiência seu respectivo lugar no tempo, seja no passado, seja no futuro.

A memória não é o depósito dos fatos passados, mas um repositório de imagens auxiliares da imaginação. Imaginação e memória são análogos como elementos constituintes da consciência do ser. A imaginação e a memória projetam a consciência para além do tempo; em um caso para o futuro, no outro, para o passado. Ambas trazem para o presente imagens, tornam visíveis no *agora* fatos ocorridos ou por acontecer; fazem presente qualquer tempo. A consciência, portanto, compreende a si mesma fora do tempo por conta de sua relação permanente com a memória e com a imaginação. É por isso que o devaneio sempre nos faz esquecer do tempo; de fato, o devaneio projeta nossa consciência para além do tempo, para as águas da lembrança, na memória, ou para os ventos especulativos do futuro, na imaginação.

A consciência do ser, portanto, é atemporal e existe como plenitude última do ser; nada há *no* ser que não esteja em sua consciência; nada existe *para* o ser que não esteja em sua consciência. A consciência é o limite dialético da eternidade do ser. A totalidade do conhecimento equivaleria a uma totalidade da consciência de si e do outro, uma consciência de todos os seres. Isso é impossível. Toda consciência é incompleta. A atividade da consciência é um eterno ato de transformar as potências de conhecimento em atos do conhecer. A dialética da consciência é a discrepância infinita entre o ato imediato do conhecer – e conhecer-se a si-mesma – e a virtualidade de todos os conhecimentos possíveis[38]. A consciência plena é uma ilusão mística, pois no momento

---

[37]. "O tempo é interior ao ser, não o ser interior ao tempo. Por isso o tempo não é uma passagem entre o nada e o ser, porque o nada não é, e não poderia ser fonte de ser" (SANTOS, M.F. *Ontologia e cosmologia*. São Paulo: Logos, 1957, p. 41).

[38]. "Dialética é a autoconsciência do contexto objetivo da crença. Isso não significa escapar do contexto, mas antes ultrapassá-lo a partir de dentro" (ADORNO, T.W. *Negative dialectics*. Londres: Continuum, 2003, p. 406).

em que o ser ficasse plenamente consciente de si, esse dado, por si só, bastaria para ser em si, como classe, um dado novo para o ser, reiniciando a cadeia.

Por isso mencionar o limite dialético da consciência: quanto mais próximo chegamos a ele em aparência, mais ele se afasta de nós em realidade. Essa plenitude da consciência, o fim do movimento dialético entre sujeito e objeto talvez se revele em outro plano que não o da consciência tal como entendemos; para além dos limites da consciência individual está o *místico*, o conhecimento que independe da consciência do ser e se revela a si mesmo em condições alheias ao desenvolvimento de *qualquer* ser. Por isso mesmo o místico é sempre metafísico e traz em si toda a unidade.

A condição de existência do Uno é ser externo a todas as consciências individuais e estar fora do mundo. O Uno não existe no mundo limitado, porquanto é sem limites. Por isso mesmo só pode ser parcialmente acessível à consciência individual. O Uno é em si; o ser é em relação consigo e com outro ser. Portanto, se o ser existe no mundo, o Uno é supramundo, extramundano no sentido de que não existe na consciência, mas, no máximo, se revela como elemento no para-além da consciência. O conhecimento da consciência individual é sempre parcial porque a consciência individual está sempre mudando, por si e pelo outro.

A cada novo dado autoconsciente, quando atinjo certo grau de percepção do eu, esse grau se converte em dado novo, alterando novamente o eu. Portanto, a consciência é sempre auto-reflexiva, ao mesmo tempo percepção de si e autopercepção de si; cada nova percepção altera a cadeia de consciência, exigindo uma nova reflexão que, por sua vez, dará origem a processo análogo: a consciência, a exemplo do universo, é infinita, porém limitada.

Se o universo é infinito em espaço e limitado no tempo, a consciência é infinita em sua reflexão eterna sobre si mesma, mas limitada no espaço de seus objetos de percepção, em sua relação com o outro – uma relação sempre limitada. A autopercepção da consciência é limitada apenas por si mesma; a consciência da relação com outro ser implica nas possibilidades dessa relação. A consciência para-si é infinita, para-outro é limitada. Nessa dialética está a origem de todo o conhecimento limitado do ser a respeito de si e dos outros.

O conhecimento não se encerra em uma questão epistemológica, mas ontológica. O ser, por definição, é incapaz de conhecer a totalidade, embora possa ter a intuição dessa totalidade na consciência para-si, mas não pode aplicar esse sentimento de completude do todo à relação com outro ser, pois lhe é impossível dar conta da totalidade dessa relação.

Portanto, a intuição da totalidade na consciência para-si (conceito) é confrontada com a percepção da impossibilidade da totalidade na consciência para-outro (experiência). A totalidade existe enquanto categoria conceitual, mas é limitada na experiência pelos limites da própria experiência[39]. Daí a imaginação ser utilizada como conceito pela consciência para vencer as limitações da experiência. Daí a imaginação ser a base de toda a criação – o ato de criar, em sua forma original, é o ato de transcender, pela utilização de conceitos, os limites da experiência e alargá-los de acordo com as especificações da própria imaginação. O homem atingiu o cosmos em sua consciência muito antes de ter com que atingi-lo em sua experiência. Os conceitos e a imaginação permitem ao ser *intuir*, isto é, vislumbrar dados impossíveis de serem comprovados totalmente pela experiência.

Daí dizer que *temos uma intuição* no senso comum para nos referirmos a um conhecimento que não pode ser aferido senão em partes limitadas; a intuição é a percepção desse contraste entre a ausência de limites para os conceitos e os limites práticos da experiência. Daí a intuição não ter validade como categoria empírica do pensamento, mas ser insuperável na indicação dos caminhos a seguir no emaranhado dos conhecimentos[40]. Essa percepção vaga do conhecimento intuitivo mostra, na totalidade dos conceitos complexos, as possibilidades de se atingir o resultado com a experiência. Na intuição, a consciência individual projeta, como resultado da memória e da imaginação, as possibilidades de uma experiência prática. A consciência é o elemento de convergência da intuição, do conceito e da experiência no indivíduo.

É a reunião dialética desses elementos na consciência que caracteriza o ser. A consciência é o movimento dialético responsável pela existência do ser em si. Todo o resto são expansões, fluxos e usos da consciência.

---

39. "Nenhum objeto é totalmente conhecido. Não se espera que o conhecimento prepare na mente a imagem do todo. Assim, o objetivo da interpretação filosófica das obras de arte não pode ser sua identificação com o conceito, sua absorção no conceito" (ADORNO, T.W. *Negative dialectics*. Londres: Continuum, 2003, p. 14).
40. LANGER, S.K. *Philosophy in a new Key*. New York: Penguin, 1958, p. 29).

Montaigne indicou bem isso ao formular sua questão em termos do *Qui-sais Je?*, no qual a partícula *Je*, "Eu", é um pressuposto ontológico do conhecimento, como categoria de definição em si. Não tentou, como Descartes, provar a existência do Ser pelo conhecimento, do *Esse* pelo *Cogito*, mas pensou em um ser-em-si como evidência necessária de qualquer conhecimento. O princípio ativo do conhecimento é a existência da consciência individual. *Qui-sais je?* pressupõe o *eu* como a categoria primeira, a *essência*, no sentido latino de *esse*, ser, a partir do qual o mundo existe.

A existência objetiva do mundo vai além da consciência individual e não pode a ela ser reduzido. No entanto, a experiência do mundo existe, para cada ser, em sua consciência individual e nada mais além. A existência do mundo está na percepção da consciência do outro-ser como análoga à experiência individual. O mundo objetivo é a experiência coletiva compartilhada pelas consciências individuais em sua percepção mútua. O mundo existe além da consciência individual, mas só pode ser percebido pela consciência individual.

Sua garantia de existência está na percepção da existência dos mesmos dados em outra consciência, na consciência do outro-ser, como análogos à do sujeito. Esses elementos, pertencentes simultaneamente a todas as consciências sem ter sido postulado ou tornado existente por nenhuma, ao mesmo tempo todos e ninguém, é o que denomino mundo objetivo, posto que não existe como condição em nenhum ser, e não tem sua causa em nenhum ser específico, porquanto pertence a todos sem ser propriedade de ninguém. O mundo é a minha experiência única da realidade compartilhada por todos[41].

As relações de comunicação ocorrem no tempo. E, de todos os elementos metafísicos responsáveis por estabelecer os vínculos entre indivíduos, o tempo é o mais indeterminado. O indivíduo acontece no tempo e através dele. Não existe em um elemento estático, mas em uma sucessão de momentos compreensíveis em duas modalidades diferentes. De um lado, a percepção subjetiva do tempo; de outro, sua mensuração objetiva.

---

41. "O ser do objeto é essa verdade enquanto se revela à consciência: *é o ser para a consciência do ser em si*. Assim o mundo se constitui em um movimento absoluto, cujo tempo, como sucessão de momentos evanescentes, não é mais que aparência abstrata" (STRENGER, I. "Hegel e Husserl: duas fenomenologias?" *Revista Brasileira de Filosofia*, vol. XX, fasc. 80, out.-dez./1970, p. 459. São Paulo).

Na primeira modalidade, existe a intuição do tempo, uma sensação de sua passagem inerente ao próprio indivíduo e percebida em sua subjetividade como uma sucessão de eventos. O ser humano não tem percepção do tempo, mas do acontecimento. No desenvolvimento do Ser no tempo existem os atos e, a partir deles, a sensação subjetiva da passagem de um lapso temporal a partir da falta de simultaneidade dos eventos. Se a percepção é possível, é porque o tempo limita o conjunto de eventos que podem acontecer simultaneamente. Por conta disso, a intuição do tempo é dada a partir da fixação de acontecimentos significativos – isto é, vinculados à própria consciência do indivíduo cognoscente em relação com o objeto – em pontos do fluxo temporal, garantindo a sensação da passagem do tempo.

Uma vez que, nesse momento, a consciência está voltada para o objeto da passagem do tempo e não para sua circulação objetiva, a apreensão da passagem do tempo está vinculada às sucessivas intencionalidades da consciência para os objetos. A transformação da realidade da consciência torna o fluxo do tempo perceptível para os sujeitos, mas em uma modalidade estritamente pessoal. Daí a passagem do tempo ser percebida como a sucessão de eventos em uma cadeia linear, na medida em que eles tenham uma relevância subjetiva no conjunto de fatos cotidianos. O senso comum o demonstra na medida em que incorpora expressões como "está na hora de..." e, portanto, vinculando a passagem do tempo a uma apreensão subjetiva dos acontecimentos. Não é a medida, é o significado do tempo que se oferece à consciência. E o significado do tempo está nos eventos que se desenvolvem através dele[42].

No entanto, a interpretação do tempo como uma categoria puramente subjetiva retira-lhe a condição de elemento próprio das ações humanas. Se o tempo fosse apenas uma construção da mente, não haveria qualquer possibilidade de se reconhecer um acordo comum sobre sua passagem. Hipoteticamente, em um universo no qual o tempo fosse apenas produto da mente, nenhuma relação seria possível para além da própria mente, na medida em que são necessárias estruturas

---

42. "No meu lugar habitam todos os lugares, fisionomicamente adstritos ao prazo da minha existência. [...] Dessarte, processa-se quanto a mim, e por mim intencionalmente auferida, a indiferença que de modo ineluctável se encaminha meu vulto; a indiferença total, como se não houvera existido, sendo eu, no entanto, o existenciador de todos os lugares" (COUTINHO, E. *O lugar de todos os lugares*. São Paulo: Perspectiva, 1976, p. 97-99).

objetivas de ação para que qualquer ato seja entendido como uma intenção/relação[43].

Uma relação intersubjetiva prevê um entendimento comum do tempo, uma medida comum – e portanto objetiva – de sua passagem como uma espécie de ponto de fixação, uma âncora, dos acontecimentos reais, como uma referência geral a todos os indivíduos. Os fatos, em sua significação, pertencem à consciência individual, mas sua transformação em discurso comum ocorre em um tempo objetivo, no qual a medida não é o acontecimento, mas o cálculo específico de uma duração simultânea para tantos quantos forem os seres capazes de discernir essa passagem. Nessa modalidade de um tempo objetivo, a consciência individual é submetida aos critérios objetivos de reconhecimento da passagem do tempo como a possibilidade de identificação de elementos simultâneos ou, de outra maneira, organizados no espaço e no tempo a partir de uma única perspectiva que transcende a consciência individual[44].

A existência de duas modalidades de tempo, uma mensurável e outra sensível – ou, em outras palavras, um tempo objetivo e um subjetivo correndo paralelamente, entrecruzados na medida dos eventos percebidos – leva à sensação, pelo indivíduo, da existência de uma distorção entre a *medida* do tempo e a *passagem* do tempo. A idéia de um encolhimento do tempo, uma das principais características da Modernidade, é o resultado desse paralelo entre duas medidas do tempo. A quantidade de eventos percebidos pelo sujeito aumenta conforme ele recebe mais e mais informações a respeito da vida cotidiana. Quanto maior o fluxo de informações sobre os fatos cotidianos, maior o número de eventos percebidos e fixados na duração subjetiva. A categoria do tempo, imutável em sua objetividade em todo o planeta, é tornada relativa no sujeito por conta do maior número de acontecimentos. O número de fatos passíveis de serem conhecidos pelo sujeito – e, portanto, a fazer parte de uma duração subjetiva – aumenta, mas o tempo objetivo permanece em sua marcha. A disparidade entre esses dois fenômenos dos modos do tempo criam a sensação de uma passagem mais rápi-

---

43. "O processo mental cognitivo tem uma *intentio*, refere-se a alguma coisa, está ligado de uma ou de outra maneira ao objeto. Essa atividade de relacionar-se com o objeto pertence aos processos mentais mesmo na ausência do objeto" (HUSSERL, E. *The idea of phenomenology*. The Hague: Martinus Nijhoof, 1973, p. 43).

44. "A sociedade humana se revela destarte tecido comunicativo, no qual discursos e diálogos interagem dinamicamente" (FLUSSER, V. *Pós-história*. São Paulo: Duas Cidades, 1983, p. 58).

da do tempo objetivo, como se, de repente, os relógios corressem na direção inversa do número de fatos existentes.

A ambivalência do tempo em sua dupla modalidade é que enquadra todas as relações, em especial as relações que dependem do tempo para seu próprio enunciado – numa palavra, as relações de comunicação.

PARTE II
Consciência, signos, comunicação

O conhecimento da filosofia é sempre o conhecimento da consciência. Nada pode ser conhecido sem a presença de uma inteligência a ponto de reconhecê-la. A existência não está vinculada à razão, mas o conhecimento da existência é o conhecimento da consciência. A única consciência à qual se tem acesso é a consciência individual de cada um. Não é possível compreender a consciência de outra pessoa; seu pensamento, mesmo dito, já é objetivado em um discurso ou em uma ação, que, por sua vez, só pode ser compreendida em termos de minha própria consciência. Toda filosofia é uma filosofia da consciência individual, mesmo quando em relação com outros elementos ou objetos. No conjunto de experiências cotidianas, mentalmente possuo aparentemente consciência de vários fatos ao mesmo tempo, conectando os dados que me chegam dos sentidos com os dados que tenho na mente.

Os sentidos e as informações por eles passadas confundem-se com o fluxo de nossos pensamentos diversos, tornando-se mais uma voz na trama polifônica de linhas de pensamento em atividade em nossa mente. O que se chama "consciência" é o conhecimento parcial dessa trama. Portanto, quando se fala na consciência, evidentemente se está falando da trama polifônica de idéias, sensações e conceitos existentes na mente de um único indivíduo – retrato do elemento universal infinito em suas conexões, alegoria do universo presente em todo ser humano.

A consciência do ser é a unidade do plural, categoria dialética em sua contradição de, ao mesmo tempo, mesclar passado e futuro – as experiências e aspirações – e os acontecimentos imediatos – o presente – em um fluxo permanente e atemporal de pensamentos.

O ser é sua consciência, e a consciência é o contraponto das experiências e dos conceitos. Os antigos freqüentemente se desentendiam a respeito da origem dos pensamentos, se eram parte inata da mente ou vinham da experiência. No entanto, essa oposição cedo mostrou-se real apenas a partir de uma interpretação; pensamento e experiência, na filosofia de qualquer um dos grandes, foram categorias completamente separadas. Se existia uma questão a respeito da origem, essa questão era puramente especulativa e demonstrava muito mais a existência de uma preferência por este ou aquele ponto de vista na abordagem da consciência, nunca especificamente na hipótese de reduzir a mente humana a este ou àquele aspecto. A perspectiva das "idéias inatas", tanto quanto a noção de "tábula rasa" foram amplamente discutidas e conciliadas por Aristóteles, Leibniz, Kant, Spinoza e, mais recentemente, Piaget. O argumento dialético vale-se da recusa à armadilha fácil da oposição binária entre espírito e matéria, deixando mais claro perceber-se um desenvolvimento conjunto de corpo e mente, ou seja, experiência e conceituação. Essa dialética é a dinâmica na qual existe a consciência.

O ser é a sua consciência, é a sua permanente relação contraditória entre o elemento temporal – o conhecimento passado, sua memória e experiências anteriores, confrontado diuturnamente com o conhecimento presente, suas experiências imediatas e elaborações conceituais. Esse conjunto existe fora do tempo conhecido, recriando-se a si mesmo a todo o instante. Esse conjunto é a consciência. Como as experiências são individuais, os conceitos e relações conceito-prática também o são; como cada indivíduo insere-se a si mesmo na trama de tempo/espaço e conceitos/experiências à qual pertence sua característica única de ser singular no tempo e no espaço, com uma trajetória de experiências particulares e impossíveis de serem compartilhadas com outro ser, temos que a consciência é sempre individual e, portanto, a compreensão do mundo é sempre uma compreensão do eu[1].

O objeto existe em sua relação com a consciência – não existe *na* consciência e nem depende da consciência individual para sua existência objetiva, mas o objeto só existe para o sujeito quando está em sua consciência, a qual ajuda a formar. Portanto, nenhum ser é uno: o ser existe com o objeto – outro ser, de onde se poderia dizer que o ser existe enquanto reconhecimento das particularidades em sua relação

---

1. "O conhecimento é existenciador e a objetividade é iconológica. Em verdade, quando apreendo uma coisa até então por mim ignorada, proporciono-lhe o ser e o estar que não se verificariam no caso de ela não ter vindo ao meu conhecimento. Dou-lhe, por conseguinte, a existência, e logo ela se inculca desse significado: subordina-se existencialmente a mim" (COUTINHO, E. *O lugar de todos os lugares*. São Paulo: Perspectiva, 1976, p. 17).

permanente com outro ser; a consciência é o limite de existência a partir do qual se compreende o ser e o não-ser como outro ser, como outro todo complexo/completo a partir do qual estabeleço o limite de minha própria consciência individual[2]. O Ser não é uno, mas define-se em sua própria consciência como o resultado de sua complexidade – isto é, nas relações estabelecidas com outro ser. A unidade do Ser reside na particularidade incompartilhável de suas experiências, conceitos e ações – numa palavra, de sua consciência –, mas essa particularidade o tempo todo está em relação com outras particularidades.

A existência é a dialética da consciência em seu movimento específico para-si, como consciência de si, e para-outro, como consciência *no* objeto – outro ser. A existência do Ser e do Outro ser é condição específica para a existência da consciência; uma consciência capaz unicamente de perceber a si mesma não se daria conta de sua própria existência, visto que não encontraria nada em contraste que não fosse si-mesma; sua percepção de si seria de tal maneira completa, que perceberia a si mesma como o próprio universo, sem nenhum limite possível para estabelecer a identidade com algo que não a si mesma. Seria ao mesmo tempo a mais plena das consciências e a menos exterior de todas.

Ao mesmo tempo, uma consciência totalmente voltada para o exterior, sem nenhum elemento de singularidade possível, tampouco chegaria a existir, uma vez que sua imagem seria um reflexo da imagem exterior e, portanto, invisível. A consciência-de-si define-se em seu contato com a consciência-do-outro, do limite entre ambos, da crise, do grego *krisein*, separação. A consciência do eu forma-se na percepção de sua separação da consciência de todo o resto quanto seja outro ser, o não-eu, o elemento antagonista. O primeiro objeto é a primeira percepção do exterior, da consciência voltada para o objeto e que apropria esse objeto como novo dado da consciência, agora transformada.

Podemos, em uma analogia, compreender a consciência como o movimento perpétuo de uma espiral na qual cada novo dado é incorporado e modifica parcialmente o curso da consciência sem, no entanto, alterar-lhe a essência. A consciência está sempre ativa, move-se no tempo e no espaço, agrega os dados imediatos que lhe chegam dos sen-

---

2. "Onde o ser, aí a relação, e a relação estão no ser. O ser desliga tudo da relação e a relação desliga aparentemente o ente do ser. Pelo conhecer intelectual, captamos as relações, mas pelo acto vivencial da frônese nós as ultrapassamos" (SANTOS, M.F. *Ontologia e cosmologia*. São Paulo: Logos, 1957, p. 43).

tidos aos dados do pensamento e, nessa dialética, forma-se e reforma-se a cada instante. O eu é a percepção de si mesmo em oposição à percepção do outro. O limite entre ambos é determinado pela consciência[3]. Portanto, toda consciência é a reunião da experiência concreta, dos dados imediatos, com a experiência do pensamento, os dados passados e aspirações futuras. Há dois aspectos fundamentais dessa separação entre a consciência e a realidade exterior, tratados nos capítulos subseqüentes. O primeiro deles, explorado no capítulo 3, é o limite expressivo da linguagem em relação às manifestações do pensamento; no quarto capítulo, o aspecto abordado é o limite da consciência restrita ao próprio hábito.

---

[3]. "A dialética é o senso consistente da ausência de identidade. Não parte de um ponto fixo. Meu pensamento é dirigido a isso pela sua própria e inevitável insuficiência, pela minha culpa pelo que estou pensando" (ADORNO, T.W. *Negative dialectics*. Londres: Continuum, 2003, p. 5).

3
Linguagem e a realidade do ser

As palavras são representações arbitrárias da realidade. Não constituem seres ou objetos em momento algum. Nem mesmo durante o ato da fala, naquele período no qual a idéia se materializa em som, a palavra existe como objeto, uma vez que continua sendo um conjunto de sons para definir objetos. Assim como os números, as palavras não existem na realidade. Elas são símbolos que representam outras coisas, assim como a linha aberta que, sob a forma definida "2" representa dois elementos, um conjunto de símbolos de "a" a "z", em suas infinitas combinações, representa o infinito do mundo.

A totalidade de fatos do mundo não pode ser apreendida pela razão. É impossível definir tudo o que existe de forma clara e completa. Toda representação implica uma simplificação do objeto representado. Todo objeto tem várias dimensões, às quais é adicionado o tempo, que o insere em um contexto determinado. Ora, é impossível definir um só objeto que seja de acordo com essas proporções[4].

Pode-se argumentar que não existem características ontológicas do objeto, mas que ele existe em relação ao observador. Por exemplo, sob a luz amarela um objeto "azul" se torna "verde" aos olhos do observador. Mas isso não é exatamente importante, pois se a existência de uma qualidade do objeto dependesse exclusivamente do observador, ao apagar a luz o mundo deixaria de existir – um solipsismo. A linguagem preenche essa função de reduzir o número e as qualidades de objetos a uma quantidade inteligível. Ao transformar objetos em símbolos, reduz-se as características do objeto àquelas presentes em sua maioria, ou, em outros casos, à sua principal característica, que

---

4. "Conhecemos e desconhecemos. Mas, pelo que conhecemos, podemos dialeticamente construir o que desconhecemos. E se do que desconhecemos não nos é possível uma intuição de ordem puramente intelectual, há outras, fundadas na intelectualidade, mas sem dispensar a profundidade de nossa afectividade, que se podem conquistar" (SANTOS, M.F. *Ontologia e cosmologia*. São Paulo: Logos, 1957, p. 17).

passa a ser representada por um símbolo – uma palavra, se assim podemos chamar[5].

Não é possível remontar ao momento exato em que uma configuração de folhas emolduradas por um tronco passou a ser conhecida como "árvore", de maneira que não podemos senão associar nomes a coisas de uma maneira que nos é dita logo que nascemos. Aprender a falar é decorar uma associação arbitrária entre símbolos e as coisas que eles representam.

Todavia, a linguagem, nessa redução do objeto ao seu fenômeno mais presente, não permite uma total compreensão do objeto. Faltam palavras para representar o mundo, cabendo à mesma palavra, ao mesmo símbolo, representar ao mesmo tempo várias realidades – o que prejudica sobremaneira a compreensão do mundo.

A realidade é um conjunto de relações em mudança constante entre seres e objetos. A linguagem reproduz essa realidade de maneira fragmentada, mas, ao mesmo tempo, compreensível para o entendimento humano. O sentido total nunca pode ser alcançado, tampouco o significado global de uma ação, ou mesmo todo o processo de geração de uma ação ou palavra. A linguagem não é uma ação, mas falar é. Assim, não podemos considerar que a linguagem e a fala tenham o mesmo peso na realidade. A linguagem está ligada ao pensamento e ao conhecimento, enquanto a fala, que é a linguagem colocada fora do sujeito, está relacionada diretamente com a ação. A linguagem é a estrutura que permite ao espírito compreender o mundo, enquanto a fala é a linguagem em ação externa ao sujeito[6].

Não se fala por nada; a fala é sempre intencional, enquanto a linguagem do pensamento é livre – pode ser controlada, mas depois que já apareceu. A pessoa que enrubesce diante do próprio pensamento mostra isso. Além disso, nenhuma palavra existe sozinha; o sentido existe na relação entre conjuntos de símbolos (letras que formam palavras que formam frases que formam parágrafos que formam textos, por exemplo) e sua aplicação ao real. A matemática, muitas vezes, não faz

---

[5] "Hermes é o mensageiro divino. Ele traz a mensagem do destino. *Hermeneuen* é a exposição que traz novidades, aquilo que se pode ouvir de uma mensagem. O que destaca e mantém a relação humana é a linguagem. A linguagem define a relação hermenêutica" (HEIDEGGER, M. *On the way to language*. San Francisco: HarperCollins, 1982, p. 29-30).

[6] "Traduzindo em nossa linguagem conceitual, 'expressão' não significa nada além da *autopoiesis* da consciência. 'Sentido' e 'significado' significam a necessidade de adquirir estruturas para isso em uma forma de relação intencional" (LUHMANN, N. *Social systems*. California: Standford University Press, 2005, p. 145).

sentido porque suas operações são todas mentais, não encontrando, em momento algum, seu objeto real[7].

Assim sendo, as palavras podem ser classificadas de acordo com sua relação com a realidade que representam. A "falta de sentido" nada mais é do que a ausência de ligação entre o símbolo e a realidade.

A. Linguagem e sentido

A linguagem é uma estrutura muito bem definida que, como toda estrutura, muda constantemente. A linguagem não é estática, e sua dinâmica é percebida na fala. Esse dinamismo da linguagem é um reflexo do dinamismo da realidade em perpétua mudança.

Palavras são uma maneira de estruturar e tornar inteligível a realidade, ordená-la de maneira que ela tenha um sentido lógico e estrutural perceptível ao nosso cérebro. Ao dizer, por exemplo, "carro", há uma perfeita associação entre o objeto e a palavra. Mas ao dizer "infinito" tal associação não existe. Todavia, o sentido de uma palavra não é construído necessariamente de acordo com sua representação real, mas também de acordo com sua representação contextual. Ao dizer "infinito" estou ultrapassando um objeto, mas colocando meu raciocínio em um plano superior, o de características – qualidades – que podem pertencer a qualquer objeto – ou, no caso, a nenhum. A realidade das coisas é o conjunto dos objetos, enquanto a realidade dos fatos é o conjunto das ações[8].

É, como fica claro, uma estrutura na qual objetos se movem em perpétua mudança, mas segundo uma estrutura estabelecida – seja por leis naturais ou morais. O objeto e a mudança são as duas realidades do mundo, a partir das quais todas as outras coisas se estruturam. É em uma relação dialética entre os objetos e as ações que o mundo

---

7. "A atitude hermenêutica não aceita que a reflexão se faça sem ser em situação, como se fosse possível uma consciência a-histórica, a-cósmica. A fenomenologia enquanto hermenêutica pretende interpretar este pensamento situado, esta existência. A existência é pré-dada à reflexão. A tarefa da reflexão será colocar de modo claro as estruturas dessa existência, assim como de captar a sua significação" (CAPALBO, C. "Fenomenologia segundo Husserl". *Revista Brasileira de Filosofia*, vol. XXI, fasc. 81, jan.-mar./1971, p. 43. São Paulo).

8. "O real não pode ser conceituado unilateralmente, uma vez que se apresenta como manifestações diversas de uma unidade complexa. A realidade é, portanto, uma totalidade que oferece dimensões diferentes. Pode, assim, apresentar-se num estado natural, num estado de criação, num estado de ensino, ou aprendizagem, num estado de vigência de um valor ou de utilização prática das coisas" (HILL, T. "O real, a mimese". *Revista Tempo Brasileiro*, n. 51, out.-dez./1977, p. 11. Rio de Janeiro).

existe. Não é possível dizer que tal coisa "é" simplesmente: ela "é" em relação a outras coisas, e essa mesma relação já traz consigo o sentido de uma ação[9].

Em outras palavras, todo objeto, para existir, já traz consigo uma ação implícita – em última análise, uma relação com outros objetos ao seu redor. "A" só existe em função de algum elemento "não-A". A linguagem acompanha essa dupla realidade transformando-a em uma e única linha, uma única realidade inteligível. Assim como um desenho é a simplificação, em duas dimensões, de uma realidade geométrica de pelo menos três, a linguagem coloca em um mesmo plano objetos e ações, tornando sua relação cognoscível por nós. A linguagem define a realidade do Ser em relação com o mundo[10].

O conhecimento do mundo é o conhecimento de sua estrutura, e tal só se dá quando o traduzimos em uma linguagem que o explique. Não podemos dizer que conhecemos o mundo sem que tenhamos ordenado seus fatos – ou seja, a relação entre coisas.

É possível dizer que tudo está ligado sem cair em qualquer misticismo: os objetos não existem por si sós, mas pela sua diferenciação. Em uma música, por exemplo, só temos o efeito desejado de uma melodia por uma relação dialética entre conjunção e oposição de acordes que só se resolve, na maior parte das vezes, nos últimos compassos. É a existência de melodias contrárias que permite ao ouvinte reconhecê-las. Não fosse isso, toda a música seria um exercício de repetição que não leva a nada. Da mesma maneira, conhecemos as coisas por contraste. A qualidade essencial que as define são intrínsecas, mas reconhecemos com mais facilidade quando contrastamos uma coisa com outra – ou um discurso com o outro na construção de uma trama de significados[11].

---

9. "Todas as coisas, desse modo, com operações relacionais, sejam numéricas ou potenciais, são relações originadas pelas expressões do fato de levarem em conta algo mais envolvido no que elas são" (ARISTÓTELES. *Metaphysics*. Londres: Penguin, 1998, p. 138 [1020b]).

10. "Uma vez que o discurso é constitutivo para o Ser-Aí, isto é, a recepção e a compreensão, e uma vez que o *Da-Sein* implica o Ser-no-mundo, o *Da-Sein* como ser discursivo expressa-se a si mesmo. O *Da-Sein* tem linguagem" (HEIDEGGER, M. *Being and Time*. New York: State University of New York Press, 1996, p. 154).

11. "O discurso, seja qual for, nunca é totalmente autônomo. Suportado por toda uma intertextualidade, o discurso não é falado por uma única voz, mas por muitas vozes, geradoras de muitos textos que se entrecruzam no tempo e no espaço" (BLIKSTEIN, I. "Intertextualidade e polifonia". In: BARROS, D. & FIORIN, J. *Dialogismo, polifonia, intertextualidade*. 3. ed. São Paulo: Edusp, 2003, p. 45).

A linguagem estrutura o mundo da percepção conceitual. Muito embora os objetos existam independentemente do observador, tais objetos só serão parte do mundo do sujeito quando traduzidos em palavras, ou seja, em representações que permitam sua rápida identificação. A linguagem e a inteligência estão diretamente relacionadas em um todo ontológico no qual há uma relação de subordinação, sem dúvida, mas, ao mesmo tempo, de complementaridade[12].

A rigor, o entendimento do mundo é o entendimento da linguagem que o estrutura. A clareza na linguagem é a clareza no entendimento do mundo. Daí a dificuldade intransponível de viver de quem não domina a linguagem, daí a força que a linguagem tem para estruturar o mundo em que se vive[13]. O próprio argumento do *cogito* só passa a fazer sentido por uma característica básica: é preciso associar a palavra *cogito* a uma atividade – o pensar, no caso – para que todo o resto tenha sentido. Ou seja, ao mesmo tempo que surge o pensamento racional, surge uma linguagem igualmente pronta para dar-lhe sentido, para indicar a estrutura do mundo[14].

A dinâmica do mundo é um conjunto de relações entre objetos e seres humanos, é a soma de todas as ações que acontecem ao mesmo tempo e que, por sua variedade, são infinitas. O mundo é infinito e em constante mutação. Ora, é impossível, mesmo para o mais inteligente dos homens, acompanhar todo esse fluxo de mudanças – mesmo por-

---

12. "Exprimimos a coisa por um nome segundo a concebemos no intelecto. Ora, começando o nosso intelecto a conhecer a partir dos sentidos, não transcende ele o modo próprio dessas coisas sensíveis, nas quais a forma não se indentifica com o seu sujeito devido à composição de matéria e forma" (AQUINO, T. de. *Suma contra os gentios*. Caxias do Sul/Porto Alegre, Sulina, 1990, p. 72).

13. "Os sons falados são símbolos das afecções da alma, assim como a escrita é símbolo dos sons falados. E como a escrita não é igual em toda parte, também as palavras faladas não são iguais para todos os homens, tampouco são os sons escritos. Mas esses signos são, em primeiro lugar, afecções da alma comuns a todos os homens, assim como são comuns as coisas às quais se referem" (ARISTÓTELES. "De interpretatione". In: *Complete works*. Princeton: Princeton University Press, 1997, p. 10 [16a]).

14. "O desenvolvimento da linguagem, nessa perspectiva, envolve uma significante adição e reorganização das estruturas de significado organizadas já existentes. O conhecimento do significado de uma palavra e da gramática, bem como a pragmática da comunicação humana e suas conotações afetivas de palavras são partes das estruturas de conhecimento de uma pessoa, e estão ligadas de maneira inseparável às estruturas de significado pré-verbal. Basicamente, esse desenvolvimento envolve novos tipos de interconexão entre as conexões da rede. As classes de objetos, eventos, ações, que servem como conexões em uma rede de estruturas de significado pré-verbais ganham agora novas ligações" (LUNDH, L.-G. "Meaning structures and mental representations". *Scandinavian Journal of Psychology*, n. 36, 1995, p. 371).

que sua velocidade varia conforme cada objeto, ou seja, apresenta uma taxa de variação infinita – e ainda menos compreendê-lo: daí que a linguagem vem estruturar o mundo de maneira racional, ou seja, estabelecendo uma *ratio*, uma razão entre as relações das coisas. "Razão" significa proporção. Toda proporção pressupõe dois objetos em relação. Ora, disso decorre que todo o conceito de razão, de racionalidade, refere-se ao estabelecimento de relações entre seres, e o conjunto de relações forma uma estrutura. Como tal, em constante mutação, mas mantendo-se, ao mesmo tempo, imóvel.

Um exemplo dessa dialética móvel-imóvel da estrutura é o tráfego. As ruas estão em permanente mudança e, ao mesmo tempo, permanecem como são. A fotografia de uma via expressa jamais será a mesma; no entanto, a via expressa que condiciona a passagem dos veículos é sempre a mesma. A compreensão do mundo deriva da compreensão das situações que o compõem, situações essas que são sempre o resultado de uma ação, seja em qual escala for – da mecânica dos átomos à mecânica do universo, seja qual for a medida de tempo e espaço.

É preciso ter em mente que a linguagem não é o único fator determinante das atividades humanas. Ao contrário, é apenas um dos elementos. Qual seria então sua importância? Como já disse, a linguagem estrutura a realidade, oferece um símbolo de fácil compreensão em lugar do acúmulo caótico de sons, imagens e movimentos do mundo. A questão é que esses símbolos são arbitrários, podendo, de acordo com diversas circunstâncias, servir para enganar o próprio sujeito com representações falsas da realidade. A linguagem estrutura a realidade que é transmitida à mente, mas também se forma de acordo com outros elementos, como predisposições emocionais, afetivas e mesmo inconscientes.

Trata-se, em última análise, de uma complexa relação de duas estruturas: de um lado, a linguagem estruturando a realidade; de outro, a vontade estruturando a própria linguagem e moldando o modo como a realidade será estruturada, codificada em símbolos e compreendida. Não podemos imaginar que a linguagem seja a responsável por todas as nuances de comportamento humano. Não faz sentido, como querem alguns, que o inconsciente seja absolutamente permeável ao sentido das palavras, mas, ao contrário, o inconsciente – que prefiro chamar de vontade – determina o significado que será atribuído às palavras. Todo o resto é simplesmente um condicionamento que não leva a lugar algum – exceto ao controle de um ser humano por outro.

A relação é dialética. A linguagem estrutura nossa percepção do real, mas, ao mesmo tempo, essa percepção da linguagem é, por sua vez, estruturada por disposições mentais anteriores (ânimo, vontade, emoções, intencionalidade) responsáveis, nessa interação, pelas infinitas variações de comportamento. Quando a linguagem é colocada como fator principal do comportamento humano, desprezando todas as outras, abre-se o caminho para o controle.

A linguagem é a representação primeira que fazemos da realidade, mas ela não pode modificar essa mesma realidade. Daí que não passam de falácias todas as idéias de que "mudando minha linguagem posso mudar meu mundo". A linguagem pode mudar a percepção que temos do mundo e, ainda assim, com resultados condicionados – e, por conseqüência, passageiros. É baseado nessa idéia que todo e qualquer grupo que pretenda tomar o poder age. Enfraquecendo a vontade e deturpando a linguagem, ou seja, destruindo as duas estruturas que moldam o caráter. Algumas técnicas de controle mental, disfarçadas de psicologia revolucionária, nada mais fazem além de proclamar a superioridade da linguagem, ignorando sua incapacidade de modificar o real, e submeter a vontade, as emoções e desejos ao seu controle. Ora, uma vez feito isso, basta usar as palavras com sentidos equívocos para destruir completamente a representação individual do mundo e estabelecer uma representação coletiva. A linguagem modifica a percepção e é por ela modificada. Alegar a supremacia de uma ou de outra sobre a mente humana é tentar planificar a gama de atitudes e comportamentos do homem[15].

As palavras fazem sentido por sua relação com algum objeto ou ação, por sua relação com outras palavras e pela moldura emocional na qual é inserida na mente humana. Disso decorre que não basta, para fazer sentido, encontrar um correlato no real ou simplesmente contextualizá-lo junto com outras palavras. Faz-se necessário, para entender realmente o sentido de uma palavra – de toda linguagem, portanto – compreender o que ela quis dizer, como ela foi recebida

---

15. "Forma-se assim uma prática social e cultural auxiliar de alguns elementos 'ideológicos' de diferenciação e identificação que formam tratamentos valorativos ou pejorativos. Esses traços ideológicos, por seu turno, dão origem a verdadeiros 'corredores' semânticos ou isotópicos que produzem estereótipos de nossa percepção/cognição, os 'óculos' sociais. [...] Finalmente, esses 'óculos' ou estereótipos moldam os referentes que constituem o 'real'" (BLIKSTEIN, I. "Mirage et connaissance". *Revista de Antropologia*, vol. 26, 1983, p. 164. São Paulo: Edusp).

não apenas em meio à outras, mas também qual é a reação que ela provoca no espírito humano[16].

Não se trata de investigar efeitos, mas reconhecer que as palavras atingem, de maneira diferente, diferentes pessoas, interagindo com sua representação de mundo, reconstruindo-a ao mesmo tempo em que muda seu sentido. O sentido que é dado depende mais do inconsciente, da vontade, para ser mais exato, do que da própria linguagem. Mesmo porque a linguagem apresenta deficiências de grau tão elevado que considerá-la como estrutura única – ou mais importante – do mundo é considerar o homem em perpétua deficiência.

Reduzir todos os fenômenos humanos a manifestações ou interações da linguagem é ignorar que o mundo vai muito além da estrutura da língua – seja uma linguagem musical, visual ou simbólica (alfabética). Há símbolos que não representam nada, mas também há nuances que, devido à sua absoluta indeterminação, não podem ser representadas pela linguagem, uma vez que esta só pode simbolizar elementos fixos naquele momento. Prova disso está na música. Por mais que símbolos tentem traduzir aquela realidade, ela é absolutamente específica, sendo uma experiência nova a cada execução, sem encontrar correlato em nenhuma situação real.

A linguagem pode estruturar o real em termos gerais, mas a produção do sentido obedece a uma indeterminação intrínseca que nunca pode ser alcançada por linguagem alguma. Essa indeterminação da linguagem, essa ausência de sentido para tudo é que mina a pretensa superioridade da linguagem e da comunicação em relação aos outros componentes do ser. Mesmo nas frases mais bem articuladas, mesmo nas demonstrações mais seguras há uma indeterminação ôntica que pode, de uma hora para outra, comprometer o sentido esperado, configurando, no sujeito que ouve, realidades totalmente diferentes da esperada. A linguagem é, por si mesma, ambígua. Não se pode pretender que o mesmo sentido de uma frase seja alcançado. A tripla relação da linguagem – com outras palavras, com objetos e com o sujeito – leva a essa indeterminação.

---

16. "O indivíduo, incluído no mecanismo semiótico da cultura, ao mesmo tempo recebe e transmite, em uma cadeia direta de comunicação, textos individuais. Em níveis mais gerais, recebe códigos comuns à coletividade" (LOTMAN, I. "The sign mechanism of culture". *Semiotica*, 12:4, 1974, p. 304.

B. A realidade como texto

A análise da consciência comunicativa a partir da linguagem implica um ponto de flutuação metodológico. O objeto é uma análise de texto, mas ao mesmo tempo não tem como objetivo a "desconstrução" do texto, mas apenas sua utilização como matéria documental para uma conclusão mais ampla. Trata-se de destacar o estudo do Ser a partir da linguagem e deixar em segundo plano o elemento exclusivamente relacionado à lingüística ou à comunicação. Encontrar os subsídios para uma análise *com base* no texto, não um estudo *do* texto para dele haurir conclusões outras.

Impõe-se compreender a linguagem a partir de uma ontologia do Ser, mas com base em um termo médio metodológico e evitar um texto ambivalente, ao mesmo tempo sociológico e semiológico. A resposta foi encontrada no estudo conjunto dos autores e na introdução de uma perspectiva histórica para a compreensão da dúvida. Suas origens e distinções trariam a resposta[17].

Os estudos da linguagem tiveram e têm uma aplicação de fôlego dentro da filosofia. Ninguém poderia negar a imensa contribuição das pesquisas lingüísticas no campo da sociologia e da antropologia. Mesmo após as últimas vagas estruturalistas e com a recusa de sua excessiva racionalização e modelização do espaço social, sua influência pode ser encontrada no campo das ciências humanas de maneira indelével. É necessário, porém, observar o desenvolvimento histórico dessa própria teoria para notar o decrescente prestígio, dialeticamente associado a um primeiro momento de hegemonia. Atualmente seria muito difícil encontrar um trabalho *estruturalista* no sentido estrito da palavra, mas, da mesma maneira, não é possível negar sua contribuição ao desenvolvimento das ciências sociais.

Se o debate teórico atualmente faz parte da história das idéias, suas conclusões parecem ainda ter certo vigor na definição de métodos e locais próprios de atuação de cada ciência. Em vez de submergir nas práticas da lingüística ou simplesmente abandonar qualquer pretensão de análise textual, as ciências sociais precisavam encontrar um termo médio.

---

17. "Dito de outra maneira, posto que toda prática (social: isto é, a economia, os costumes, a 'arte') pode ser vista como um sistema significante, 'estruturado como uma linguagem', toda prática pode ser estudada como um modelo secundário da linguagem natural, modelada sobre uma língua ao mesmo tempo em que a modela" (KRISTEVA, J. Σημειωτχη – Recherches pour une sémanalyse. Paris: Seuil, 1969, p. 27).

Uma primeira síntese, ainda em progresso, é a ascendência de uma nova forma de análise do discurso a serviço da compreensão do ato. Dessa maneira, as conseqüências sociais e políticas do discurso podem ser consideradas em razão de sua pertinência como um elemento de análise, mas sem reduzir a ação social ao discurso ou fazer do discurso *toda* a ação social.

A linguagem em si é entendida como um fenômeno social, sem dúvida importantíssimo, mas ao qual não se pode reduzir os outros. O sentido de complementaridade ganha força na tentativa de compreensão do mundo social, ultrapassando uma concepção exclusivamente comunicativa da ação. Todas as ações sociais têm um sentido e uma significação, mas não podem e não devem ser compreendidas exclusivamente à luz da teoria lingüística ou da semiótica na medida em que encontram referenciais outros além da própria significação[18].

O texto não é a ação. Mesmo se considerados como "textos", em um sentido ampliado do termo, os significados desses textos da vida não podem ser reduzidos ao simples discurso na medida em que sua produção e ação encontram guarida no espaço social. Dessa maneira, conquanto os espaços estruturados de posição dentro da sociedade possam ser compreendidos de maneira ampliada como "textos", não é possível aplicar aos "textos sociais" o mesmo e único critério de análise do discurso utilizado para os "textos literários" e a compreensão de uma escrita.

A realidade não é literatura e as narrativas sociais, mesmo quando compreendemos a sociedade a partir de fontes escritas. O ponto de flutuação do método encontra seu termo final quando a semiótica ou análise do texto e a sociologia podem ser separadas, especificando os limites da interpretação textual em torno de concepções de caráter filosófico.

Até agora falamos na estrutura básica do conhecimento, mais especificamente nas relações entre o mundo e o sujeito que o compreende. Todavia, esse momento de estruturação pela linguagem está vinculado a um outro fator, o tempo, que precisa ser entendido para uma compreensão dos elementos vinculados à dialética da comunicação do Ser.

---

18. "Linguagem é, em si, uma espécie de norma social, parte de uma cultura codificada, um sistema preestabelecido de signos que podem ser reunidos em um dicionário ou gramática. O comportamento lingüístico, por outro lado, é um ato individual" (SCHRAMM, W. *Men, messages, and media*. New York: Harper and Row, 1973, p. 79).

4
Hábitos mentais e signos

Estamos acostumados a ver o mundo de uma maneira que nos parece normal. A cada dia, ao projetar a visão sobre as paisagens que se apresentam, há uma expectativa de conhecimento prévio. O olhar é um hábito, uma estratégia de compreensão imediata da realidade. Os hábitos mentais são modelos de interpretação da realidade construídos a partir da compreensão e da vivência de realidades anteriores.

O hábito nasce da repetição. Uma ação, repetida diversas vezes de maneira igual ou semelhante, cria a expectativa de continuidade da série. Qualquer elemento novo tende a ser interpretado em razão da estrutura da série, como se fosse um dado a mais já pertencente à série. O hábito mental é uma maneira de redução eidética dos signos desconhecidos aos conhecidos, já organizados em esquemas mentais e interpretados. A intencionalidade da consciência opera sobre signos novos de modo a enfeixá-los em esquemas mentais de signos já compreendidos a partir dos quais se interpreta – ou procura interpretar – os novos. A ação da consciência sobre a realidade não acontece como uma razão pura, mas como esquemas de interpretação aplicados aos signos da realidade imediata.

O hábito é uma operação mental que interpreta o acontecimento real antes mesmo que ele se realize por completo; em outras palavras, é uma interpretação prévia de dados da realidade que fixa o sentido dos dados novos a partir de um quadro de referências anteriores. Isso permite, diante de situações semelhantes, um diagnóstico parcial do acontecimento futuro com base nos padrões de signos anteriormente observados.

Uma vez que o universo de signos é limitado, a presença de alguns signos comuns entre uma situação nova e outra já vivida é suficiente para que se projetem as experiências e reações da realidade anterior na interpretação prévia da nova. A previsão dos resultados de uma ação é possível com base na coincidência entre os signos de um momento anterior com os signos da situação atual. Quanto maior essa coincidência, menor o esforço mental para se lidar com o momento.

A aplicação desses esquemas interpretantes a signos novos classifica a realidade e cria um sentido único a uma determinada representação. O hábito diminui a complexidade do mundo a partir do estabelecimento de uma relação de comunicação na qual o sentido prévio dos signos está parcialmente determinado a partir das relações anteriores de comunicação[19].

Um exemplo talvez clarifique a questão. Estava conversando com uma colega sobre a educação no Brasil. A certa altura, ela expressou um certo conhecimento das práticas escolares típicas de um determinado segmento educacional. Interrompi-a e perguntei: "Mas a escola pública onde você estudou era considerada 'padrão', não é?" Ela arregalou os olhos. "Como sabe que estudei em escola pública? Isso é meio Sherlock", ela perguntou, aludindo ao famoso personagem de Conan Doyle.

Não havia nada de misterioso no procedimento. Tratava-se da aplicação prática da noção de hábito mental. No caso da colega, suas práticas eram como pistas que levavam à percepção de sua origem social. A análise de seus padrões de ação e pensamento – do jeito de vestir às preocupações intelectuais – eram suficientes para, a partir de um método baseado na lógica das ações coletivas, estabelecer algumas etapas de seu desenvolvimento intelectual.

A noção de *habitus* tem suas raízes no período áureo da Escolástica, e o próprio Santo Tomás de Aquino não deixava de mergulhar nessa noção para identificar as atividades práticas da mente e do corpo exercidas sem maior uso de qualquer atividade racional. O hábito, nesse sentido, é o primeiro elemento dos esquemas de pensamento aplicáveis à realidade – e o próprio Aristóteles já indicava a repetição da prática como origem do ato automático[20].

Mas quais são as relações entre os signos, elemento por excelência de comunicação, e a operação mental do hábito? Este capítulo tem como

---

19. "Dentre as estruturas de significado desenvolvidas ao redor de valores básicos existem aquelas que tornam o organismo apto a *prever* e *controlar* o conjunto de eventos valorados de forma positiva, bem como de evitar os negativos" (LUNDH, L.-G. "Meaning structures and mental representations". *Scandinavian Journal of Psychology*, n. 36, 1995, p. 372).

20. "Vamos chamar um tipo de qualidade de estado e condição. Um estado difere da condição por ser mais estável e durar mais tempo – como são, por exemplo, os conhecimentos e as virtudes. Pois o conhecimento parece ser uma coisa difícil de adquirir, mas também difícil de mudar, exceto em casos de mudanças bruscas. Do mesmo modo procedem as virtudes. [...] As condições, ao contrário, podem ser rapidamente mudadas e alteradas (ARISTÓTELES. "Categories" [Organon]. In: *Complete works*. Princeton: Princeton University Press, 1997, p. 14. [8b]).

objetivo mostrar as relações entre o hábito e o uso de signos na consciência comunicativa na construção da realidade cotidiana. A aplicação desses conceitos será feita a partir das situações inusitadas vividas pelo detetive Sherlock Holmes, criação de Arthur Conan Doyle. O objeto tomado como obra exemplar para o desenvolvimento da análise é o livro *Um estudo em vermelho*, escolhido por ser primeiro no qual seu detetive aparece. Existem pelo menos seis edições em português, desde traduções até adaptações para crianças. Foram cotejadas com a edição em inglês. Para efeito de citação, usa-se uma edição popular. Não se trata de um trabalho de análise literária ou sociologia da literatura, mas da análise de situações vividas pelo detetive sob uma ótica estrutural.

No livro *O signo de três*, Umberto Eco faz uma análise das práticas semióticas de Sherlock Holmes[21]. Em linhas gerais, o trabalho mostra como a identificação dos signos permite a Holmes reconstruir as etapas de ação de seus inimigos e, a partir daí, reunir os elementos necessários para sua captura. Eco identifica os procedimentos de Holmes com os de Charles S. Pierce, filósofo americano, um dos principais criadores do que viria posteriormente a ser a semiótica.

O trabalho do detetive inglês, para Eco, é a identificação correta dos signos de um determinado ambiente – a cena de um crime, por exemplo. Uma vez traduzido e compreendido esses signos, Holmes deduz logicamente as características pessoais, profissionais e mesmo mentais do autor de um crime, confirmando suas hipóteses com dados obtidos por uma sofisticada rede de informações, da qual fazem parte meninos de rua, policiais e qualquer outra fonte confiável de informação.

No caso da comunicação, isso equivale a dizer que a compreensão das entrelinhas de uma mensagem permite a Holmes identificar contextos ignorados pela polícia comum. Seu enorme talento dedutivo é fruto do reconhecimento do sentido em uma mensagem. Holmes consegue identificar e correlacionar mesmo as partes mais insignificantes de uma comunicação, baseando-se na premissa de que tudo é intencional nesse campo. Enquanto a polícia inglesa arrasta-se na decifração de pistas comuns, o detetive concentra-se na identificação das formas de ação do suspeito criminoso.

O caminho a seguir aqui é distinto, embora, em última análise, seja possível estabelecer paralelos, na análise, entre os procedimentos

---

21. ECO, U. & SEBEOK, T. *O signo de três*. São Paulo: Perspectiva, 1991.

Umberto Eco e os de Pierre Bourdieu. Todavia, uma comparação mais detalhada fugiria ao escopo deste trabalho, de maneira que o livro organizado por Eco servirá como complemento às elaborações sobre a ótica do sociólogo francês. Veremos, em primeiro lugar, (a) as manifestações externas dos esquemas de hábitos mentais do detetive para, em seguida, (b) analisar as origens mentais da criação dessa estrutura de pensamento.

A. O olhar automático e a ilusão do real em *Um estudo em vermelho*

As práticas do cotidiano caracterizam-se por uma aparente variação contínua de situações e atitudes possíveis diante de um determinado campo de ação. Há, porém, um princípio de unidade na variação contínua que permite a identificação de estruturas mais profundas de ação a partir das quais se desenvolve o quadro de variáveis específicas do cotidiano[22].

A dialética entre a estrutura objetiva das práticas cotidianas e a escolha subjetiva muitas vezes é tomada como um processo linear, sobretudo quando não estamos perceptivos à instrumentalização de uma razão prática da ação a partir das quais agimos sem a própria consciência da ação. A utilização dos conceitos operacionais no cotidiano atinge um grau de incorporação tal que é impossível pensar em todas as ações práticas, mas também nas operações mentais com as quais abordamos a realidade. Não há uma perspectiva inteiramente subjetivista de ação na medida em que as estruturas de que dispomos para agir são limitadas por campos de forças sociais nos quais estamos inseridos.

A determinação das ações sociais por esses princípios invisíveis aos olhos do senso comum pode ser compreendida levando-se em conta suas origens estruturais. A capacidade de ver além do que é mostrado, isto é, a capacidade analítica de compreender a realidade dada, eventualmente, causa um efeito de estranhamento sem paralelo devido à distância entre tal prática e os princípios do senso comum. Como observa Truzzi, a maior ênfase do detetive "estava em observar aquilo que os outros apenas vêem"[23].

---

22. LEFEBVRE, H. *Everydaylife in the modern world*. Londres: Transaction, p. 110.
23. TRUZZI, M. "Sherlock Holmes, psicólogo social aplicado". In: ECO, U. & SEBEOK, T. *O signo de três*. São Paulo: Perspectiva, 1991, p. 71.

O método utilizado por Sherlock Holmes utiliza-se largamente do conhecimento necessário das ações dos adversários aliado à operação de suas habilidades de identificação das razões práticas da ação.

O reconhecimento de uma prática atual como resultante de disposições incorporadas anteriormente permite a compreensão das atitudes de um agente social. É possível descobrir, pelo conhecimento das variáveis geradoras da prática de uma pessoa, alguns de seus gostos estéticos, pretensões financeiras, grau de tolerância e agregação religiosa e mesmo expectativas de relacionamento.

Em outras palavras, os hábitos de uma pessoa indicam as etapas de sua trajetória social. A condução das relações sociais e o sentido a elas atribuído são frutos dessas estruturas geradoras, chamadas de *habitus* desde a Escolástica. E não é surpresa notar que as operações cognitivas do hábito, conhecidas desde a *Ética* de Aristóteles, ganham em Santo Tomás de Aquino uma ênfase maior na medida em que representam um elemento de intelecção em ação contínua[24].

A certa altura do livro, Holmes explica seu método: "O exercício afia as faculdades de observação e ensina onde olhar e o que procurar. Nas unhas de um homem, na manga de seu casaco, na sua bota, nos joelhos de suas calças, nas calosidades de seu dedo indicador ou de seu polegar, na sua expressão, nos punhos de sua camisa – em cada um desses itens, a profissão do homem é claramente revelada" (p. 29).

Ampliando a noção original de *habitus*, o pensador francês Pierre Bourdieu define-o como um sistema gerador incorporado de práticas, ações e percepções. O *habitus* é adquirido socialmente, por inculcação, ou seja, por práticas sociais entendidas como "corretas". Essas práticas não são apenas materiais, mas também – e principalmente, eu diria – mentais. O jeito de vestir, de falar, de escrever, de comer; a preferência por uma ou outra comida, por uma roupa ou por uma cor são frutos do *habitus* incorporado nas diversas instâncias de socialização, isto é, a família, a escola, o lugar de trabalho.

As rotinas são criadoras desse *habitus* que permite a adequação da pessoa ao ambiente. O *habitus* rege não apenas a nossa prática normal,

---

24. "Todo o intelecto em hábito tem a intelecção mediante espécies, pois o hábito ou é uma certa habilitação do intelecto para receber espécies inteligíveis, pelas quais se torna inteligente em ato; ou é a agregação ordenada das próprias espécies nele existentes, não em ato completo, mas de modo intermediário entre potência e ato" (AQUINO, T. de. *Suma contra os gentios*. Caxias do Sul/Porto Alegre: Sulina, 1990, p. 105).

mas também nossos modos de pensar, sentir e agir. O *habitus* mental de uma pessoa é construído de acordo com as vivências e práticas intelectuais da pessoa[25].

É evidente que um sociólogo verá a sociedade sob o prisma de sua profissão, assim como o advogado ou o médico. Mas o *habitus* não pode ser inferido senão por uma estrita medição de valores, práticas e representações. Quando alguém diz que odeia pagode, posso ter uma idéia geral do seu *habitus*, ou seja, da origem social dessa disposição de gostar ou não de um tipo de música – um indício, nunca uma afirmação categórica.

Em *A carta roubada*, conto de Edgar Allan Poe, o detetive Arséne Dupin também está às voltas com um mistério insolúvel do qual a polícia não tem pistas. Trata-se, como o nome sugere, de encontrar uma carta comprometedora roubada de uma senhora da alta sociedade. Todos sabem quem roubou o documento, mas ninguém tem provas e a carta não está na residência do suspeito, revistada em todos os cantos escondidos pela equipe policial. Quando se dá por vencida, a polícia procura o detetive.

Dupin – assim como Sherlock – não são policiais profissionais. Ou seja, não têm o hábito mental incorporado de policiais, acostumados a resolver com galhardia crimes comuns cometidos por ladrões comuns, treinados no *habitus* da gatunagem. Dupin e Sherlock são capazes de deter vilões fora dos padrões normais, também, portanto, fora das regras específicas do campo policial devidamente ocupado pela vigilância oficial. A construção desses dois personagens, sua supremacia diante da polícia convencional e seu desempenho deixam patente a influência das interpretações prévias da consciência na conduta.

"Ele vê e registra mais coisas e não despreza os detalhes aparentemente mais insignificantes na cena do crime. Ele analisa e compara o que está implícito nos vários resultados da observação. Ele combina e vincula conseqüentemente as várias séries de hipóteses que formula gradativamente"[26].

Em *A carta roubada*, Dupin encontra o objeto no local mais visível – exatamente onde a polícia, habituada às dificuldades da profissão, sequer havia procurado. Os policiais examinam cadeiras em busca de lo-

---

25. JENKINS, R. *Rethinking history*. Londres: Routledge, 2006, p. 10.
26. BONFANTINI, M. & Proni, G. "Suposição: sim ou não?" In: ECO, U. & SEBEOK, T. *O signo de três*. São Paulo: Perspectiva, 1991, p. 137.

cais ocos, revistam roupas, perscrutam paredes. A variável geradora do hábito mental dos policiais garante o procedimento.

A identificação das operações mentais de seus inimigos é crucial para Sherlock desvendar um crime. O reconhecimento das práticas mentais alheias é obtido pela operacionalização de sua prática mental, algo de tal modo corriqueiro que chega a parecer natural ao detetive – as tentativas frustradas dos policiais para esclarecer um crime causam tédio em Holmes, acostumado a ver além do senso comum, em um sentido diverso dos modelos estabelecidos do método policial comum. Sherlock conhecia o conjunto de signos com os quais seus adversários lidavam. Conhecia a semiótica do crime e podia, por isso mesmo, estabelecer previamente como seria a organização desses signos nas ações sociais futuras de seus inimigos. O conhecimento de crimes anteriores dava a Sherlock os quadros de referência para a interpretação dos signos dos bandidos a partir de uma perspectiva de inversão das operações mentais deles. É exatamente por não ter esses esquemas de interpretação que a polícia falhava.

Sherlok se dizia "capaz de compreender os pensamentos mais íntimos de um homem por uma expressão momentânea, a contração de um músculo ou o desvio de um olhar" (p. 28).

Mas a eficácia simbólica das práticas de Dupin – e mesmo de Holmes – vai além dos trabalhos da polícia. A entrega da carta à polícia é feita de maneira teatral, especificando, pela prática, a posição de cada um dentro do campo. Do mesmo modo, Holmes mantém-se a uma distância olímpica dos problemas dos investigadores ingleses. Como marginais do campo, Holmes e Dupin fazem largo uso de seu espaço aberto para denunciar as estratégias e dinâmicas próprias do campo policial, utilizando-se de uma fina ironia para descrever as atividades de seus colegas.

No final de *Um estudo em vermelho*, Holmes reafirma seu aparente desprezo pelo reconhecimento buscado pelos policiais – uma notícia favorável no jornal, uma promoção. Isso, somado à sua competência específica na realização do que seria a *obrigação* de seus concorrentes, outorga-lhe um reconhecimento *inter pares* bastante alto, o suficiente para garantir a admiração constante de seu amigo, o Dr. Watson.

Apesar de sua marginalidade no campo da manutenção da lei, Sherlock impõe aos policiais um reconhecimento de sua capacidade, visível tanto nas situações em que ele é procurado quanto nas honrarias aparentes da recompensa – a legitimação do procedimento nasce no momento em que o leitor é situado diante da capacidade mental do detetive e da crença em suas habilidades dedutivas.

Os casos, a patir de então, passam a levar a assinatura mágica da pessoa que os desvenda, garantia reconhecida como padrão de qualidade pelos outros participantes do campo, conquanto não o fosse pelo reconhecimento público.

Ele é responsável pela definição, em última análise, das soluções de cada caso. Sua capacidade de reconhecer os signos ganha o reconhecimento dentro do campo, e seu aparente desinteresse – essa ilusão do jogo arquitetada na crença coletiva dos participantes – garante a continuidade das estruturas de campo das quais o detetive também depende. E, ao mesmo tempo, assegura o reconhecimento das condições e uma garantia prévia de sucesso no trabalho – uma *griffe* Sherlock Holmes.

A simples identificação dos signos, porém, não é suficiente para entender o que se passa ou decifrar um mistério. A reconstrução dos caminhos tecidos por um indivíduo só pode ser feita pela vinculação de suas ações a seu princípio estruturador. É o que Sherlock chama de "raciocinar de trás para frente": "Ao resolver um problema desse tipo, o principal é ser capaz de raciocinar de trás para frente. É uma façanha muito útil e bastante fácil, mas as pessoas não a praticam muito. [...] Se você descrever uma cadeia de acontecimentos, a maioria das pessoas lhe dirá qual será o resultado. Elas sabem reunir os acontecimentos na mente e, baseando-se neles, afirmar que alguma coisa irá acontecer. Diante de um resultado, porém, são poucas as pessoas capazes de elaborar, a partir de sua própria consciência interior, quais foram os passos que levaram a esse resultado. É a esse poder que me refiro quando falo de raciocinar de trás para frente, isto é, analiticamente" (p. 190, 191).

Um signo só é compreendido por Holmes na medida em que o detetive é dono de um conhecimento enorme do senso prático de sua época, e consegue estruturar os eventos em questão a partir do reconhecimento posterior dessas estratégias de ação. Mas o detetive inglês vai mais além, chegando aos meandros das operações mentais de seus inimigos. Conforme explica o detetive: "há um forte parentesco entre os crimes e, se alguém conhece todos os detalhes de mil casos na ponta dos dedos, é estranho que não consiga desvendar o milésimo primeiro" (p. 31).

A gênese das práticas mentais só pode ser compreendida a partir da observação das variáveis intelectuais de compreensão em uma determinada situação. Se quero, por exemplo, saber qual é a prática mental de uma criança habituada a estudar em uma escola tradicional, só posso saber isso isolando a variável na medida do possível – descartando fatores de classe, por exemplo – e examinando qual é sua prática ao entrar em contato com uma situação. Sherlock "impressiona-se profundamente com as regularidades e repetições na história"[27].

Em outras palavras, quando é verificada a capacidade de operar conceitos e modos de trabalho na atividade mental – assistir a um desenho animado, por exemplo. Sua abordagem do desenho, os temas destacados, as imagens mais comentadas e as ações identificadas são frutos de um caminho sociointelectual específico, que para ser compreendido exige a vinculação da mensagem ao universo social de sua recepção[28].

A abordagem de um aluno, digamos, de um colégio autoritário, tende a ser diferente dos comentários de um aluno de um colégio extremamente liberal. Mesmo a percepção estética varia, em linhas gerais, de um para outro devido às particularidades de apreensão da mensagem. O desenvolvimento da leitura e da escrita, práticas sociais por excelência, está diretamente ligado ao estilo do colégio no qual uma pessoa estudou.

Dessa maneira, qualquer pessoa que conheça, digamos, as estruturas de uma escola pública, pode reconhecer em outra o discurso fundamental de quem estudou lá. O método lógico é, em essência, o mesmo de uma investigação. Isolada uma variável, Holmes procura identificar, pela ação, todas as característica relativas a uma função, o suficiente para compreender as ações passadas e deduzir os comportamentos imediatos.

É evidente que essa prática mental não age sozinha, mas em conjunto com outras variáveis. Todavia, se quero chegar ao resultado, é preciso tomar a disposição dos conceitos como um tipoideal, aumentando-o diante das outras variáveis particulares. Os operadores da lei-

---

27. TRUZZI, Marcello. "Sherlock Holmes: psicólogo social aplicado". In: ECO, U. & SEBEOK, T. *O signo de três*. São Paulo: Perspectiva, 1991, p. 67.
28. "Pode-se entender a obtenção de conhecimento como o processo de copiar um texto em uma maneira diferente, mas adequada. Se representamos um objeto como texto em nível zero, nosso conhecimento do objeto pode ser interpretado como a recodificação de um texto em um sistema diferente de notação de signos" (LOTMAN, I. "Notes on the structure of a literary text". *Semiotica*. 15:3, 1975, p. 203).

tura de um texto social devem ser capazes de identificar um *habitus*, conquanto também sejam frutos de um.

É o que faz Holmes ao explicar a um atônito Watson como sabia onde o parceiro estivera: "Eu sabia que você chegara do Afeganistão. Devido ao longo hábito, a cadeia de pensamentos passou tão rapidamente pela minha cabeça que cheguei àquela conclusão sem ter consciência das etapas intermediárias. Mas essas etapas ocorreram" (32).

Holmes, procedendo a uma investigação, posta-se diante do *habitus* intelectual de seus adversários para, conhecendo-lhes as estruturas operatórias, poder identificar quais serão suas estratégias de ação futuras. Os detetives de Doyle e Poe conseguem compreender as estruturas mentais de seus inimigos pela observação atenta e constante de suas práticas, estabelecendo séries de atitudes, ou, em outras palavras, desvendando uma estrutura comum de ação a todos os episódios já trabalhados.

Essa afirmação também se aplica à relação dialética entre prática e aprendizado operatório da prática. O reconhecimento aparentemente natural obtido por Sherlock do *habitus* de seus inimigos também é fruto de um exercício mental de concentração e aquisição de conhecimentos próprios para o exercício de sua profissão.

Embora seja um *habitus* contra-hegemônico, não deixa todavia de ser fruto de uma interiorização de práticas de observação e adequação do olhar do detetive sobre o mundo, um olhar ativo para a compreensão das estruturas de relação escondidas sob a ação social. A capacidade de identificar, com um simples detalhe, a relação entre objetos, situações e pessoas leva ao efeito de premonição responsável por parte do charme das histórias de Sherlock Holmes. Ele consegue estabelecer relações e desvendar estruturas onde o senso comum – personificado por Watson – não enxerga nada além de elementos díspares.

B. A organização mental de Sherlock Holmes

A estrutura mental do detetive é dividida em categorias de compreensão do mundo adquiridas pela prática de identificação da intersecção entre ações e objetos. Seu pragmatismo é, portanto, um efeito prático da incorporação de um procedimento estritamente voltado para a aquisição de conhecimentos úteis ao seu trabalho, em uma curiosa dialética de demandas e satisfação de necessidades cognitivas.

Encontramos algo semelhante na narrativa de *O homem que calculava*, de Malba Tahan, na qual o espantoso matemático obtinha um efeito de cálculo automático próximo ao de Sherlock e, também neste caso, adquirido pelo exercício mental do olhar. Vale a pena transcrever o trecho que explica tal habilidade: "Todos os dias, ao nascer do sol, levava para o campo o grande rebanho e era obrigado a trazê-lo ao abrigo antes do cair da noite. Com receio de perder alguma ovelha e ser severamente castigado, contava-as várias vezes ao dia. Fui, assim, adquirindo pouco a pouco, tal habilidade de contar que, por vezes, num relance, calculava sem erro o rebanho inteiro"[29].

Não há dúvida de que Sherlock tem uma extraordinária capacidade para ler os signos do mundo, mas essa leitura é determinada por uma interpretação mental prévia, geradora das estruturas necessárias para relacionar os signos apresentados – os dados de um caso, por exemplo – com diversas estruturas sociais às quais esses signos estão ligados.

Os hábitos são criados e reforçados a cada momento pelos próprios seres humanos que, muitas vezes, rebelam-se individualmente contra isso. Uma simples demonstração empírica mostra a necessidade transfigurada em uma falsa contingência das ações humanas, delimitadas pelas fronteiras institucionais responsáveis pela regulação do conhecimento e da ação. A aprendizagem dos hábitos é garantida e limitada pela possibilidade de aprendizagem[30].

Em outras palavras, ao estabelecer os nexos relativos entre os dados da experiência, Sherlock mostra sua capacidade dedutiva a partir da identificação das estruturas existentes por trás de um todo aparentemente caótico, como se conseguisse, pela rígida educação mental, identificar a frase-chave por trás de uma carta criptografada – não por acaso, Edgar Allan Poe, de certo modo um precursor de Conan Doyle na criação de detetives brilhantes, dedica um de seus ensaios teóricos à arte da criptografia.

Paradoxalmente, ao mesmo tempo que o conceito de *habitus* mostra a origem adquirida de práticas vistas como "naturais" pelo senso comum, também permite a identificação com causas sociais de capaci-

---

29. TAHAN, M. *O homem que calculava*. São Paulo: Saraiva, 1949, p. 9.
30. "Temos uma tendência a chamar de estados as disposições mais difíceis de serem modificadas" (ARISTÓTELES. "Categories (Organon, I)". In: *Complete works*. Princeton: Princeton University Press, 1997, p. 14. (9a)).

dades tomadas como mágicas pelo público – que, aliadas ao senso teatral e literário de Conan Doyle e Poe, permitem a criação de situações atraentes na literatura.

O *habitus* de Sherlock Holmes é criado a partir de uma seleção consciente de conceitos operatórios com os quais abordará a realidade. Sua concepção do cérebro humano se aproxima muito do empirismo inglês, sobretudo de Locke, quando imagina a mente como uma *tabula rasa* na qual todo o conhecimento deve ser progressivamente adquirido. Todavia, há um certo mecanicismo nas concepções sherlokianas que precisa ser relativizado.

"Acho que o cérebro do homem é originalmente como um pequeno sótão vazio, que temos de abastecer com a mobília que escolhemos. Um tolo pega todo e qualquer traste velho que encontra pelo caminho, de modo que o conhecimento que lhe pode ser útil fica de fora por falta de espaço ou, na melhor das hipóteses, acaba misturado com uma porção de outras coisas, o que dificulta seu possível emprego. Mas o trabalhador de talento é muito cuidadoso a respeito das coisas que coloca no seu cérebro-sótão. Só acolhe as ferramentas que podem ajudá-lo a realizar o seu trabalho, mas dessas ferramentas tem uma enorme coleção, e tudo disposto na mais perfeita ordem" (p. 23).

Os conceitos, uma vez incorporados, se tornarão base para aquisição de novos conhecimentos necessários à educação do olhar do detetive, tal como conceitos operatórios de uma profissão, interiorizados no aprendizado formal ou na prática cotidiana são os instrumentos cirúrgicos para a abordagem da realidade exterior. Dessa maneira, Holmes procura se livrar de todo e qualquer conhecimento que não esteja intimamente relacionado às contingências de seu trabalho. A matriz de sua aprendizagem é justamente uma espécie de filtro para selecionar a capacidade de tornar um conceito operacional ou simplesmente justaposto à realidade do mundo.

Diante de um conjunto aparentemente desconexo de elementos, Holmes procura estabelecer nexos, paralelos, diferenças e todo o tipo de relação entre eles. Essa ênfase na relação mostra o detetive como protótipo do *homo estruturalis* proposto por Roland Barthes como modelo de raciocínio analítico[31].

---

31. BARTHES, R. *Critique et verité*. Paris: Minuit, 1992.

É evidente, mantendo essa terminologia, que Holmes procede a sucessivas análises estruturais da narrativa criminosa, procurando isolar seus elementos constitutivos em séries que indiquem o sentido da ação, bem como o princípio gerador das matrizes de conhecimento utilizadas pelo criminoso na execução de seus crimes.

A metáfora da "magia" decorrente dessa operação é explorada por Bourdieu na explicação do processo: "o *habitus* solicita, interroga, faz falar o objeto que, por seu lado, parece solicitar, reclamar, provocar o *habitus*; os saberes, as lembranças ou as imagens que vêm fundir-se com as propriedades diretamente percebidas não podem surgir evidentemente senão porque, para um *habitus* predisposto, parecem magicamente evocadas por essas propriedades"[32].

A disposição lógica dos elementos conduz Holmes à série fundamental de ação e, ao observar essa série sobre um fundo mais amplo de conhecimentos, ele consegue descobrir qual é o nexo de produção entre a ação e seu princípio gerador, desvendando o *habitus* mental do adversário, raciocinando como ele e antecipando-lhe os passos, como se fosse provido de uma bola de cristal.

As práticas mentais automáticas estão relacionadas à estrutura social na qual o agente está inserido. Há, portanto, uma disposição elementar de espaço social no que diz respeito à configuração dos princípios geradores de comportamentos e práticas mentais.

Assim sendo, há hábitos mentais mais ou menos valorizados conforme o capital social que se atribui à posse de algum deles. O reconhecimento de uma melodia de rock – uma canção dos Beatles, por exemplo –, tem uma origem e produz um efeito muito distante do *conaisseur* que distingue logo, nos primeiros compassos, uma sinfonia de Beethoven ou Mahler.

O desenvolvimento de uma razão prática de ação está intimamente relacionado ao ganho material/simbólico oriundo de sua utilização. O lucro social proveniente da utilização de um método racional para a compreensão de situações aparentemente desconexas granjeia ao detetive um prestígio acumulado nas histórias, conquanto em *Um estudo em vermelho* ainda não exista um "público" para os relatos do Dr. Watson.

---

32. BOURDIEU, P. *Questions de sociologie*. Paris: Minuit, 2004, p. 81.

O lucro simbólico proveniente está muito mais próximo do encanto mágico das descobertas de Holmes do que de uma sincera admiração por seu trabalho mental. É evidente que as minúcias do raciocínio dedutivo, conquanto acessíveis ao público, são muito menos charmosas – em termos literários, claro – do que a demonstração lógica. Ao revelar seu método, o detetive de certo modo educa o olhar do leitor, que passa a ver o que antes resumia-se a uma série de elementos conectados apenas na mente de Holmes. Conquanto não seja explícito, a organização dos dados por Holmes aproxima-se bastante de uma matriz estruturalista, na medida em que busca comparar, classificar e operacionalizar conceitos.

Quanto mais distantes do senso comum forem os hábitos mentais de um indivíduo, mais valorizada – por uma lei econômica elementar – será a capacidade de operacionalizar estes conceitos em um método. O elemento de distinção de Sherlock Holmes distancia-se de tal modo do senso comum esperado, e mesmo da prática policial, que aos olhos leigos sua atuação está mais próxima das artes adivinhatórias do que de um avançado método científico. Disso resulta a aquisição de um capital simbólico maior ainda na medida em que o detetive esconde, sob a análise científica, uma satisfação visível em mostrar o óbvio a quem não consegue ler o mundo como ele.

A prática do conhecimento, em Holmes, é uma sistematização das relações entre meio/homem/objetos no mundo social. Conhecida essa interação, trata-se apenas de identificar a posição de cada um – de cada *signo* – em uma estrutura maior e, nessa relação, extrair um significado diferente do senso comum e próximo da reconstituição do crime. Uma vigorosa disciplina mental aplicada ao reconhecimento do *habitus* geral pelas suas manifestações no comportamento individual – modo de vestir, andar, pensar e mesmo a postura corporal – de cada agente. Elementar, caro Husserl.

PARTE III
Comunicação negativa: poder e vida cotidiana

Qualquer estética da recepção é limitada pelos espaços de poder. Há uma ilusão muito difundida segundo a qual, em uma sociedade democrática, qualquer um pode falar o que bem entender. Isso significaria, em última instância, uma liberdade relacional absoluta para a consciência e, ao mesmo tempo, a expansão dessa consciência para além de qualquer consideração sobre si mesma, abarcando o mundo em sua percepção. O Ser completamente livre seria produção pura, desprovido de qualquer limite que implicasse reconhecer a produção de outros – a percepção estética não existe quando há equivalência entre as fronteiras do Ser e do mundo. Essa consciência seria, em última instância, algo de tal magnitude que deveria ser consciente de seus próprios limites para além de qualquer percepção – e a existência de tal consciência excluiria, por definição, a existência de qualquer indivíduo esperando para se reintegrar a um todo.

5
Espaços de silêncio

Um espaço de silêncio é o resultado da aproximação superficial entre duas consciências que se percebem apenas como fenômenos difusos, uma intuição a partir da qual nenhum esforço é feito para a compreensão recíproca. A conversa casual, o encontro rápido, o contato visual que se limita a isso, a tentativa de não se comunicar com o indivíduo fisicamente próximo são manifestações desses espaços de silêncio nos quais a comunicação não é apenas indesejável, mas também impossível.

Mergulhados nos fluxos cotidianos de comunicação, os indivíduos mal reparam a existência dos limites específicos do ato comunicativo. A liberdade de expressão, tomada em um sentido ingênuo, é considerada absoluta, configurando-se essa em uma das primeiras e mais simples ilusões comunicacionais. A liberdade de dizer o que se quer, com a devida responsabilidade proporcional, em contrapartida, é uma das principais maneiras de se evitar uma abordagem direta das fases e situações de uma ação da consciência comunicativa. As contingências do ato de comunicação não são compreendidas como limites da expressão, mas transformadas em regra visível sob a proteção de leis que regulam o ato de comunicar. No entanto, se existem garantias da liberdade de expressão, é preciso notar o quanto essa liberdade é limitada por fatores inerentes à própria comunicação humana em seu sentido relacional explicado na primeira parte deste trabalho. Se existe uma consciência em relação com todos os seus objetos, é necessário lembrar-se, de antemão, dos limites da relação no contato entre os sujeitos.

O espaço de silêncio é o resultado de um paradoxo moderno entre o aumento progressivo na quantidade de informações e seu correlato negativo nas relações de comunicação. Não faltam fluxos de informação objetivos à disposição de qualquer um nos meios de comunicação. No entanto, faltam relações intersubjetivas na qual a consciência do Ser possa se projetar na direção de suas correlatas com vistas ao estabelecimento de uma compreensão mútua. Ao contrário, evita-se esse tipo de comunicação – a despreocupação com o *outro* é uma forma de solipsismo da consciência, mas não evidencia qualquer trabalho de melhora nas condições do sujeito, uma vez que apenas a experiência pode ser trabalhada pelas estruturas cognitivo-volitivas do indivíduo. A fragmentação da experiência é acompanhada de uma diminuição na atividade da consciência, limitada cada vez mais nas cogitações do *eu* em oposição à expansão intersubjetiva.

A solidão torna-se maior, conforme o indivíduo é o proprietário único de suas reminiscências. A dificuldade de compartilhar os conteúdos da consciência é tanto mais dificultada pela impossibilidade de uso da linguagem para uma reconstituição plena de um passado – apenas quem compartilhou a experiência tem condições de entender. Dado que o número de pessoas com quem se tem experiências comuns é reduzido, a quantidade de pessoas com quem se pode efetivamente romper um espaço de silêncio é pequena. Daí a solidão comunicativa da consciência intencional, sem poder compartilhar os signos de sua existência com quem desconhece os códigos para decifrá-los.

A noção de "envelhecer" ganha força quando essas imagens do passado fazem sentido apenas para nós. De repente, no meio de uma conversa sobre um evento ou uma pessoa do passado, nota-se algo extraordinário: só algumas pessoas encontram sentido no passado. A construção da memória está restrita ao quadro existencial de cada indivíduo. O passado vivo, trazido como presente para alguns, é o passado transformado em monumento para outros, algo há muito desaparecido – algo distante como Drummond, Mário de Andrade, Cabral. O sujeito-memória e o sujeito-vivência são diferentes. O corte entre eles é o que chamamos "tempo".

Interessante ver como a poeira da memória existe apenas para os indivíduos. Há uma certa nostalgia e o sentido de uma intensa solidão – afinal, não é possível compartilhar essa memória com ninguém, exceto com quem viveu essa memória. Elas estão condenadas a existir para sempre apenas na mente de cada um – ou na daqueles que viveram ao mesmo tempo. Às vezes podem ser transmitidas em uma conversa. Mas as palavras da memória saem em preto-e-branco, cheias de pequenos chuviscos e falhas no celulóide.

Anos atrás, havia uma loja de livros usados no centro de São Paulo. Quatro andares, um subsolo. No subsolo da loja, as pessoas e 245.253 livros compartilhavam o silêncio de saber que estavam isolados no meio da metrópole. Três metros para cima, o centro velho cheio de carros, ônibus, vendedores, gente. Muita gente. A multidão, como em toda grande cidade, é um bloco. Mas lá embaixo não. Há silêncio, há mesmo algo de solene. O conhecimento tem algo de hierático. Uma lâmpada, gasta, escura, ilumina os nomes. Velas seriam melhores, mais evocadoras. Faltam sombras naquele lugar. A maior parte daqueles livros está lá há anos. Talvez nunca tenham sido abertos. Olhar causa uma certa melancolia.

O livro revela a presença de alguém, um alguém passado. Houve um proprietário. Agora não. Aqui embaixo é mais frio. Escuro e silencioso. O ar é lento, espesso, parado. O ambiente não existe no tempo, é apenas frio. O clima é surreal – silêncio na metrópole, escuro durante o dia, frio debaixo do sol.

As relações sociais de comunicação no cotidiano são marcadas pelo efêmero. A informação substitui a conversa e a troca de sinais facilmente reconhecíveis toma o lugar do ato de compartilhar experiências. O interesse recíproco diminui e, quando existe, é direcionado para outros espaços que não o próprio sujeito.

Os espaços de silêncio acontecem também de forma mais sutil, quando são travestidos de relações de comunicação quando, na verdade, trata-se de mera informação. Ao pedir um café em um bar, ao comprar um bilhete de metrô, ao pagar a passagem no ônibus o indivíduo interage com outro ser humano. Mas este detalhe desaparece na pressa do momento e limita essa interação ao serviço prestado, em um distanciamento maior entre o ato realizado e a essência humana. Definido pelo acontecimento imediato, não há ali um ser humano, mas uma atividade. E uma atividade não se comunica[1].

Há uma dimensão afetiva na existência dos espaços de silêncio. O interesse recíproco também diminui. Fechado em sua própria consciência, o indivíduo esquece a necessidade de interação como foco de saída. O declínio da experiência é acompanhado de um declínio das relações sociais, cada vez mais rápidas e desprovidas de um sentido – índice claro de que o problema reside, sobretudo, nas dificuldades de compreensão mútua, de comunicação, entre os indivíduos componentes da relação.

Ninguém, ao comprar um bilhete de metrô, encara a atendente e pergunta: "você é feliz?" O interesse no sujeito é de tal forma deslocado que se torna mesmo passível de ser brincadeira de mau gosto ou loucura. E, não obstante, não faltam pessoas em locais públicos que tentam romper essas barreiras procurando estabelecer vínculos – ser interpela-

---

1. "Cada homem está, em cada instância, em diálogo com seus antecessores, e talvez ainda mais, de uma forma menos clara, com todos aqueles que virão após ele" (HEIDEGGER, M. *On the way to language*. San Francisco: HarperCollins, 1982, p. 31).

do por alguém em um supermercado, por exemplo, para uma consulta a respeito de frutas e verduras. O rompimento dos espaços de silêncio constrange, é incômodo porquanto faz pensar na dimensão de alienação voluntária do Ser em relação à sua realidade mais próxima, isto é, a relação intersubjetiva.

É possível encontrar a formação dos espaços de silêncio espalhados em todos os ambientes sociais. Não falar é não existir, e a inexistência aparente é uma boa estratégia de sobrevivência em determinados momentos. Reduzida ao não-ser aparente, a consciência se liberta das contingências impostas pela intersubjetividade e garante a si mesma um menor número de conflitos decorrentes dessa relação. A reunião dos indivíduos em grupos define os fluxos de comunicação entre os "de dentro" e os "de fora". Mesmo dentro de cada grupo há definições ainda mais sutis relativas aos espaços e às proximidades esperadas. As "panelas" são os limites objetivos dos espaços de silêncio; dentro de uma panela há um fluxo de informação que se restringe aos seus membros. Tudo quanto estiver para além desses limites é considerado inexistente em termos comunicativos. O trânsito entre esses grupos é tanto mais difícil quanto mais restritos e reservados forem os códigos utilizados, garantindo uma maior distância – um espaço de silêncio – entre um grupo social e outro. Assim, a existência de um espaço de silêncio é decorrente de um juízo de valor moral, relativo aos critérios de ação comunicativa, e estético, na medida em que define o que deve ser percebido como tal pelo grupo[2].

A intersubjetividade é o elemento primário das relações sociais. O "mundo da vida" tem sua matriz geradora nas relações entre os indivíduos, considerados em sua perspectiva de consciências em ação recíproca. O mundo objetivo da vida cotidiana, portanto, é o resultado do tecido de todas as consciências ao mesmo tempo. A intersubjetividade é a construtora e reguladora dos espaços sociais[3].

---

2. "Considera-se que uma máxima tem validade a partir do momento em que é assim considerada por todo ser racional. Mas esse princípio de universalidade pode se compreender ao menos de duas maneiras, segundo a exigência de a máxima ter valor para todo ser racional. A primeira interpretação, que poderíamos chamar de dedutiva ou hipotético-dedutiva, diz que a máxima deve ser universalizável segundo sua aplicação, ou seja, que a norma não se contradiz quando aplicada por cada um em sua conduta. A segunda, que podemos qualificar de intersubjetiva, traz em si a exigência de aceitação da máxima por todo ser racional" (CANIVET, M. "Le principe éthique d'universalité et la discussion". *Revue Philosophique de Louvain*, tome 90, n. 85, fev./1992, p. 32).

3. "Os meios de comunicação modernos têm um efeito de isolamento. Isso não é apenas um paradoxo intelectual" (ADORNO, T.W. & HORKHEIMER, M. *Dialetics of Enlightenment*. Londres: Verso, 1997, p. 221).

A rede de relações sociais é fechada, e todo aquele que estiver fora dessa rede é considerado um objeto a ser visto, mas não compreendido[4].

Os limites da consciência comunicativa se manifestam a partir da impossibilidade de se compartilhar uma experiência. As limitações expressivas do ser humano impedem a plena manifestação da consciência no sentido duplo de levar uma experiência a alguém ou compartilhar as experiências de outros. Anteriormente a qualquer limite de caráter social, como foi visto, estão os limites da própria consciência em sua relação com as linguagens. A experiência estética não encontra correlatos imediatos em uma poética narrativa – e, do descompasso resultante, sobra a transformação necessária da experiência múltipla em um texto de sentido único. Nessa transformação do múltiplo em uma fração há seleções, escolhas, caminhos trilhados pelo discurso diante de um horizonte praticamente ilimitado da experiência humana. Qualquer experiência humana está confinada aos limites do discurso[5].

A consciência intersubjetiva é formada a partir da dupla limitação dos interlocutores e de sua tentativa recíproca de diminuir esses movimentos de seleção, diminuindo a distância entre texto objetivo e sentido subjetivo – a essência da intersubjetividade é percorrer os caminhos da comunicação até conseguir uma aproximação máxima com os conteúdos da consciência do outro[6].

Há, no entanto, outro fator. No universo da intersubjetividade, as relações humanas são construídas a partir não apenas de relações co-

---

4. "No coração da Modernidade, as singularidades não podem mais se apoiar nas grandes narrativas, nos grandes mitos: a razão, o progresso, a história. O trabalho, a família, a pátria não são mais o princípio da realidade. Cada "eu" é um só, mas está longe de ser isolado. Ao contrário, está preso a texturas de relações extremamente fluidas. Cada um é, a cada vez, emissor e receptor das mensagens que interpreta, enuncia, tira de contexto, apresenta como gasta ou como novidade" (DESCAMPS, C. "La formation du moi". In: DELACAMPAGNE, C. & MAGGIORI, R. *Philosopher*. Paris: Fayard, 1980, p. 82).

5. "Onde a linguagem não penetra a existencialidade se detém. A linguagem não se desliga do mundo de meu belvedere, acompanha-o em todas as faturas de meu repertório, quer focalizando-as como realidades, quer intuindo-as como possibilidades expectantes, de qualquer forma sempre se conserva a linguagem atenta e pronta a comunicar o que o repertório tem a auferir" (COUTINHO, E. *O lugar de todos os lugares*. São Paulo: Perspectiva, 1976, p. 175).

6. "O complexo de som articulado, o signo escrito, torna-se pela primeira vez uma palavra falada ou um pedaço do discurso comunicativo quando produzida com a intenção de 'expressar-se sobre alguma coisa' em seu significado. Está vinculado ao sentido de um ato da mente, ato que o enunciador deseja dividir com a audiência. Essa divisão pressupõe, no entanto, que o receptor compartilhe a intencionalidade do emissor (HUSSERL, E. *The shorter logical investigations*. Londres: Routledge, 2001, p. 106).

municativas, mas também desiguais. As diferenças genético-biológicas entre seres humanos prevêem uma relação antropológica de desigualdade, mas nada se compara à desigualdade construída e reproduzida pela cultura humana. Ao que tudo indica, a vida em sociedade nasce a partir de relações de dominação pela força bruta, transformadas mais tarde em relações de poder mais sutis, associadas a práticas de caráter sobrenatural e exclusivo. Se uma história das relações sociais pode ser dispensada de figurar no âmbito desse trabalho, é necessário à abordagem sincrônica do problema a certeza de que relações sociais são as ações mútuas, fundadas em um poder resultante da desigualdade e objetivadas em relações comunicativas na relação entre indivíduos. A dupla limitação nasce da própria consciência do sujeito[7].

A. O controle do discurso

As relações sociais são permeadas de poderes e saberes reguladores de sua reprodução. A geometrização dos espaços de comunicação sempre foi forte em todas as sociedades. O controle dos fluxos de comunicação é o primeiro requisito para a conquista e a manutenção do poder. A força bruta age em segundo plano diante das propriedades de controle potencial exercidas pela comunicação. Agir depende da possibilidade de agir, isto é, de se ter o controle sobre as informações que sejam partidárias ou contrarias à ação. Sem esse controle é impossível agir. Portanto, à percepção fenomenológica da consciência dos outros é necessário acrescentar que essa percepção está condicionada à existência ou não, no outro indivíduo, de uma certa disposição em *ser percebido* como objeto e nas estratégias de controle para desenhar os caminhos da informação sobre si até o outro sujeito. Em que pese o truísmo, sabe-se dos outros o que os outros mostram.

Para além da evidência redundante da frase é necessário recordar que muitas vezes presume-se o que vai acontecer com base em uma suposição de comunicação plena, quando na verdade tudo o que se pode é chegar à essência – ao *fenômeno* – do sujeito-objeto com o qual se

---

[7]. "A reflexão completa é crítica. Refletindo sobre o ato da simples apreensão, a consciência descobre criticamente a natureza noética ou cognoscitiva deste ato, isto é, reconhece que o ato apreensivo é apreensivo da realidade. O ato apreensivo, prolongando-se ou voltando-se para si mesmo, conhece que conhece: impõe-se como cognoscitivo do real" (LADUSÃNS, S. "Reflexão crítica". *Revista Brasileira de Filosofia*, vol. XXVIII, fasc. 112, out.-dez./1978, p. 421).

está em relação. Evidentemente não se trata aqui apenas de uma conversa. Não se sabe dos outros apenas aquilo que eles falam de si; não é necessária uma apresentação formal para se compreender o que o outro é[8].

A cada dia a pessoa se redefine em relação aos semelhantes. No entanto, como essa redefinição não implica diferença no mesmo lapso temporal, é perfeitamente compreensível que, na relação subjetiva, a contínua repetição dos elementos de uma pessoa crie um hábito estético intersubjetivo. Há uma expectativa de manutenção da primeira ação de uma série por todas as outras. Isso não significa que não houve mudança; é que apenas os choques mais fortes são compreendidos.

As escolhas do sujeito pressupõem a antecipação de um efeito estético nos outros. Usar uma camisa florida, um coturno ou uma tatuagem é uma definição do *eu* a partir dos textos da própria consciência, mas também em relação à perspectiva de causar nos outros alguma reação que permita compreender o sujeito[9].

Os lugares da comunicação estão entrecortados por espaços de silêncio, nos quais a comunicação não é possível. E aqui entra a arrebatadora influência das relações. Os espaços sociais controlam os fluxos de comunicação de acordo com suas próprias disposições e, também, conforme o jogo dos sujeitos e de sua história específica no sentido de compactuar com esse espaço. A autoridade legítima, constituída na relação formal de poder, se manifesta na regulação dos fluxos cotidianos de comunicação[10].

As relações da consciência em comunicação com o mundo variam conforme o espaço social no qual essas relações acontecem. Nos domínios da intersubjetividade as regras sociais especificam, antes do ato de comu-

---

8. "O valor intersubjetivo dos julgamentos repousa sobre os princípios que o sujeito se dá a ele mesmo mais do que à interação entre os sujeitos e eles" (CANIVET, M. "Le principe éthique d'universalité et la discussion". *Revue Philosophique de Louvain*, tome 90, fev./1992, p. 36).

9. "Representamos esse fenômeno original de nossa humanidade desse modo: somos o que somos apenas através da comunidade de consciências. Nenhum indivíduo pode existir para si mesmo, sozinho, como mero indivíduo" (JASPERS, K. *Reason and existenz*. New York: Noonday, 1971, p. 77).

10. "Num mundo assim feito, não há propriamente interlocutores, porque só existe comunicação unilateral. Não há diálogo, porque as perguntas nos são ditadas e as respostas previamente catalogadas" (SANTOS, M. *Técnica espaço tempo*. São Paulo: Hucitec, 1996, p. 21).

nicação acontecer, como ele será – mesmo se ele acontecerá ou não. A consciência, neste momento, fica à deriva do mar de relações sociais[11].

Se, na sociologia fenomenológica, o Ser é o tempo todo um Ser-em-relação, é necessário observar que essas relações não se dão livremente, mas definidas por regras e por controles externos ao indivíduo – o mínimo denominador comum das percepções não apenas objetiva o mundo, mas também as regras de controle das relações intersubjetivas. A ética é o fundamento desse controle, no qual a consciência se insere no domínio da ação, isto é, da prática e da relação com outra consciência[12].

A ética é a definição de um juízo de valor aplicável ao mundo cotidiano com o objetivo de permitir sua própria existência para além da vontade subjetiva. A relação pressupõe uma transcendência do limite da consciência em direção à outra, mas também pressupõe a existência dessa outra e, portanto, da necessidade de se especificar os limites de ambas. Essa determinação dos espaços de cada consciência é criada na ação prática recíproca e é o que se entende por ética no sentido de um denominador comum com tendência a um bem comum, isto é, a aplicação de um juízo de valor objetivo às relações intersubjetivas[13].

Nos domínios da comunicação, a ética é o código responsável por definir o mínimo e o máximo de intersubjetividade. Os espaços de poder são regulados por uma ética do procedimento comunicativo, deter-

---

11. "A comunicação, enquanto entidade social, logrou, dessa maneira, ser o outro da consciência. Esse outro é um novo poder ao qual o sujeito transcendental tem que ceder, entre ferido e desolado. Por isso a consciência comunicativa começa recorrendo à força originária da linguagem, perdida sob as coisas ou no vazio dos utensílios. A questão da sociabilidade, sem a qual o homem não é homem, constitui sempre um problema de linguagem" (PORTELLA, E. *Confluências*. Rio de Janeiro: Tempo Brasileiro, 1983, p. 18).

12. "O ouvinte compreende a fala do outro como a manifestação de certas experiências interiores, que, por outro lado, não pode experimentar. O ouvinte não só tem uma experiência 'interior', mas 'exterior' do fato relatado. Aqui reside a grande diferença entre a compreensão real do que é uma intuição inadequada e a compreensão putativa na base de uma apresentação que, embora intuitiva, é inadequada" (HUSSERL, E. *The shorter logical investigations*. Londres: Routledge, 2001, p. 107).

13. "Existimos num diálogo e antes mesmo de despontarmos para nossa consciência particular já estamos envoltos nesse colóquio ilimitado. Apreendemo-nos, sentimo-nos, dentro dos quadros dessas formas simbólicas e lingüísticas intersubjetivas e é esse discurso social que faz surgir o mundo como se nos apresenta. Disto já podemos concluir de que maneira radicada e profunda o "outro" está impresso em nós mesmos, em que medida o nosso existir é antes um coexistir" (SILVA, V.F. "Teoria da solidão". In: *Obras completas*. Vol. II, São Paulo: Instituto Brasileiro de Filosofia, 1966, p. 95).

minando até onde pode ir uma relação social em cada momento. Assim, uma relação comunicativa é considerada ética na medida em que não altera os limites estabelecidos de uma conduta subjetiva que tem no bem comum seu fundamento. Não é possível saber de antemão se um ato em si é ou não ético por conta da impossibilidade de um julgamento em relação ao bem comum e ao controle da vontade individual[14].

Há uma perspectiva negativa a ser considerada, no entanto. Aos limites éticos se sobrepõem os limites estipulados pelos espaços de poder e pelas contingências da vida cotidiana.

As hierarquias sociais, somadas ao contínuo aumento na velocidade do tempo percebido subjetivamente, levam à formação de espaços sociais nos quais a consciência simplesmente não consegue ultrapassar os limites da subjetividade senão em uma proporção mínima, e na qual a relação intencional de uma consciência individual não se estabelece em direção ao *outro* como uma forma de mútua compreensão e tentativa de aproximação máxima – a relação intersubjetiva – mas, ao contrário, se contenta com uma aproximação superficial na qual o outro indivíduo é visto exclusivamente como mais um dado momentâneo de uma mente comprimida pelo tempo mais fugidio e, portanto, incapaz de projetar-se para a compreensão do outro.

Esse procedimento cotidiano resulta na existência de intervalos sociais nos quais a relação entre os indivíduos não é intersubjetiva, mas determina-se na ação recíproca da visão instrumental do *outro* como objeto. Esses intervalos sociais nos quais não existe relação intersubjetiva mas apenas uma relação de contato são os espaços de silêncio[15].

Há um problema de indeterminação das ações humanas que provavelmente influenciou todas as reflexões filosóficas sobre a liberdade do homem. A liberdade é uma questão científica, epistemológica, englobada em um contexto de ação política. Acreditar na liberdade hu-

---

14. "O interlocutor não é apenas aquele a quem meu comportamento se endereça, aquele a quem quero me fazer compreender. A intercompreensão implica de minha parte o reconhecimento de um direito do outro de compreender o princípio que me orienta" (CANIVET, M. "Le principe éthique d'universalité et la discussion". *Revue Philosophique de Louvain*, tome 90, fev./1992, p. 38).

15. "A solidão radical da vida humana consiste no seguinte: tudo o que sou, tudo o que me acontece conhecer, sentir, sofrer ou desejar, encerra-se no âmbito de minha vida; mas minha vida não se contém, não é compreendida em nada do que sou ou que me acontece" (KUJAWSKI, G.M. *Cultura e liberdade*. São Paulo: Convívio, 1953, p. 54).

mana é concordar com uma série quase infinita de pressupostos e variáveis relacionados não tanto com a liberdade em si, mas com a possibilidade da liberdade. O homem quer ser livre, mas isso implica imediatamente em uma outra pergunta: o homem *pode* ser livre?

Por conta disso, também, cada sujeito é ao mesmo tempo objeto no processo de comunicação. A intersubjetividade garante a existência de parâmetros que, de uma forma ou de outra, moldam os limites da realidade a partir das fronteiras da relação entre dois indivíduos, mas não assegura, de maneira alguma, a existência de uma realidade objetiva. Dessa maneira, o mundo social se desenvolve nessa fronteira entre os indivíduos, essa fronteira de contato das realidades interiores da mente com as realidades exteriores comuns a todos – a validade dessa questão é ao mesmo tempo ética[16].

As relações entre os indivíduos são mediadas pela trama social de significados responsável por delimitar os espaços de cada um no todo. O fluxo de signos em mudança dentro de qualquer relação é ilimitado, dada não apenas à quantidade de signos existentes, o que poderia, em última instância, ser mensurável e portanto finito, mas pelas combinações possíveis entre os significados, um número impossível de ser calculado porquanto indeterminado em essência no tempo e no espaço. Se o conjunto de signos disponíveis para a troca na estrutura de significados humanos é limitado por conta da própria finitude do homem, as ligações e arranjos modais entre cada signo e seus corelatos tende ao infinito. Assim, mesmo uma estrutura com elementos limitados, como é o caso das formas de comunicação, assumem uma perspectiva praticamente infinita quando se pensa nas possibilidades combinatórias.

Os limites da comunicação não são ontológicos, mas reflexivos, conforme as possibilidades de efetivação das trocas de signos entre as consciências. A capacidade projetiva intencional da consciência é infinita, mas suas condições imediatas podem impor limites à sua fixação em um determinado objeto. Assim, a transformação da potência de conhecer em ato é limitada pelas possibilidades imediatas de objetivação dessa mudança.

---

[16]. "A compreensão mútua demanda certa correlação entre os atos mentais, mas nunca sua simetria exata" (HUSSERL, E. *The shorter logical investigations*. Londres: Routledge, 2001, p. 107).

Dado que a possibilidade máxima de relação de um indivíduo é o outro, a consciência encontra nas fronteiras intersubjetivas objetivadas em práticas sociais os limites de sua projeção para-além do Ser[17].

Restrita pelas contingências do agenciamento institucional no qual se objetivam as relações sociais, a consciência deixa de se relacionar com dados exteriores a ela mesma, ficando restrita às combinações possíveis na estrutura da mente, sem relacionamento com um conjunto multiforme de dados e informações com os quais deve lidar. Na vida cotidiana, os dados da consciência são, o tempo todo, confrontados com novidades de várias ordens que obrigam a mente a prestar atenção na realidade externa. Quanto mais restrito esse conjunto de novidades e informações novas, menos esforço mental é exigido para a compreensão de qualquer situação – as rotinas cotidianas tendem a gerar rotinas mentais da mesma proporção, eliminando a prática do pensamento reflexivo por conta da ausência de dados novos. A comunicação é um desafio à consciência para a compreensão imediata do ambiente externo no confronto com os dados internos. Em qualquer situação, quanto menor a distância entre os dados preexistentes e os dados imediatos, menor o esforço mental de adequação para a tomada de consciência diante da situação. A repetição exige um mínimo de atividade mental para unicamente atestar a exata coincidência entre os dados imediatos da percepção exterior e os conhecimentos previamente existentes nos esquemas noéticos de cada um.

As instituições sociais limitam a percepção dos eventos cotidianos, atribuindo-lhes um sentido prefixado de acordo com as normas objetivas de seu funcionamento. Os agenciamentos sociais atuam como pequenos nós na rede de signos em fluxo pela sociedade, cristalizando seu significado em normas de conduta e criando, na fixação dos atos significativos, isto é, na formação de um todo, um *ethos* particular. Se a ética é uma ação normativa de acordo com um sentido de ação social previamente determinado, é necessário que esse sentido seja objetivado em normas existentes para-além do indivíduo e, portanto, pertencentes ao

---

17. "[Estruturas de significado referem-se] às estruturas cognitivo-emocionais na mente/cérebro de uma pessoa, a partir da qual ela entende o sentido de objetos e eventos em seu mundo. [...] Estruturas de significado podem ser definidas como estruturas no cérebro/mente humanos as quais (1) desenvolvem-se como o resultado combinado de predisposições genéticas e experiências individuais e (2) resultam em modelos de conhecimento, percepção, emoção e motivação relativamente estáveis" (LUNDH, L.-G. "Meaning structures and mental representations". *Scandinavian Journal of Psychology*, n. 36, 1995, p. 363-364).

mesmo tempo a todos e a ninguém. Esse sentido único esperado das ações sociais de todos os indivíduos participantes de uma instituição é a ética de cada agenciamento na trama de significados de uma sociedade. Daí a uniformidade das condutas dos participantes de uma instituição e, ao mesmo tempo, a esperada ausência de atividade mental fora dos quadros ético/comunicativos previamente determinados.

Quanto mais rigorosa a instituição, menor a possibilidade de qualquer ação comunicativa de seus participantes. Não por acaso, quanto mais rígida se pretende a instituição maiores são os esforços no sentido de controlar a comunicação de seus participantes, reduzindo a comunicação, nos casos extremos, a uma participação ritualizada de um sentido já esperado no qual chega-se ao paradoxo supremo de um ato de comunicação *que não tem nada a dizer*. Os fluxos de comunicação em instituições totais, para usar a expressão de Goffman, reduzem-se ao ritualístico – o gesto, a saudação, o cumprimento.

A obediência é silenciosa.

A força dos exemplos reais é demonstrada com mais clareza nas distopias. Qualquer uma delas é, por excelência, uma sociedade na qual as estratégias de comunicação têm como meta restringir ao máximo o pensamento do indivíduo, obrigando-o a falar unicamente o que é permitido e desejado. Nas antiutopias os espaços de silêncio são institucionalizados e impostos ao circuito cotidiano dos indivíduos – que, aliás, perdem sua característica individual na medida em que a autonomia da consciência é, em geral, destruída por instituições totais[18].

Veja-se que o recurso narrativo utilizado tanto em *Admirável mundo Novo* quanto em *1984* ou qualquer outra distopia é a existência de um narrador em desajuste com essa sociedade, por isso mesmo apto a transformar em comunicação os conteúdos mentais inexistentes nos outros. Quando isso não acontece, apela-se ao recurso do estrangeiro (*A cidade do sol*, *A utopia*) ou mesmo à alegoria – veja-se a mais elaborada distopia que é *A república,* de Platão.

O controle da comunicação é o elemento regulador da intersubjetividade e, portanto, qualquer forma de controle social tem início pelo controle dos atos comunicativos na medida em que implicam ao mesmo tempo a expansão transcendental de uma consciência comunicativa e o estabelecimento de uma relação intersubjetiva na qual há sem-

---

18. ORWELL, G. *Why I write*. Londres: Penguin, 2006.

pre um grau de imprevisibilidade. Uma ética da comunicação é um procendimento normativo da consciência em sua relação com o outro, porquanto não há deontologia do ato comunicativo que escape às normas de uma razão prática aceita pelo sujeito.

O espaço de silêncio é um limite à ação da consciência comunicativa. Restringindo o contato com os outros elementos existentes para além da fronteira do Ser, os espaços de silêncio tendem a reduzir a experiência cotidiana aos elementos já conhecidos e repetidos. Os espaços de silêncio nas relações intersubjetivas são ocupados por outro tipo de mensagem, uma vez que a atividade consciente não se extingue senão com a morte[19]. O silêncio, ao qual formas restritas às interações cotidianas limitam a abertura do Ser à experiência do Outro e, portanto, diminuem o espaço da comunicação intersubjetiva. Com isso, abre-se espaço ao conteúdo padronizado da comunicação de massa – os signos televisivos ocupando a consciência e tornando-se os dados por excelência de atividade mental. Os espaços existem e são ocupados; o silêncio da consciência é preenchido pelo ruído das comunicações de massa – uma modalidade de comunicação qualitativamente diversa e, na maior parte dos casos, mais limitada[20].

Os espaços intersubjetivos apresentam-se como lugares de objetivação mútua das consciências controladas por uma razão prática orientada para a reciprocidade das ações comunicativas e extracomunicativas com o limite do eu estipulado pelos limites do outro. O grau de proximidade de uma relação social pode ser auferido a partir dos limites de comunicação intersubjetivos – não apenas os atos de fala, mas toda a comunicação verbal/não-verbal estabelecida no confronto de consciências. Do ato formal, no qual a distância social é objetivada em uma distância comunicativa estabelecida em rígidos controles e limites do que pode ou não ser transmitido à comunicação da intimidade, na qual os limites praticamente deixam de existir, há um *continuum* de ações possíveis de serem assumidas na relação interpessoal variando

---

19. "A publicidade de qualquer coisa tem isso de melancólico: acrescenta a dimensão de sua morte, o seu emprego significando a abertura a novos desaparecimentos" (COUTINHO, E. *O lugar de todos os lugares*. São Paulo: Perspectiva, 1976, p. 157).

20. "A solidão na massa é conseqüência da dificuldade crescente para entrarmos na comunicação dialógica uns com os outros. Sob o bombardeio quotidiano pelos discursos extremamente bem distribuídos dispomos, todos, das mesmas informações, e todo intercâmbio dialógico de tais informações está se tornando redundante" (FLUSSER, V. *Pós-história*. São Paulo: Duas Cidades, 1983, p. 59).

de acordo com a perspectiva de ação preexistente – uma razão prática da consciência comunicativa.

Na mesma linha, Heidegger questiona o sentido último da necessidade de existência do Ser. O autor alemão intui, em várias de suas obras, aquilo que posteriormente seria o problema fundamental de vários filósofos depois dele: a finitude da existência como paradoxo fundamental dos projetos humanos e a própria existência como paradoxo primeiro e insolúvel. Desprovido de uma essência metafísica, só resta ao ser existir na concretude de um mundo no qual nada é familiar – e, nesse caminho que leva a parte alguma, encontrar-se como essência[21].

Esse caminho se desenrola no mundo da vida cotidiana. O cotidiano é uma totalidade fragmentária cujo sentido último, mesmo no plano individual, vai se perdendo progressivamente no mosaico de informações, sentimentos, objetivos e ordens que um projeto último deveria conferir à existência[22].

Ser está no mundo e deve escolher ser algo. Esse processo de definição de si mesmo, livre de qualquer outro elemento, exceto a própria existência, gera a angústia das personagens – uma vasta alegoria de várias tragédias gregas. O determinismo atenua a culpa do homem justificando-a pelo contexto[23].

Não há culpados pela liberdade, exceto nós mesmos. Ao contrário de outros pensadores, preocupados em determinar limites externos para a liberdade humana, Sartre começa a busca pela liberdade no âmago do ser.

Ter consciência é ser livre, ser livre é fazer escolhas. Como Sartre afirma, "é preciso ser consciente para escolher, é preciso escolher para ser consciente". É a partir dessas escolhas que definimos nossa existência, não determinada por nenhuma essência – Deus não o faz, mas tampouco a luta de classes – e nos tornamos tudo aquilo que não deixamos

---

21. "De um lado, a prioridade da existência sobre a *essentia*, e, então, o 'ser-sempre-meu' mostra que uma analítica desse ser está confrontada com uma única região de fenômenos" (HEIDEGGER, M. *Being and time*. New York: State University of New York Press, 1996, p. 40).

22. "O *Da-Sein* é sempre sua possibilidade. Não 'tem' uma possibilidade como mero atributo de algo objetivamente presente. E porque o *Da-Sein* é sempre essencialmente sua possibilidade, pode-se escolher em seu ser poder ganhar ou perder a si mesmo" (HEIDEGGER, M. *Being and time*. New York: State University of New York Press, 1996, p. 40).

23. "Diz-se livre o que existe exclusivamente pela necessidade da sua natureza e por si só é determinado a agir; e dir-se-á necessário, ou mais propriamente, coagido, o que é determinado por outra coisa a existir e a operar de certa e determinada maneira" (SPINOZA, B. *Ética*. Lisboa: Relógio D'Água, s.d.).

de ser. O conceito é sempre negativo: *deixamos* outras N possibilidades de ser para ser apenas isto que queremos. E é uma escolha nossa[24].

"A história de uma vida", escreve Sartre, "é sempre a história de um fracasso". Mas não é por isso que o ser humano precisa cair em um pessimismo sem saída, como Schopenhauer, procurar na religiosidade a resposta, como Kierkegaard.

A questão do Ser e do Meio é igualmente complexa. A própria relação de Sartre com o marxismo foi extremamente conflituosa, com aproximações e problemas durante toda a vida. Afinal, é difícil aceitar o homem como um produto histórico e "sem consciência" ao mesmo tempo que obrigatoriamente livre. "Ser livre não é escolher o mundo histórico onde surgimos – o que não teria sentido –, mas escolher a si mesmo no mundo", explica Sartre. Não se trata, como na famosa 11ª "Tese sobre Feuerbach", de transformar o mundo ao invés de interpretá-lo, mas de "escolher-se no mundo" antes mesmo de tentar transformá-lo. Se o determinismo de classe, como afirmam os autores da *Ideologia alemã*, é responsável pela formação da consciência a partir da realidade, a liberdade de reconhecer essa consciência como apenas uma entre as demais está suprimida.

Sartre trata a questão eliminando a consciência "de classe" e colocando a consciência de si mesmo como fonte primeira da liberdade. Você é burguês ou proletário porque assim o quer, pois a todo momento existem possibilidades de escolha igualmente grandes para sair de qualquer uma das situações.

Ironicamente, Marx e Engels, oriundos de ambientes burgueses, tomaram consciência de que a consciência burguesa era apenas uma e optaram por outra, escolhendo, assim, uma existência totalmente diversa do que sua "essência" burguesa definia. Seria interessante saber como seria a história do século XX se Karl Marx tivesse sido rabino como seu pai e Engels fosse o pacato gerente de uma fábrica de tecidos na Inglaterra. Mas, ao escolherem a prática revolucionária, ambos definiram sua existência.

---

24. "A neutralidade do mundo em relação a mim, com todo o cortejo da indiferença, não exclui a autenticidade de minha posse que a ele se submete. Os participantes desse mundo, com o desconhecimento que existe em meu belvedere, se dão a ensejos que se positivam mais ante meu engenho do que, se conhecendo-me, tomassem posturas decerto impróprias à formação de minha indiferença" (COUTINHO, E. *O lugar de todos os lugares*. São Paulo: Perspectiva, 1976, p. 25).

Obviamente a questão não se esgota nisso. É preciso lembrar que a simples existência de uma consciência das possibilidades não garante nada. À consciência deve aliar-se a ação para que dela resulte a liberdade em ato. Em outras palavras, "a liberdade determina-se por um 'fazer'", diz Sartre.

Apropriando-se da fórmula de Hegel, "o ser é o seu vir-a-ser", Sartre mostra como o moto principal das ações é definido a partir delas mesmas, da escolha feita a partir da intencionalidade da consciência. Daí a importância do conhecimento para a realização de escolhas e destas para a existência de uma conduta. Não há liberdade sem escolhas, logo não há responsabilidade – aproximando-se, dessa maneira, dos primeiros conceitos da *Ética* de Spinoza[25].

A questão é conciliar a liberdade existencial do homem moderno com as limitações voluntárias que ele se impõe em nome de um fim transcendente. O homem parece ter medo de ser livre – talvez pela consciência de nunca o ser realmente. Não sabe o que fazer com sua própria liberdade – uns tiranizam, outros acabam tiranizados.

Acostumado que está a receber ordens – ou, no caso de outros, a dá-las sem controle – o ser humano termina um perpétuo escravo das limitações, interiores ou exteriores, que procura. Se não é o controle político, ideológico ou religioso lhe impondo limites, é a simples exteriorização de suas paixões que, tomando conta de si, terminam por igualmente limitar sua capacidade de ação.

Libertar-se de qualquer influência externa é imediatamente colocar-se sob o domínio, igualmente pérfido, das paixões da alma humana. Não é por acaso que, em todos os regimes totalitários, os ditadores, sem nenhuma regra à qual se submeter senão sua própria consciência, tornam-se mais e mais violentos, acedendo aos caprichos de sua vontade – que, como Schopenhauer explicou, está longe de ser racional.

Se por um lado é certo que "estamos perpetuamente comprometidos em nossa escolha, e perpetuamente conscientes de que nós mesmos podemos abruptamente inverter essa escolha e "mudar o rumo", pois projetamos o porvir por nosso próprio ser e o corroemos perpe-

---

25. Definição VII: "Diz-se livre o que existe exclusivamente pela necessidade da sua natureza e por si só é determinado a agir; e dir-se-á necessário, ou, mais propriamente, coagido, o que é determinado por outra coisa a existir e a operar de certa e determinada maneira" (SPINOZA, B. *Ética*. Lisboa: Relógio D'Água, s.d.).

tuamente por nossa liberdade existencial", é muito difícil para o ser humano, imerso no caos cotidiano, atingir plenamente essa capacidade de decidir, unicamente por sua consciência, a hora de "mudar seu rumo". Falta o motivo gerador, a afirmação última da liberdade que – mais uma vez caímos em um paradoxo – só é conseguida quando o indivíduo abdica de parte de sua prerrogativa de escolha, submetendo-se a um partido, à devoção por um time de futebol, etc.

A liberdade parece ser justamente a ausência de um projeto final ao qual o homem se vincula. Tal como em um caleidoscópio, os códigos estão em perpétua recombinação, nunca estão no lugar presente, mas sempre se mostram como *estiveram* – assim como um elétron, a presença dos acontecimentos só pode ser vista no passado, pois o significado de uma seqüência só é apreendido em uma totalidade altamente fragmentária na qual figura e fundo alternam-se dialeticamente[26].

O ponto de contato entre ética e estética reside na atribuição de valor feita pelo Ser a um elemento estranho a si mesmo. No caso da ética, o julgamento se dá na relação com outro Ser; na estética, com todas as relações que impressionam os sentidos, no uso primário da palavra. A atribuição de valores a qualquer relação é um dos traços distintivos da espécie humana. A idéia aristotélica do homem como um *zoon logikon*, animal racional, pode ser compreendida em termos de valor a partir de uma vista de olhos sobre o significado do grego *logos*, λογοσ, expressão polissêmica, dentre os quais, ao mesmo tempo, "palavra" e "razão". O estabelecimento do *logos* como conceito está, em sua raiz filológica, ligado à lógica, mas é preciso lembrar que em seu sentido de "razão" o *logos* se apresenta, em forma latina, como *ratio*, que significa também "proporção". E o estabelecimento de uma proporção exige a existência de dois ou mais termos em relação – assim, no campo semântico originário do *logos* está também a definição de uma relação.

Essa relação, colocada em termos estritamente cognitivos, é a lógica formal. A acepção do *logos* como palavra também pressupõe o esta-

---

26. "O pensamento democrático funda a legitimidade das leis sobre o acordo dos indivíduos. Ora, a unanimidade não será encontrada jamais. É necessário decidir. É absurdo esperar que as deliberações produzam um consenso. A solução é encontrada no princípio da maioria. Essa solução está de acordo com a idéia segundo a qual a voz da maioria pode ser identificada com a vontade geral. Essa condição implica a duração limitada do poder majoritário, a garantia dos direitos da minoria, a manutenção das liberdades fundamentais" (CANIVET, M. "Le principe éthique d'universalité et la discussion". *Revue Philosophique de Louvain*, tome 90, fev./1992, p. 47).

belecimento de relações entre os objetos do discurso – não apenas os objetos concretos, mas também as ações, os fatos e qualquer fenômeno da consciência. Nesse sentido, o estabelecimento de proporções vai além do estritamente cognitivo e se intersecciona com os domínios afetivos e valorativos – em uma palavra, estéticos[27].

Ao se estabelecer uma proporção, a mente humana utiliza-se de critérios lógicos. Esses critérios, no entanto, nascem a partir de algum tipo de operação mental baseada nas características abstraídas dos próprios objetos. Essas abstrações não se dão apenas em termos formais, mas também em termos valorativos. A demarcação das qualidades de um Ser a partir da atribuição de predicados é inerente à percepção humana, que avalia o presente imediato em termos de seu presente próximo – passado e futuro – tanto quanto de suas perspectivas remotas no tempo e em sua história[28]. No mesmo sentido, Santo Tomás distingue o conhecimento intelectual (da coisa) e o conhecimento por raciocínio ou *discursivo*, que é conduzido logicamente até a coisa a partir de coisas intermediárias. O conhecimento intelectual é direto, o discursivo é indireto[29].

A predicação de qualquer elemento está vinculada às relações entre o sujeito cognoscente e o objeto cognoscível em termos da atribuição de predicados pelo sujeito a partir dos dados existentes no objeto. A existência independente do objeto não é questionada, mas sua valoração pode ser compreendida a partir dos dados imediatos da consciência projetada sobre o objeto. Toda relação cognitiva, portanto,

---

27. "Epistemicamente, a imagem é da seguinte ordem: a presença de propriedades perceptivas determinadas justifica a atribuição de propriedades estéticas e, se as propriedades estéticas têm valores inerentes, elas justificam a atribuição de valores. Ontologicamente, os valores dependem das propriedades estéticas, e as propriedades estéticas dependem das propriedades perceptivas" (ZEIMBEKIS, J. *Qu'est-ce qu'um jugement esthétique?* Paris: J.Vrin, 2006, p. 69).

28. Explicando a estrutura da percepção, Mário Ferreira dos Santos alia ao ato sensível a ação intelectual. "Esse ato de captar semelhanças e diferenças entre os fatos é que se chama intuição intelectual. A palavra intelecto vem de *inter* e *lec*, entre e captar, captar entre. O intelecto funciona por captação das semelhanças e diferenças entre os fatos" (SANTOS, M.F. *Convite à estética*. São Paulo: Matese, 1966, p. 63).

29. "O conhecimento por meio de raciocínio provém da imperfeição da natureza intelectual, porque aquilo que é conhecido por meio de outra coisa é menos conhecido do que aquilo que é conhecido por si mesmo. [...] No conhecimento mediante raciocínio, uma coisa torna-se conhecida por meio de outra, ao passo que o que se conhece intelectualmente é conhecido por si mesmo, e para o conhecer é suficiente a natureza do cognoscente, sem intermediário extrínseco" (AQUINO, T. de. *Suma contra os gentios*. Caxias do Sul/Porto Alegre: Sulina, 1990, p. 106-107).

pressupõe um juízo racional em seu sentido amplo, não apenas como posição de valor mas também como confronto – *ratio,* proporção – entre dados existentes no objeto e na consciência.

Esse encontro acontece sobretudo nas relações de caráter abertamente valorativo – as ações de caráter ético e estético. A aproximação das duas palavras não se dá por questões de sonoridade ou para se fazer uma aliteração, mas por conta de sua afinidade explícita no que diz respeito à projeção de valores do Ser sobre o objeto em sua apreensão consciente.

O ato de comunicar é a essência da ação. O conhecimento é a medida racional da ação a partir de sua prefixação na consciência. Só é possível agir a partir de informações. As ações humanas são o resultado de uma equação na qual assumem as etapas de variáveis dimensões cognitivas e axiológicas, vinculadas à história e às perspectivas. A escolha de qualquer ação é resultante da intersecção entre conhecimento, valores, passado e futuro.

Uma teoria da ação não poderia deixar de levar em conta as dimensões cognitivas, a partir das quais o Ser conhece o mundo e reconhece a existência de fronteiras de si-mesmo para além das quais existe um objeto; mas também não pode deixar de considerar que o Ser atribui valores ao objeto conhecido. Não existe um conhecimento que se interrompa no ato puro do conhecimento. A mente é carregada de valores atribuídos ao objeto no momento de sua apreensão consciente. Assim, não existe ato que não seja vinculado a algum tipo de avaliação mais ou menos consciente por parte do ser. Na ação comunicativa, todo e qualquer ato é imediatamente valorado a partir do momento em que passa a fazer parte do microcosmos de cada consciência.

Na relação intersubjetiva, a consciência comunicativa transita entre os universos de valor de cada participante dessa relação. Os julgamentos são feitos e refeitos a cada momento, com base nas modificações causadas pelas alterações desse mesmo fluxo. Não existem fronteiras definidas para a ética do discurso, apenas uma possibilidade de estabelecimento de um método que principia na atribuição de valores no olhar e, passando pela constituição do Ser, pode se objetivar mesmo na atribuição de valores da fala e, conseqüentemente, na emissão de um juízo sobre o objeto.

O universo de conhecimento é também um universo de valores, e toda comunicação transita nesse universo em meio às contradições existentes nas ações cotidianas. Essa variedade implica a transformação constante do Ser-no-mundo conforme as últimas informações recebidas. A comunicação implica a redefinição constante do sujeito cognoscente-valorativo não apenas em relação àquele com quem trava uma relação dessa natureza, mas também em relação a si-mesmo. A dimensão ética da comunicação do Ser reside nessa transformação constante de si mesmo a partir das trocas de mensagens carregadas de valores na relação intersubjetiva compreendida no contexto de julgamentos de uma consciência. Assim, a ética do discurso se valida pela transformação mútua dos sujeitos comunicantes, compartilhando/dividindo um universo simbólico no qual os valores acompanham os conhecimentos como forma de produção (*poiesis*) da mente humana, em uma lógica de procedimento em relação aos outros – um *ethos* – ou em relação ao próprio ser em suas impressões do mundo – uma *aisthesis* da comunicação.

B. O deserto da comunicação em *Roteiro do silêncio*

À primeira vista, encontrar elementos para um estudo de comunicação em um livro intitulado *Roteiro do silêncio* pode parecer um convite ao paradoxo. No entanto, o silêncio é parte da comunicação assim como as pausas são parte de uma partitura musical. O silêncio é a comunicação negativa, o intervalo entre duas mensagens a partir do qual se constrói o sentido do todo. A ausência do silêncio gera a cacofonia, empecilho muito maior do que o silêncio, durante a qual não pode existir nenhuma troca de mensagens.

O objetivo deste texto é analisar as condições de comunicação – ou sua ausência – não a partir da crítica literária, mas de uma teoria da comunicação com ênfase no sujeito comunicativo, tendo como objeto o livro *Roteiro do silêncio*, de Hilda Hilst.

O livro abre caminho para uma reflexão sobre os limites da comunicação. Não, evidentemente, as comunicações de massa, mas as experiências de relação intra e interpessoal. Esses limites são as fronteiras da expressão, um tema caro e recorrente em toda a obra de Hilda Hilst. Não apenas o ato de escrever é questionado, mas também a possibilidade de fazer com que essa escrita se converta em sentido para o Outro – a idéia de uma Estética da Recepção é profundamente questionada no livro à medida que o enunciador se descobre impossibilitado de atingir a consciência do outro e estabelecer uma ligação a partir do instrumental da linguagem. Assim, o paradoxo de explorar os limites da comunicação no próprio texto se converte no elemento gerador do questionamento e das respostas parciais oferecidas.

Roteiro do silêncio ocupa uma posição peculiar na obra de Hilda Hilst. Trabalho de juventude – ela tinha 29 quando de sua publicação –, mas também quarta obra publicada da autora, é uma das últimas obras escritas em São Paulo antes da epifania que Hilst teve após a leitura da *Carta a El Greco*, de Kazantzakis, que a fez abandonar a vida elegante na capital para se refugiar em Campinas, em uma chácara batizada Casa do Sol. O livro tem outra peculiaridade: editado pela Editora Anhembi em 1959, é o livro mais antigo incluído nas antologias organizadas em 1967 pela Editora Sal e, em 1979, pela Editora Quíron. Nas duas, Hilda despreza as obras anteriores – a saber, *Presságio, Balada do Festival, Balada de Alzira* – e confere a *Roteiro do silêncio* a condição de livro inaugural.

Com efeito, os livros anteriores só voltaram a ser publicados na edição das *Obras completas* pela Editora Globo, já em 1999. Atualmente, *Roteiro do silêncio* está incluído no volume *Exercícios*. Vale notar que no original de 1959 não havia numeração de páginas, o que torna qualquer citação difícil. Por isso, neste trabalho, optou-se pela segunda edição mais antiga, da Editora Sal.

O título *Roteiro do silêncio* já é em si um problema de enunciação: "roteiro" pode ser entendido como "o caminho que conduz" ao silêncio, mas também "os caminhos percorridos" pelo silêncio. Um roteiro é também um modo de estruturar uma ação, como no caso do roteiro teatral ou cinematográfico; nesse sentido, o título pode ser entendido como os atos do silêncio em seu caminho percorrido no Ser. Na obra, esses três sentidos tendem a se mesclar, formando uma espécie de roda semântica em torno da problemática do silêncio.

Raramente a disposição gráfica de um poema é alterada: o sentido, para Hilda Hilst, está na coerência e na coesão do texto em si, nas relações intra/intertextuais, nas questões expressas na e através da linguagem, mas não na forma gráfica do texto. Daí raramente se encontrar algum tipo de arranjo das palavras na página que não correspondam, de uma maneira ou de outra, à própria dinâmica rítmica – não seria o caso de falar em métrica – do texto. Em *Roteiro do silêncio*, essa prática é seguida; embora o livro tenha sido lançado em 1959, quando o Movimento Concretista já tinha repercussão no cenário da literatura brasileira, Hilda Hilst volta-se para o culto da forma no sentido barroco da palavra – a estrutura tão importante quanto o conteúdo, meio e mensagem convergindo para a expressão.

A obra de Hilda Hilst é atravessada pelo silêncio do outro não encontrado – mas também pela procura de se comunicar com esse outro. A alteridade existe e é sempre buscada, desesperadamente, em sua face material – o outro-homem, objeto da paixão – e, em proporção maior, em sua face transcendental – o outro-divino, face escondida de Deus que não se revela mais em si mesmo do que em suas criaturas. A impossibilidade de alcançar esse outro, de transcender a própria consciência e chegar até o outro é o moto-contínuo de sua obra, uma busca que a leva a explorar os limites da construção literária no domínio das palavras, em uma escolha quase pré-barroca para exprimir uma sensibilidade moderna, mas também aos limites da pornografia, na qual as possibilidades da palavra são desafiadas em sua fronteira de choque – ao falar do corpo com toda a crueza, Hilda Hilst também explora o não-dito[30].

A ausência de comunicação, os espaços de silêncio provocam uma radical separação interior da existência, entre aquilo que a fenomenologia chamaria de Ser-em-si e o Ser-para-o-mundo[31].

Daí sua permanente oscilação entre o transcendental metafísico e a simples pornografia. A quebra de fronteiras na tentativa de contato com a alteridade é o substrato de união entre os elementos. Nos dois casos, trata-se de encontrar uma linguagem capaz de exprimir os sentidos de uma percepção além do simples cotidiano, tarefa de qualquer poesia, mas para encontrar o próprio elemento do cotidiano. A poesia de Hilda Hilst reflete sua busca incessante para o outro, para a consciência da alteridade[32].

---

30. "A insistência na estruturação da mensagem desnuda uma consciência poética que não cabe em seu tempo e espaço" (ALMEIDA, G. *A metafísica poética em Hilda Hilst*. São Paulo: PUC, 2005, p. 90 [Dissertação de Mestrado, p. 90]).

31. Nesse sentido, Gabriel Marcel caracteriza essa etapa como "uma espécie de intervalo aparece, oco, seja entre o eu e o conjunto, seja entre eu e meu ser". Pode ser apenas uma coincidência o uso, por Marcel, da palavra "oco" (*creuse*), mas é uma imagem presente na poesia hilstiana – de fato, "O oco" é um dos capítulos de Qados (MARCEL, G. *Être et avoir*. Paris: Aubier, 1935, p. 20).

32. "Revela-se uma linguagem que transcende a razão, unindo-se a uma sensibilidade mutante, que vai do lírico ao grotesco para buscar o sentido da existência" (MEDINA, F. *No limiar dos sentido, a expressão do inefável: o lírico e o grotesco em uma leitura das* Cartas de um sedutor *de Hilda Hilst*. São Paulo: PUC, 2005, p. 126 [Dissertação de mestrado]).

O texto hilstiano transita entre a densidade barroca de um discurso contínuo, na prosa, até a estrutura cristalina de sua poesia, na qual as palavras são lançadas na página como um feixe de faíscas escritas, curtos motivos entremeados de silêncios, em oposição aos efeitos de massa escrita em sua prosa. Na poesia, a perseguição da alteridade é conseguida com surpreendente economia de meios.

O silêncio, forma negativa da comunicação, chega a ser, no contexto poético, mais eloqüente do que qualquer outra mensagem. Não se trata apenas de não dizer: dialeticamente, o silêncio se converte em assertiva de negação, de desaprovação. É, portanto, afirmativo ao demonstrar a postura do indivíduo diante de uma determinada situação. O silêncio é parte necessária do diálogo, sem o qual não existiria nenhuma possibilidade de interação. No *Roteiro do silêncio* isso fica ainda mais patente quando se pensa nas formas assumidas pelo silêncio em sua relação como parte de um todo comunicativo.

O livro começa com a definição dos pontos da problemática da comunicação existente no silêncio como modo enunciador de uma postura diante do mundo. No início do livro, o poeta mergulha no paradoxo de usar palavras para a elaboração de sua trama de sentidos em direção ao silêncio. No uso da linguagem poética, o ato comunicativo é colocado em xeque desde o primeiro verso. A escrita nega-se a si mesma:

> Não há silêncio o bastante
> para o meu silêncio
> Nas prisões e nos conventos
> Nas igrejas e na noite
> Não há silêncio o bastante
> Para o meu silêncio.
> [...]
> O meu silêncio é maior
> Que toda a solidão
> E todo o silêncio
> (Roteiro do silêncio. In: *Poesia 1959/1967*. São Paulo: Sal, 1967, p. 9).

Em *Roteiro do silêncio* a comunicação é intermitente. O silêncio não é o caminho voluntário, não se trata do silêncio derivado de uma escolha, mas o silêncio imposto pela inexistência de uma matéria da comunicação. O Ser não está isolado em si por escolha, mas simplesmente porque não consegue alcançar a transcendência da própria consciência e existir em um espaço intersubjetivo. O silêncio é o resultado do deslocamento total, da total incongruência e dissimilitude entre o repertório de signos do poeta e de seus interlocutores. Não existe absolutamente nada em comum e, nesse espaço vazio, forma-se o silêncio derivado de uma existência na qual não existe o que falar.

A solidão do indivíduo é clara em sua possibilidade de estabelecer fluxos de comunicação com o Outro. O silêncio é um sintoma da solidão, da proximidade do estado de uma relação negativa com outros indivíduos a partir da qual não haverá nenhum tipo de interação. Não é por falta de tentativa de comunicação; ao contrário, é no esgotamento das tentativas que o poeta se dá conta da ausência de qualquer discurso. Não há transcendência fora do diálogo, mas não há diálogo:

> Iniciei mil vezes o diálogo. Não há jeito.
> [...]
> Vou dizer coisas terríveis à gente que passa
> Dizer que não é mais possível comunicar-me
> (Em todos os lugares o mundo se comprime
> Não há mais espaço para sorrir ou bocejar
> De tédio)
> ("Do amor contente e muito descontente". In: Roteiro do silêncio. *Poesia 1959/1967*. São Paulo: Sal, 1967, p. 31).

O mesmo princípio de comunicação inexistente vai ser fartamente explorado na literatura moderna. Pode-se encontrar uma fonte remota em "O velho diálogo de Adão e Eva", nas *Memórias póstumas de Brás Cubas*, e seguir o caminho até os diálogos sem interlocutor na prosa de Dalton Trevisan, mas são impossibilidades de interlocução diferentes daquela encontrada em *Roteiro do silêncio*. Aqui o silêncio é o produto da angústia de não poder se comunicar, não ter como escapar da impossibilidade de estabelecer um vínculo com outra consciência, de criar um espaço intersubjetivo a partir da comunicação entendida, em seu sentido amplo, como o "tornar comum". O silêncio existe quando não há nada a tornar comum. O silêncio não decorre da superficialidade da conversa; ao contrário, é derivado da angústia metafísica de origem claramente kierkegaardiana presente na impossibilidade de expressão.

Assim, o processo de criação de uma linguagem está indissociavelmente ligado aos estágios do pensamento. A classificação lógica – e vale lembrar que o grego *logos* pode ser traduzido como "lógica" e como "linguagem" – existe com a palavra e apenas dentro de seus limites. O conhecimento lógico existe na comunicação:

> Cresci, elegi palavras
> Qualifiquei os afetos
> Vestígios de madrugada
> Diante dos olhos abertos
> ("Cinco elegias", n. 1. In: Roteiro do silêncio. In: *Poesia 1959/1967*. São Paulo: Sal, 1967, p. 14).

A oscilação entre o que pode ser entendido e o que pode apenas ser revelado leva à busca dos limites da linguagem até uma proximidade com uma teoria cognitiva da comunicação: o transcendente está para além das fronteiras da linguagem. A afinidade com Wittgenstein é evidente. Não se pode falar de uma matéria que não existe – é o caminho do silêncio. No entanto, no âmbito deste trabalho, a analogia com o autor do *Tractatus* não pode ser levada muito longe: Hilda Hilst está interessada na linguagem como parte constitutiva de um universo fragmentário do Ser, de um Ser deslocado que se manifestará pela linguagem enquanto isso for possível.

> O vocábulo se desprende
> Em longas espirais de aço
> Ajustemos a mordaça
> Porque no tempo presente
> Além da carícia, é a farsa
> Aquela que se insinua
> ("Cinco elegias", n. 2. In: Roteiro do silêncio. *Poesia 1959/1967*. São Paulo: Sal, 1967, p. 15).

As imagens são ricas na dificuldade de comunicação: um vocábulo que se desprende em "espirais de aço", logo seguido de um eco na palavra "mordaça" e, dois versos depois, em "farsa". Em comum, a dificuldade, a prisão e a impossibilidade – no caso, o impossível é encontrar a liberdade do "vocábulo", que, em sua origem filológica, é a "palavra falada". O aprisionamento da fala é também a prisão do ser humano – a "mordaça" na "carícia" insinuada.

Nesse ponto, a autora se aproxima de uma abordagem de ordem fenomenológica do Ser. A disparidade de influências – Wittgenstein, Kierkegaard, Husserl – não é de espantar – em primeiro lugar, por se tratar de uma obra literária, não de um estudo de filosofia; além disso, sabe-se que Hilda Hilst foi uma leitora ávida desde a juventude e, na poesia, é livre para misturar as mais diversas influências na construção de uma densa polifonia em seu universo de sentido[33].

Na contracapa de um dos seus livros, na edição da Globo, vemos uma foto de livros que formavam sua biblioteca. Entre eles, bem visível, um do filósofo alemão Martin Heidegger. A base de sua filosofia é a compreensão da questão do Ser – o que é o Ser, como ele se manifesta, porque ele existe no mundo. Portanto, é um ser em plena relação comunicativa com o outro. Uma preocupação bastante próxima da poesia metafísica de Hilda Hilst. A busca pelo Ser em sua essência, aquilo que o define e o leva para junto de outros seres. Essa preocupação já existe na poesia de Hilda Hilst desde seu primeiro livro, *Presságios*, mas é sobretudo a partir de *Roteiro do silêncio* que isso fica evidente. E se prolongará por toda sua obra, quarenta anos depois, até *Estar sendo. Ter sido* (1997) – no qual o Ser aparece, em vários modos, em três das quatro palavras do título.

O Ser existe e existe em relação, mas uma relação revestida de silêncio na impossibilidade de assumir outra postura diante da constatação aniquiladora da impossibilidade ontológica de entrar em contato com outra consciência. No entanto, essa angústia da solidão inerente à improbabilidade da comunicação não conduz ao desespero; ao contrário, trata-se de manter sempre a projeção da consciência em direção a um outro do qual sempre se espera o ato comunicativo – uma expectativa por vezes frustrada, mas que não impede a busca. Impossibilitado de estabelecer um vínculo, o poeta faz uma equivalência explícita entre o silêncio e a solidão, passando a entendê-la não como uma contingência, mas como a única opção para uma relação. O paradoxo se confirma e o silêncio se converte na única forma de comunicação a ser utilizada.

> Melhor a solidão. Melhor ainda
> Enlouquecendo os meus olhos, o escuro
> Que o súbito clarão da aurora vinda
> ("Sonetos que não são", n. 3. In: Roteiro do silêncio.
> *Poesia 1959/1967*. São Paulo: Sal, 1967, p. 25).

---

33. "A polifonia de vozes pode ser verificada não só no entrelaçamento de temas recorrentes, mas principalmente na dinâmica da linguagem que se constrói multifacetada, criando um discurso labiríntico que aprisiona o leitor nos fios visíveis e invisíveis, próprios da escritura estruturada como se fosse um delírio" (MACHADO, C. *A escritura delirante em Hilda Hilst*. São Paulo: PUC, 1993, p. 43 [Tese de mestrado]).

Em um livro sintomaticamente chamado *A retórica do silêncio*, Lisa Behar aponta o paradoxo entre a superprodução contemporânea de comunicação, e, ao mesmo tempo, o silêncio decorrente dessa enxurrada de signos. A partir de uma análise da literatura contemporânea em sua relação com os meios de comunicação de massa, a autora aponta que raramente houve tanto ceticismo em relação à palavra quanto em uma sociedade ocupada por um contínuo fluxo de comunicação. *"The refusal to speak, silence as the only pronouncement, these are forms of resistence which border dangerously on abstention, indifference, and disappearance, a laisser de dire which can also be understood as a laisser de faire"*. E, mais adiante, define que *"these orchestrated silences can be interpreted as the representation of nothing, of a chaos of sorts, or an unorganized, or rather pre-organized, world"*[34].

O silêncio é o ponto de partida e o resultado. Ao mesmo tempo, é também a reação da poeta diante da relação dialética entre comunicação/incomunicação no cotidiano. Como destaca Nelly Novaes Coelho em um estudo sobre a poesia hilstiana, nota-se, desde o início, "a presença do 'silêncio' que se impunha aos poetas nos anos 50 (período da Guerra Fria, quando parecia que já não havia mais nada a dizer ou que nada mais importava). O que não significa que se calaram"[35].

A preocupação com a depuração e o burilamento da palavra, presentes em *Roteiro do silêncio*, é uma maneira de ultrapassar – ou pelo menos tentar – as barreiras desse silêncio, como se encontrar a palavra perfeita fosse uma estratégia para se estabelecer um vínculo comunicativo com o Outro. Ironicamente, a preocupação de lapidar sua linguagem poética como um diamante sempre foi uma das escusas dadas pela crítica para a reduzida aceitação da obra de Hilda Hilst – uma escritora que escreve "difícil", mas para encontrar, em palavras pouco usadas – e portanto ainda mais preservadas em seu sentido original – o caminho para estabelecer uma comunição com o Outro.

Examinando os tipos de silêncio, Peter Ehrenhaus chama a atenção para um causado não pelas dificuldades de interação, mas pelas di-

---

34. BEHAR, L. *The retoric of silence*. New York: Mouton de Gruyter, 1995, p. 6-10.
35. COELHO, N. "Da poesia". In: *Cadernos de Literatura Brasileira*, n. 8, 1999, p. 68. Rio de Janeiro: Instituto Moreira Salles.

ficuldades da interpretação da experiência e de sua transformação em palavras[36]. Essa impossibilidade conduz a um silêncio tendencial.

Esse problema de criar uma linguagem fechada, comunicativa apenas aos iniciados, ultrapassa os sentidos indicadores da linguagem cotidiana, remetendo-a a uma complexa eivada de uma complexidade simbólica quase medieval, aparece em *Roteiro do silêncio* e vai se estender por toda sua obra. Mesmo em sua fase dita "pornográfica" encontramos obras-primas desse hermetismo. Acompanhada de um humor muito fino, até mesmo obscuro. Não é o tipo de piada que faria sucesso em um bar, por exemplo.

Conforme aponta Alcir Pécora no prefácio da edição da Editora Globo de *Roteiro do silêncio*, Hilda Hilst é, em muitos aspectos, uma escritora medieval – a espiritualidade e o grotesco convivem em uma síntese original, mas dificilmente harmoniosa aos leitores de uma sensibilidade estritamente moderna. Talvez seja uma dessas obras-primas do século XI que ela escreveu com mil anos de atraso – ou em uma premonitória nova Idade Média.

Nenhum livro da chamada "fase pornográfica" é para ler em voz alta na sala, enquanto sua família assiste a um telejornal. Há pelo menos uma passagem constrangedora por página, e mesmo a família mais liberal se chocaria. Mas o tom do texto, acintosamente direto, não é gratuito. Da mesma forma, essa agressividade de sua escrita que elimina as possibilidades comunicativas se faz adivinhar em *Roteiro do silêncio*.

A propósito, o grotesco e o escárnio são dois gêneros medievais por excelência. Eram gêneros satíricos, mas também estavam em constante relação com a divindade – algo que seguramente não escapa à autora. E é possível rir com gosto em algumas passagens. Da mesma maneira que na escritura medieval, a face da espiritualidade não é um ponto de escape para a angústia. Ao contrário, a busca pela espiritualidade não é ela mesma desprovida de combates, de terrores e de medos. Não se pode esquecer que um dos maiores poemas medievais, o *Dies Irae*, é uma longa meditação sobre a morte.

Em Hilda Hilst essa face do terror não está ausente de sua comunicação com Deus; é, inclusive, um dos motivos para a preocupação mais e mais presente com o refinamento da palavra, como se a Revelação

---

36. EHRENHAUS, P. "Silence e symbolic expression". *Communication Monographs*, n. 55, 1988, p. 42.

pudesse ser encontrada a partir da compreensão da linguagem em uma outra dimensão além da humana[37]. A religião, em Hilda Hilst, parece remeter ao sentido primeiro de *religare*.

A linguagem de *Roteiro do silêncio* mostra-se como um atalho para conseguir atingir os caminhos do outro, um desvio na linguagem cotidiana para se ultrapassar os limites da inexpressividade e chegar além de si. O recurso, no entanto, falha tanto na obra quanto na vida literária dela. O resultado, mais uma vez, é a falta de comunicação, o silêncio. Nesse sentido, a própria trilogia pornográfica hilstiana enquadra-se nas referências do *Roteiro do silêncio* na medida em que implica também a ausência de comunicação entre o sujeito e o mundo que o cerca em uma perspectiva ético-cognitiva: "O sujeito do conhecimento não está em uma posição mais elevada, mais universal, do que a subjetividade do desejo com o qual ele se manifesta como uma só e mesma força sobre o mundo"[38].

A pessoa se reduz ao silêncio; a pessoa se expande na comunicação. Dessa maneira, um roteiro do silêncio não deixa de ser, na mesma medida, um roteiro da solidão. Para ficar em silêncio é necessário estar sozinho – quando não fisicamente, ao menos mentalmente. Dessa maneira, os lugares do poeta no silêncio se limitam a ele mesmo, esse "lugar de todos os lugares", na bela expressão de Evaldo Coutinho, a partir do qual é possível ver o mundo. Ver, estabelecer uma relação ótica, mas não entrar em contato. O mundo em *Roteiro do silêncio* continua plenamente indiferente ao poeta; não entra em comunicação com ele. "*Since communication involves inter-human relationships, it is obvious that what comes to foreground is the question of knowing what representation man must forge of himsel so that the opening-out toward others of reciprocal relationship of action whitch defines communication*"[39]. No caso do livro, não existe espaço do sujeito para além do próprio sujeito.

A angústia deriva, em primeiro lugar, das escolhas e da própria consciência. Nesse sentido, a proximidade com a fenomenologia é evidente: resultado de suas próprias escolhas, o Ser se define a cada se-

---

37. Nesse sentido, mas referindo-se à chamada "trilogia pornográfica", José Castello identifica que mesmo nesses livros "ela nada mais fez do que repuxar sua escrita até os limites da normalidade, pois nada mais normal do que o obsceno, que não passa de um expediente para domesticar o indomesticável" (CASTELLO, J. *Inventário das sombras*. Rio de Janeiro: Record, 1999, p. 101).
38. LANTZ, P. "Sujet de la conaissance et subjectivité". *L'homme et la société*, n. 101, XXV, p. 55.
39. RENAUT, A. "The subject of communication". In: *Reseaux*, vol. 1, n. 2, 1993, p. 295.

gundo na dialética entre a essência – os signos que o compõem – e a aparência, isto é, a camada mais externa de signos que serve para formar nos outros uma imagem referencial de si mesmo. A impossibilidade de interação é um presságio da impossibilidade de comunicação:

> Aflição de ser eu e não ser outra
> [...]
> Aflição de ser água em meio a terra
> E ter a face conturbada e móvel
> E a um só tempo múltipla e imóvel
> (Sonetos que não são", n. 1. In: Roteiro do silêncio. *Poesia 1959/1967*. São Paulo: Sal, 1967, p. 23).

A realidade cotidiana, comum, residual, é o referente primeiro em *Roteiro do silêncio*. No entanto, a mensagem é trocada entre duas pessoas que estão fora do mundo comum, fora da "realidade social", tangidas em seus mundos particulares, observando essa realidade, mas distantes dela, como estão distantes entre si. Na confusão gerada pela angústia de existir, a preocupação entre as contradições do diálogo interno/externo são um obstáculo adicional à comunicação. Não é possível, diante das possibilidades de vida, fazer convergir o discurso intrapessoal e o interpessoal. A necessidade de escolha a cada instante da existência atrapalha, para não dizer impede, o diálogo:

> Difícil é escolher
> Entre viver e morrer
> Difícil é o escutar-se
> E ao mesmo tempo escutar
> ("Cinco elegias", n. 3. In: Roteiro do silêncio. *Poesia 1959/1967*. São Paulo: Sal, 1967, p. 16).

Em *Roteiro do silêncio*, a ausência de comunicação parece indicar também a ausência de relação entre os indivíduos. O silêncio, neste caso específico, é entendido como a falta, o vazio, a impossibilidade de um enunciado em qualquer forma de comunicação para além da própria consciência individual. Quanto mais a trajetória do poeta conduz o leitor para o término do *Roteiro de silêncio*, mais esparsas são as possibilidades de se estabelecer uma relação com o outro. Em um paradoxo, o silêncio é a ausência presente do outro.

O ato comunicativo é colocado em xeque desde o título. O silêncio é a pausa da comunicação. No entanto, é também o elemento de contraste a partir do qual se consegue definir cada um dos elementos, seja em uma música, seja em um ambiente, seja em uma conversa. A ausência do silêncio não é a comunicação em sentido pleno, como talvez pareça à primeira vista, mas o ruído. A comunicação entre duas pessoas só pode ser estabelecida na ordem das palavras entrecortadas por silêncios nos quais está aberto o espaço para a interação:

> Teus esgares, de repente,
> Teus gritos
> Quem os entende?
> E todos os teus ruídos
> Teus vários sons e mugidos
> Quem os entende?
> ("Cinco Elegias", n. 1. In: Roteiro do silêncio. *Poesia 1959/1967*. São Paulo: Sal, 1967, p. 13).

A expectativa do silêncio é construída não apenas na impossibilidade de falar, mas também na perspectiva de falar e não ser compreendido. Ganhar a atenção do outro não é o bastante; o ato da comunicação envolve também a expectativa de uma compreensão por parte do interlocutor, uma compreensão tanto mais difícil quanto maior forem as distâncias entre os indivíduos. Esse temor da inutilidade da expressão é um dos caminhos rumo ao silêncio[40].

A existência, sem essa interação, perde todo o sentido. A consciência, cansada de si mesma, procura no Outro um possível encontro – mas já sabe, de antemão, que será inútil. Sem a pretensão de fazer um estudo rigoroso da gênese filosófica da obra, não é de todo inútil notar um paralelo entre essa preocupação de não ser compreendida e um medo similar expresso por Kierkegaard, outra leitura preferida de Hilda Hilst[41].

A solidão do enunciador não pode ser compartilhada pelo interlocutor presumido – muito coerente, conquanto não se pode compartilhar o ato de estar só. A comunicação é entrecortada por um silêncio cada vez maior devido à distância entre os interlocutores[42].

---

40. KIERKEGAARD, S. *Repetition*. Princeton: Princeton University Press, 2003, p. 254.

41. "A qualidade mais esperada na comunicação direta é, entre outras coisas, a necessidade do comunicador de ser compreendido e o medo de ser mal-entendido" (KIERKEGAARD, S. *Papers and journals*: a selection. Londres: Penguin, 1996, p. 550).

42. Novamente um trecho de Kierkegaard pode resumir o sentido da poesia hilstiana: "Não posso mais comunicar na posição do narrador, isto é, em minha primeira pessoa. Não mais do que o pouco que a vida responde, existencialmente, ao que eu digo" (KIERKEGAARD, S. *Papers and journals*: a selection. Londres: Penguin, 1996, p. 440).

Desse modo, não é de admirar que a busca pela comunicação seja feita com alguém que possa transcender as realidades particulares, os microcosmos do indivíduo e chegar à totalidade cosmogônica do Ser – em *Roteiro do silêncio* advinha-se a busca de Deus como tentativa, outra vez frustrada, de se chegar a uma relação de comunicação. Na dificuldade de se comunicar com o homem, a solução é conversar com Deus. Mas é preciso delinear em que sentido a autora pensa essa relação.

Em um de seus livros, Nietzsche afirma que o único cristão morreu na cruz. Uma noção semelhante a essa perspectiva de cristianismo perpassa a busca metafísica da poesia de Hilda Hilst. O *religare*, da religiosidade, parece se estabelecer no sentido de uma relação com o outro, uma interação comunicativa. A comunicação com o outro é uma busca para encontrar uma comunicação com tudo o que vai além da própria consciência – no caso, o máximo de exterioridade à qual é possível atingir é o elemento transcendente ao humano, o próprio divino. Entre outros títulos, ela chama Jesus de "O Deslumbrante" e, de fato, é o momento de maior proximidade entre o humano de sua poesia e a essência impossível de ser descoberta.

A face de Deus – "Sobre tua grande face", de 1986, não se refere a nada além – é estampada no momento em que Hilda encontra "O Deslumbrante" como instante de maior forma de comunicação entre o humano – que ela pode entender, dar forma e dar nome – e o inefável, o inconcebível – que está para além do próprio Ser e, por isso, é incognoscível, imperceptível, aberto apenas, quem sabe, para a estética.

A idéia de Deus em Hilda Hilst é muito distante da noção cristã – pelo menos na versão moderna. Deus, em Hilst, é algo paradoxalmente inefável pela própria concretude. Na poesia hilstiana Ele não apenas "É", mas sobretudo "Está". Essa diferença é sutil, mas mostra uma preocupação constante em desvendar a Deus como um mistério, como uma "grande face" na qual todo o mundo está. E Deus, em sua poesia, está sempre escondido, esperando uma revelação que pode vir por diversos caminhos, inclusive os menos ortodoxos.

Na poesia da autora, Deus é a essência do mundo, mas também é o movimento e Está em todas as coisas – uma concepção de divindade muito próxima de Espinosa ou, mais ainda, de Leibniz. Seria interessante ver o que ela lia para saber até que ponto existe de fato essa influência. A procura pelo transcendente vai percorrer a trajetória poética de Hilda Hilst como a busca pela comunicação perfeita, na comunhão com o Absoluto. Enquanto isso não acontece, o silêncio é o resultado[43].

No final de *Roteiro do silêncio* chega-se ao deserto da comunicação. Não há mais consciência para compartilhar nada e o Ser está isolado em si. As palavras vão lentamente desvanecendo, tornando-se mais diluídas em sua essência. A própria linguagem parece sofrer um processo semelhante à ionização de partículas, na qual os elementos de um composto químico são separados e adquirem novas propriedades. A linguagem deixa de ser um instrumental de comunicação e passa a ser a ferramenta para ultrapassar o comum do próprio Ser. Daí *Roteiro do silêncio* conduzir ao silêncio, mas não fechar as portas do ato comunicativo. Se a solução do problema da comunicação está além das fronteiras da linguagem, simbolicamente a solução para a falta de comunicação entre os seres está além dos limites do livro. A resposta poética virá, três anos depois, na síntese de um dos *Sete cantos do poeta para o anjo* (1962), espécie de profissão de fé intersubjetiva: "O homem é só/mas constelar em sua essência".

---

[43]. "Assim, o vazio essencialmente humano, o inacabamento, o dialogismo e, mais especificamente, os procedimentos icônicos da linguagem, as aproximações e distanciamentos são códigos que se esbarram e se encontram, uns nos outros, buscando uma identidade metafísica do sujeito. Busca malograda do princípio, já que sempre mutável" (ALMEIDA, G. *A metafísica poética em Hilda Hilst*. São Paulo: PUC, 2005, p. 100 [Dissertação de mestrado, p. 100]).

6
Da realidade social aos signos da mídia

A realidade social é construída na relação recíproca entre os seres humanos. Essa relação é uma imensa produção e troca de signos. As relações sociais fundam-se na ação recíproca significativa, isto é, no ato que representa algo levado a efeito para interferir na estrutura de significados de outro ser. Assim, o cotidiano é uma enorme trama de sentidos e significações constantemente em circulação, produzidos e trocados a partir de cada indivíduo. Os signos e os sentidos deles derivados atravessam todos os indivíduos constituindo uma rede de significados objetivos. Os signos, ao mesmo tempo, são uma produção do indivíduo e o envolvem, dentro de cada ser humano e ao seu redor. Cada indivíduo trabalha os signos recebidos e os devolve à trama social, sendo ao mesmo tempo sujeito e objeto do processo de criação da realidade. Daí a relação intersubjetiva, vista até este ponto do livro, ser crucial para o estabelecimento de um conjunto de significados aceitos por todo o conjunto social, um sentido comum para as ações sociais. Na etimologia da palavra "sentido" estão também "significado" e "senso"[44].

Assim, o que se entende por realidade social é o conjunto dos significados criados, adquiridos e distribuídos pelos indivíduos em uma troca simbólica na qual esses sentidos existem prévia e independentemente do indivíduo, mas são por ele modificados em uma relação dialética de transformação. Os signos são os elementos formais a partir de onde, em percurso, a realidade social é construída pela interação sim-

---

[44]. "A compreensão fenomenológica da televisão como um objeto desenha-se a partir de algumas precondições. Elementos para uma representação visual, um conjunto de signos entendidos como imagem ou mensagem são os requisitos necessários se pretendem se tornar parte do espetáculo político. Esse processo relaciona drama social, a visão da experiência e o 'eu'. O trabalho interpretativo e cognitivo do receptor organiza as ações e os comportamentos em uma forma simbólica" (MANNING, P.K. "Dramaturgy, politics and the axial media event". *The Sociological Quarterly*, vol. 37, n. 2, 1996, p. 267).

bólica entre os indivíduos. Os indivíduos movimentam-se dentro dessas estruturas de realidade – o mundo da vida[45].

A reunião dessas mediações simbólicas cria a estrutura social de significados conhecida pelo nome de "senso comum", isto é, um conjunto de sentidos objetivos pertencentes a uma sociedade, a todos e a ninguém ao mesmo tempo. O estudo da construção social da realidade é uma pesquisa sobre a formação do senso comum[46].

Na perspectiva deste livro, que se pretende uma espiral das relações entre Comunicação e Ser, saindo das relações ontológicas de comunicação do Ser para chegar à realidade social, este capítulo é a fronteira interna das relações comunicativas. O senso comum é a instância principal da intersubjetividade significativa que, compartilhando significados (e compartilhar é uma das acepções de comunicação) o ser humano estabelece os princípios de sua realidade imediata. Nesse sentido, fazendo um histórico do conceito de "comunicação", Raymond Williams menciona a polissemia do texto como um indício de suas várias utilizações sociais[47].

A maneira de alguém trajar, falar, andar, movimentar-se e sua própria postura corporal são uma série de informações imediatas reconhecidas e compreendidas pelo interlocutor. É possível, em instantes, identificar características de sua classe social, estrato intelectual e eventualmente algumas particularidades – o gosto estético e uma ou outra preferência pessoal. As informações são convertidas em conhecimento de maneira quase automática, imediata, sem maior esforço de raciocínio. Essa capacidade é aprendida no decorrer do tempo, durante a vida social, na qual aprende-se a reconhecer informações, classificá-las, contextualizá-las e transformá-las em comportamentos decorrentes das informações que temos. A ação é a média entre o conheci-

---

45. "O mundo ambiente da vida cotidiana é o mundo no qual nós todos, inclusive o 'eu' que filosofa, temos uma existência consciente, junto com as ciências e os fatos culturais, bem como os estudiosos e suas teorias" (HUSSERL, E. *La crise des sciences européennes et la phénoménologie transcendentale*. Paris: Gallimard, 2004, p. 119).

46. "A semiótica social da comunicação de massa examina a contribuição específica dos *mass media* nas práticas que, em variados degraus, orientam e tornam estranha a vida cotidiana. A comunicação de massa é uma prática cultural que permite as outras ações sociais" (JENSEN, K.B. *The social semiotics of mass communication*. Londres: Sage, 2004, p. 66).

47. WILLIAMS, R. *Keywords*. Londres: Fontana, 2003.

mento e suas possibilidades de utilização a cada momento – uma troca de signos em um espaço intersubjetivo[48].

A realidade social é um elemento construído, não dado, estruturado em termos das formas legítimas de conhecimento, interpretação e ação no mundo. É a análise dessas formas que concerne um estudo do conhecimento a partir da comunicação em seu sentido mais abrangente.

Os filósofo austríaco naturalizado norte-americano Alfred Schutz analisa as formas sociais de conhecimento em *The structures of lifeworld*, no qual avalia as possibilidades de conhecimento objetivo e subjetivo dentro da sociedade. O trabalho permanece um clássico no assunto, referência primeira para o estudo da sociedade a partir da perspectiva do conhecimento.

O sentido de uma ação provém das expectativas de sentido prévio a ela atribuídas – bem como oportunidades de distinção na distribuição de valor. Espera-se uma ordem diante dos acontecimentos cotidianos para que novas ações possam efetivamente serem perpetradas. As instituições sociais tornam-se, sobretudo, instituições cognitivas, na medida em que provêem o ser humano do sentido teleológico de cada ação, reorganizando o caos cotidiano de maneira a torná-lo cognoscível e, a partir disso, gerador de ações[49].

As práticas cotidianas encontram seu referencial de ação no conhecimento adquirido pelo indivíduo em confronto com a dinâmica da realidade social, conjunto das relações humanas objetivas, reconhecíveis em intenções, conhecimentos, atos e linguagem. As interações só podem se dar quando do conhecimento e reconhecimento do espaço social de atuação – um conhecimento dependente cada vez mais dos meios de comunicação de massa.

Toda ação insere-se no conjunto dos atos prévios e na expectativa de derivação dos futuros, na medida em que as condições para agir são criadas pelo contexto de relações sociais a partir das quais o agente escolherá, conforme seu entendimento, uma forma particular de

---

48. "O fenômeno da comunicação deve ser entendido em um sentido ontologicamente largo. 'Comunicação na qual decide-se algo, por exemplo, ou se dá alguma informação, é compreendida no princípio existencial. Aqui a articulação do Ser-com-o-outro é constituída" (HEIDEGGER, M. *Being and time*. New York: State University of New York Press, 1996, p. 152).

49. "A teoria da semiótica social define comunicação de massa como uma instituição que produz e faz circular significados em uma sociedade" (JENSEN, K.B. *The social semiotics of mass communication*. Londres: Sage, 2004, p. 58).

agir. Se a construção da história – e portanto da realidade – não é notada pelo indivíduo, é necessário encontrar um meio de estudá-la. As notícias, conquanto não sejam retratos fiéis do senso comum, oferecem ao indivíduo os signos necessários à compreensão dos modos de ação do cotidiano[50].

Ao definir a ação social como principal elemento e objeto de estudo consagrado das Ciências Sociais, Max Weber esboçou a existência de uma interação simbólica entre os agentes, transformada em variável da interpretação das ações conforme uma visão de mundo adquirida em sistemas de referência originários de processos de racionalização progressiva da realidade.

A ação social passa pelas instâncias produtoras e reprodutoras de significado, dentre as quais a mídia, a partir das quais o indivíduo buscará um máximo de racionalização das condutas dentro do conjunto de relações sociais. Para tal, é necessário um conhecimento prévio dos acontecimentos em curso, um coeficiente de informações necessárias para a ação em qualquer instância do mundo social. A ação social é sempre uma relação entre dois agentes, determinada por uma regra de conduta – um *ethos* – responsável pela especificação de uma visão de mundo que agirá fornecendo o significado de cada ação. Em outras palavras, o mundo social é o conjunto de ações sociais às quais é atribuído um sentido específico de acordo com o conhecimento adquirido pelos indivíduos. Weber acerta ao não estabelecer um nexo causal direto entre a ação e o conhecimento, analisando os diferentes contextos cognitivos existentes na época do surgimento de práticas sociais específicas.

Schultz desloca o eixo estrutural da ação de uma ética particular weberiana para as relações cotidianas definidas no conjunto de significados sociais – em outras palavras, o conhecimento social objetivado a partir das relações cotidianas, o senso comum[51].

Dessa maneira, coerentemente, Weber situa o núcleo da ação social na relação entre o conhecimento – acompanhado invariavelmente de uma forma particular de ética – e a prática, definindo a "invenção do

---

50. WEBER, M. *Economia e sociedade*. Brasília: UnB, 2001, p. 14.
51. "Schutz aceitou a descoberta de Weber segundo a qual a ação tem um significado subjetivo, o que reveste a ação social de seu aspecto" (COLLIN, F. *Social reality*. Londres: Routledge, 2000, 110).

cotidiano" como fruto da interação entre o conhecimento (*logos* + *ethos*) e a prática. Assim, tanto a definição da sociedade quanto de suas instâncias de conhecimento prático ocorrem na interação entre os sujeitos – isto é, uma relação de comunicação a partir da qual se constrói a realidade[52].

O próprio conhecimento mostra-se, a partir daí, resultado das interações existentes. A construção da história pelo homem é feita sobre os sentidos objetivos dos fatos cotidianos, de modo que uma crítica da sociedade deveria partir, como faz Schultz, de uma análise do conhecimento comum.

Essa linha de pensamento é seguida de perto por Schultz. A análise das práticas cotidianas é, em grande parte, um estudo da linguagem do cotidiano, dos "modos de falar" que implicam "modos de agir". A especificação da linguagem como instrumento objetivador por excelência das práticas sociais também se constitui na criação de conceitos para a explicação do mundo – não só sua interpretação, mas também sua transformação.

Via de regra, o conhecimento é construído pelos seres humanos no decurso de suas interações com o meio – não só o meio natural, mas sobretudo o meio social no qual estão inseridos. Nesse sentido, a gênese das práticas cotidianas delimita – sem determinar, é claro – o conjunto de possibilidades de ação do indivíduo, conjunto universo específico que pode ser modificado por novas dinâmicas de interação social. É esse conhecimento comum o foco deste trabalho.

O conhecimento humano está restrito a uma série de interações sociais restritas ao espaço de vida de cada indivíduo. Os processos de institucionalização referem-se, sobretudo, à transposição dessas interações sociais para um nível mais elaborado de relação, no qual as práticas e conhecimentos anteriores tornam-se matrizes geradoras dos futuros. A eficácia dos processos institucionais de criação do cotidiano mostram-se tanto mais eficazes na medida em que escondem seus próprios mecanismos de ação e criação sob a forma da naturalidade dos

---

[52]. "O conhecimento humano é um produto social. Não apenas a 'ciência' é um empreendimento formal, mas as idéias, teorias e representações cotidianas que governam os eventos comuns são, em si, o resultado de um processo cognitivo social" (FORGAS, J. "What is social about social cognition?" *British Journal of Social Psychology*, 22, 1983, p. 129).

procedimentos, legitimando a artificialidade dos discursos e práticas na ilusão do natural[53].

Apenas quando o cotidiano é colocado em xeque, observado em suas premissas e questionado em seu desenvolvimento diário, é possível perceber o número de convenções, tradições, premissas não escolhidas e formas de controle institucional representados por cada um dos indivíduos em seu dia-a-dia. O conhecimento comum fornece a todos os seres humanos bases sociais para tomar como referência diária – mas esta base também foi criada, também tem uma história, também é passível de modificação. O indivíduo está de tal modo imerso em universos de signos definidores das práticas cotidianas que, freqüentemente, considera o mundo social como um dado natural, além de qualquer possibilidade de interferência. Apenas a compreensão da realidade social como uma construção humana, não como um fenômeno da natureza, permite a reflexão sobre ela[54].

Os limites da comunicação são a cada momento reconstruídos de acordo com as possibilidades de ação do indivíduo, mas existem em relação às macroestruturas sociais às quais ele pertence. Assim, o hábito regula-se não apenas por uma distinção de classe, mas também nas formas mais gerais de conhecimento do todo. A construção social da realidade é um fenômeno múltiplo, no qual estruturas operantes em matrizes diversas se cruzam em uma quantidade infinita de códigos e variações, responsáveis pelos desdobramentos *ad absurdum* e imprevisíveis das dinâmicas[55].

Variáveis de importância e efeitos diversos, mais ou menos poderosas, localizadas historicamente apenas na medida em que há uma ne-

---

53. "*Social actors live their everyday lives in a subjectively perceived and interpreted 'life-world', which they take for granted, accept as reality, and their actions are pragmatic and utilitarian in terms of this life-world*" (FORGAS, J. "What is social about social cognition?" British Journal of Social Psychology, 22, 1983, p. 129).

54. "A recepção da comunicação de massa não está apenas largamente vinculada ao público em geral. A recepção, no sentido simples de exposição, inicia um processo de interpretação e torna possíveis significados múltiplos. A recepção não é um ato simples produzindo um significado comum. As audiências compreendem significados provenientes da mídia em múltiplos contextos de ação social. A recepção da mídia é um processo de significação distribuído no tempo e no espaço, que deve ser estudado em suas diversas fases de impacto" (JENSEN, K.B. The social semiotics of mass communication. Londres: Sage, 2004, p. 62).

55. "O mundo da vida não é outro senão aquele que é conhecido, evidente à vida humana, sempre familiar à sua experiência" (HUSSERL, E. *La crise des sciences européennes et la phénoménologie transcendentale*. Paris: Gallimard, 2004, p. 140).

cessidade humana em delimitar fatos, mas de conseqüências igualmente indeterminadas. Embora nexos causais existam em universos de significação limitada, o ato final de uma série iniciada anteriormente não pode ser identificado. Mesmo nos eventos mais determinados, mais facilmente compreensíveis, há variações externas responsáveis por alterações e pela imprevisibilidade.

É possível, portanto, falar das relações entre a existência de estruturas cotidianas e sua dinâmica – não é contradição falar em uma dinâmica estrutural na medida em que há uma relação dialética entre as ações determinadas estruturalmente quando se está relacionado apenas a um determinado tipo de vínculo e todo tipo de pressão, variável e contradeterminação externa, provenientes de outros campos nos quais o sujeito está presente e mesmo – não há por que evitar essa palavra – do acaso.

Essa dialética entre a vontade, o acaso e a necessidade reorganizando-se continuamente em escalas micro/macro é responsável pela possibilidade de encontrar respostas únicas e invariáveis. O movimento não pode ser determinado em toda sua extensão. A existência cotidiana é a garantia dos resultados dessa dinâmica estrutural – e o aparecimento dos estudos de recepção mostraram a insuficiência dos modelos deterministas de interpretação. Há uma relação dialética constante entre indivíduo e estrutura, ambos criados a partir de uma história e relacionados sincronicamente apenas durante o tempo em que for necessária a associação.

As práticas humanas são delimitadas pelo conhecimento imediato das possibilidades de ação. Esse conhecimento, por sua vez, existe a partir de instituições nas quais o indivíduo está inserido. Logo, na intersecção entre conhecimento e prática, encontramos a influência dos meios de comunicação responsáveis por estabelecer os limites possíveis do conhecimento comum. Os meios de comunicação são a instituição central na representação da realidade social[56].

Só é possível compreender a realidade a partir desse *logos* criado historicamente, mas do qual somente temos uma percepção sincrônica no cotidiano. A mídia, ao selecionar os fragmentos desse mundo e apresentá-los como forma de um todo estruturado, não apenas reflete

---

56. COULDRY, N. "Liveness, 'reality' and the mediated habitus". *The Communication Review*, n. 7, 2004, p. 354. Londres: Taylor and Francis.

uma realidade mas sobretudo cria um espaço de cultura para o indivíduo no qual suas práticas simbólicas tendem a ser marcadas pela realidade dos meios de comunicação[57].

Para obter algum conhecimento, pode-se recorrer à mídia e, se quer algum saber mais amplo, procura-se uma instituição escolar. Em qualquer instância, rebeliões e comportamentos não desejados pela instituição costumam ser punidos em graus variados. É como se as instituições sociais o tempo todo regulassem o conhecimento do indivíduo a partir de uma ameaça implícita: "Anda na linha. Um dia eles vão te pegar".

A troca simbólica a partir da qual é criado o senso comum se dá no espaço da comunicação de massa. O motivo é a amplitude de divulgação de uma mensagem pelo cinema ou pela televisão, e a velocidade com que integra a trama de significados cotidianos. Por conta disso, as estruturas de significado geradas e divulgadas pela mídia ganham total importância para a compreensão do "mundo da vida". Os meios de comunicação definem os limites externos da realidade social[58].

O senso comum é uma forma rudimentar de conhecimento do mundo, uma forma "pré-científica" ou "a-científica" de compreender e dar sentido aos fenômenos reais. O senso comum apresenta-se à apreensão sincrônica como o universo elementar de significados e ações daí decorrentes sem outra base além do conhecimento adquirido fora das instâncias legítimas de saber. Empírico e evidente, ao mesmo tempo baseado em tradições e histórias orais, o senso comum é um discurso legitimante da realidade enquanto garante a existência do real em contraposição ao conhecimento científico. Apenas com o tempo as descobertas científicas conseguem modificar o senso comum, pois este se baseia em evidências empíricas, enquanto a ciência busca outros horizontes.

---

57. "As confusões entre notícias e ficção parecem ter fortalecido o efeito de cultivação. As confusões estavam relacionadas com a crença de que o mundo era perigoso e cheio de gente" (MARES, M.-L. "The role of source confusions in television's cultivation of social reality judgements". *Human Communication Research*, vol. 23, n. 2, dez./1996, p. 295).

58. "A 'televisão da realidade' tem gerado comentários exacerbados e condenações morais a despeito de seu sucesso de audiência e difusão por todo o planeta. A televisão da realidade exprime a quintessência da televisão racional mesmo se parece menos audaciosa que os *reality shows* e *talk shows*" (MAIGRET, E. *Sociologie de la communication et des médias*, Paris: Armand Colin, 2003, p. 221).

A força do senso comum está na legitimidade institucional que lhe é atribuída pelo consentimento mútuo dos indivíduos diante de um poder responsável por lhes oferecer bens simbólicos e materiais por meio dos quais mantém sua força diante das concorrentes. O senso comum, embora pareça eterno e imutável, está em uma contínua mas lenta transformação. As concepções populares a respeito do mundo aparecem muitas vezes como uma conseqüência óbvia do próprio mundo, evidências fornecedoras de uma certa base para o senso comum[59].

Em seu estudo sobre as relações entre linguagem e realidade social, John Searle deixa clara essa equivalência na medida em que o *habitus* é definido a partir das percepções coletivas. O mesmo tipo de relação entre os elementos constitutivos de um pensamento comum a determinados estamentos da sociedade pode ser encontrado a partir dos elementos definidos como agentes desta ação[60].

O imaginário, as representações, as práticas e os saberes são direcionados para o reforço da realidade de acordo com as regras do jogo – do qual *todos* participam, obtendo vantagens e lucros maiores conforme sua posição relativa. Todavia, não é o único elemento constitutivo. O senso comum está o tempo todo sofrendo influências das mais diversas, reunindo conhecimentos tradicionais, modernos e eventualmente científicos em um amálgama prático de conceitos práticos para utilização cotidiana. De certa maneira, o senso comum é uma instância acumuladora do senso prático utilizado pelo indivíduo em suas relações com o mundo, garantindo-lhe a compreensão imediata do que vive, bem como de suas relações imediatas[61].

Esses conhecimentos trafegam pela mídia, e a origem do senso comum explica-lhes parcialmente os direcionamentos posteriores. De certo modo, conhecer as matrizes do conhecimento cotidiano oferece um referencial de concepções anteriores e lhe permitem levar a efeito uma propedêutica das concepções existentes no senso comum. É o co-

---

59. JENSEN, K.B. *The social semiotics of mass communication*. Londres: Sage, 2004, p. 68.
60. SEARLE, J. *The construction of social reality*. Londres: Penguin, 2004, p. 10-24.
61. "As pessoas influenciam e ajudam a estabelecer a percepção e o uso que os outros fazem da mídia. De acordo com essa perspectiva, é possível que pessoas com características individuais similares, trabalhando em grupos similares, possam ter percepções e usos diferentes da mídia. Essas diferenças podem ser explicadas a partir da maneira pela qual as pessoas influenciam-se umas às outras na percepção e nos usos da mídia" (CONTRACTOR, N.; SEIBOLD, D.; HELLER, M. "Interational influence in the structuring of media use in groups". *Human Communication Research*, vol. 22, n. 4, 1996, p. 452).

nhecimento cotidiano o responsável pela maior parte das ações humanas, mesmo quando se trata de uma classe de especialistas[62].

Ao dimensionar historicamente o "mundo da vida" em uma perspectiva de ação de forças materiais através da História e as visões de mundo nela implicadas, é possível notar o quanto as concepções do senso comum são passíveis de estudo, mesmo quando se apresentam como o óbvio. Muitas das expectativas óbvias da realidade cotidiana mostram-se surpreendentemente diversas quando se submetem os princípios do senso comum ao exame de suas práticas. O mundo social é construído, não dado. As conseqüências dessa afirmação estão nas possibilidades de transformação do mundo da vida[63].

A. A comunicação e os limites da realidade

O relacionamento entre as notícias e a realidade social é regido por uma variável em que os meios de comunicação simultaneamente são objetivadores de um sentido prévio e criadores de um significado próprio da ação social. Obviamente é impossível que cada indivíduo ou mesmo cada agrupamento da sociedade civil tome para si o encargo de julgar as ações cotidianas. Para tanto, torna-se necessária uma redução dos fluxos de pedidos realizadas por um *gatekeeper*, responsável pelo direcionamento e distribuição das reivindicações de um determinado segmento às instâncias competentes[64].

Durante um debate sobre "Qualidade na Mídia", um expositor criticava a TV. O auditório, formado de intelectuais, delirava a cada investida contra a televisão. "Só tem baixaria. Não acrescenta nada". "A notícia virou entretenimento". "Novela aliena". Terminou a palestra, extenuado, sob aplausos. O palestrante seguinte, logo de saída, perguntou: "Qual era a novela com a personagem Jade?" Em uma só voz o auditório respondeu "O Clone!", referindo-se à novela da TV Globo.

---

62. "Cognição social pode ser definida como o campo dedicado ao estudo das relações entre a cognição individual e as representações socioculturais de maneira geral" (FORGAS, J. "What is social about social cognition?" *British Journal of Social Psychology*, 22, 1983, p. 141).

63. "A transmissão ao vivo de qualquer coisa, seja real ou ficção, garante que alguém, na empresa, poderia interromper a qualquer instante a conexão com os eventos reais. O que é especial na transmissão ao vivo é a conexão potencial com os eventos reais. O 'ao vivo' garante uma potencial conexão com outras realidades sociais enquanto elas estão acontecendo" (COULDRY, N. "Liveness, 'reality' and the mediated habitus". *The Communication Review*, n. 7, 2004, p. 355. Londres: Taylor and Francis, 2004, p. 355).

64. SEVERIN, A. & TANKARD, E. *Communication theories*. Londres: Routledge, 2001, p. 184.

"Se ninguém gosta de TV, como sabem disso?", perguntou. O auditório sorriu, constrangido, pego em flagrante.

O episódio mostra uma certa ambigüidade para avaliar de maneira crítica os problemas da mídia. A mídia se apresenta como um produto sem sujeito. As atrações da televisão são criadas em complexas estruturas empresariais, organizadas de acordo com demandas comerciais, expectativas do público e preocupações da produção. Muitas vezes são vítimas de um preconceito fruto da ignorância, quando não de um mal disfarçado elitismo. A impressão é de uma certa vergonha de se falar da mídia, relegando os meios de comunicação ora à esfera do simples entretenimento ou classificando-a como o mal em si. Nos dois casos, substitui-se a análise pela dedução rápida e malfeita de alguns dados. A mídia, aparentemente, é relegada aos espaços vazios do cotidiano[65].

Mesmo em alguns centros universitários de pesquisa esse tipo de postura ainda se manifesta. Um rápido histórico das pesquisas em comunicação mostra esse mal-estar diante da chamada "Cultura de Massa" por parte de uma parcela da academia. Na seleção dos temas "nobres" e "vulgares" dentro do campo de pequisa, um estudo sobre *Quincas Borba*, de Machado de Assis, impressiona muito mais do que alguns textos sobre um desenho animado ou um seriado infantil, por exemplo.

No entanto, já nos anos 30, Antonio Gramsci apontava a necessidade de conhecer essas formas de cultura popular para entender as aspirações e pensamentos de um povo. Em um país no qual poucas pessoas ouviram falar de Machado de Assis, mas milhões assistem religiosamente a sua telenovela, a crítica torna-se mais atual. Não é possível compreender o modo de vida brasileiro sem levar em conta a novela das oito, o *Jornal Nacional* e o *Programa Sílvio Santos*. De tempos em tempos, os estudos de comunicação debruçam-se sobre esse problema, e a perspectiva de estudo das manifestações populares e de massa parecem conseguir um espaço maior. Em vez da rejeição ingênua, a análise crítica toma o lugar para encontrar, no ser humano, a raiz dos problemas humanos[66].

---

[65]. "Assistir televisão é algo que se faz quando não se está no trabalho. Além disso, é uma atividade separada de outras atividades sociais" (McQUAIL, D. et al. "The television audience: a revised perspective". In: McQUAIL, D. *Sociology of mass communications*. Middlesex (UK): Penguin, 1972, p. 138).

[66]. BRUNKHORST, M. "Critical theory and the analysis of contemporary mass society". In: RUSH, F. *Critical theory*. Londres: Cambridge, 2004, p. 252.

A televisão não existe de maneira autônoma. Por mais que o produto se sobreponha à imagem do produtor, há seres humanos envolvidos no processo. Todavia, o sujeito desaparece diante da produção, criando, a longo prazo, a impressão de existir sem a ajuda de ninguém. Dessa maneira, critica-se o efeito deixando a causa livre para continuar agindo. A explicação está no homem, mas buscando-se a responsabilidade no produto evita-se um confronto a longo tempo esperado entre produtores e público. Uma história, tomada da mitologia grega, talvez ajude a entender a questão.

A interpretação inerente à prática jornalística, embora atacada e excluída das discussões sobre o tema, fica evidente quando se observam as narrativas possíveis a partir de uma realidade. A análise crítica dos meios de comunicação exige não apenas disposição para pesquisa como também a formação necessária para julgar, não de acordo com opiniões particulares, mas com base em dados e elementos de comparação.

Aristóteles, em seu tratado "Sobre a Alma", deixa bastante clara a falácia da separação entre crenças, opiniões e discursos – toda crença, explica, tem como fundamento um discurso racional[67]. Duas das principais características atribuídas ao jornalismo referem-se à sua isenção perante os fatos reportados e o retrato fiel da realidade. Todavia, no momento em que se traduz um código sensorial para outro, diversas interpretações são feitas, interpretações essas condicionadas por diversos fatores, que oscilam da escolha das palavras à manipulação deliberada do acontecido[68].

"Qual é o animal que anda com quatro patas pela manhã, com duas à tarde e três de noite?" Segundo os antigos gregos, essa era a pergunta feita pela Esfinge, um ser com corpo de leão e cabeça de homem. Quem não soubesse a resposta era comido pelo animal. Consta que foi Édipo, o infeliz rei da mitologia, quem conseguiu solucionar o enigma e matar a Esfinge, tornando-se soberano da cidade de Tebas. A resposta do enigma era o próprio homem – no início da vida engatinha, na idade adulta anda e, na velhice, apóia-se em alguma coisa.

---

67. "Mas opinião envolve crença (pois sem crença no que opinamos não se pode ter uma opinião). Assim, toda opinião é acompanhada de uma crença, a crença pela convicção e a convicção por um discurso racional" (ARISTÓTELES. *On the soul*. In: *Complete Works*. Princeton: Princeton University Press, 1997, p. 681 (428a)).

68. "Mesmo admitindo o pleno acesso a redes interativas, não desaparece nem desaparecerá o facilitador, o articulador, o comunicador que rege a produção de conteúdo e *edita a narrativa da contemporaneidade*" (MEDINA, C. *O signo da relação*. São Paulo: Paulus, 2005, p. 22).

Alguns enigmas contemporâneos também desafiam o ser humano a encontrar a resposta em si mesmo. Mas, assim como no caso da Esfinge, teima-se em procurar a resposta fora do homem. O exemplo mais recente é a crítica à qualidade da mídia. Os meios de comunicação nos interrogam continuamente a respeito do mundo existente e das pretensões do homem a respeito de si mesmo, mas muitas vezes, na crítica, o problema parece estar além da humanidade, existindo de maneira autônoma.

A pesquisa brasileira em comunicação ainda não tem quarenta anos, mas é possível verificar uma mudança nos objetos e na própria abordagem dos temas. Há um movimento lento mas constante no sentido de agregar novos produtos de comunicação, antes malvistos – como histórias em quadrinhos ou desenhos animados – como elementos válidos de estudo. A evolução das pesquisas em comunicação no Brasil comprova o fato.

Basta notar, por exemplo, o caminho percorrido pela telenovela nos ambientes universitários. Objeto de estudo praticamente desconhecido até meados dos anos 70, ensaiando sua presença em alguns trabalhos de pós-graduação, atualmente é alvo de centenas de teses, artigos de jornais e revistas acadêmicas, núcleos de pesquisa foram fundados especialmente para compreender esse produto de comunicação.

Em linhas gerais, a pesquisa em comunicação no Brasil começa ainda nos anos 60. É curioso verificar um intervalo de dez anos entre a implantação da TV, em 1950, e os primeiros estudos com vistas à sua compreensão. Esse atraso entre a técnica, trazida de fora, e a avaliação de seu impacto na cultura brasileira é apenas mais uma das "idéias fora do lugar", como batizou o crítico Roberto Schwarz. Trabalhos anteriores são praticamente históricos ou, na melhor das hipóteses, artigos ocasionais de jornalistas sobre a imprensa. É possível ver nisto alguma injustiça para com inúmeros pioneiros da pesquisa, mas a sistematização da comunicação para a pesquisa realmente só tem lugar a partir de 1960.

Os estudos de comunicação levam de volta ao ser humano, ao "paradigma perdido" da humanidade como bem caracteriza o filósofo francês Edgar Morin. As pesquisas atuais, focalizando dimensões humanas da produção e consumo da mídia, mostram, mais uma vez, a resposta às perguntas da Esfinge – a partir do ser humano, de volta ao ser humano[69].

---

69. MORIN, E. *Le paradigme perdu*. Paris: Seuil, 2003, p. 142.

A ascensão da cultura de massas como elemento dominante da esfera de bens simbólicos está intimamente aliada à ascensão de uma classe ao poder. Especialmente após a Revolução Industrial, assumindo o papel principal nas esferas econômicas, a nova classe passou a dominar as relações culturais e políticas. É nesse panorama que surge, ao lado da produção de bens concretos nas fábricas, a produção em massa de bens simbólicos[70].

Em pouco tempo, a mídia passa a influenciar as fronteiras entre o legítimo e o ilegítimo no terreno do pensamento. A cultura assim difundida não é, como podem afirmar, uma "cultura de massa" opondo-se a uma "cultura erudita", como nos tempos do monge e do aldeão, mas uma deformação de ambas, do erudito e do popular, transformados em um produto para consumo rápido e imediato.

A hegemonia dos meios de comunicação e da estrutura educacional garante a reprodução da estrutura dominante que não seria possível sem o desenvolvimento de um sistema de informações que atingissem largos públicos – não por acaso, a comunicação e a educação[71]. Um dos principais recursos da indústria cultural foi associar as condições de produção e o desenvolvimento econômico ao caráter.

A cultura de massa é uma criação coletiva, resultado de um processo industrial aonde atuam diversos profissionais, cada um deles com uma função diferente. A criação individual não poderia suprir as demandas de um público de massa, esperando ansioso por ler ou assistir a mesma coisa a cada edição.

Ocorre um deslocamento geográfico: enquanto a chamada "alta cultura" tem sua matriz na Europa, a comunicação de massa é um produto norte-americano – o que leva ao imediato questionamento do espaço de outras culturas nesse sistema hegemônico, porquanto esse deslocamento da produção cultural manteve afastada do processo qualquer cultura fora do eixo do Atlântico Norte. Se a cultura européia se desenhava como a "cultura" em seu sentido erudito, e a comunicação

---

70. "Popular, obviamente, refere-se a 'povo' ou 'população'. Comunicação popular é, dessa maneira, ligada a esses assuntos aos quais o povo está exposto. Os textos que comprovam a comunicação popular são largamente distribuídos, conquanto textos podem ser compreendidos como um conjunto de signos que contribuem para uma definição coletiva de significados" (GUNN, J. & BRUMMETT, B. "Popular communication after globalization". *Journal of Communication*, vol. 53, n. 1, 2003, p. 708).

71. BOURDIEU, P. *Les héritiers*. Paris: Minuit, 1993.

de massa norte-americana estruturava-se na forma de uma indústria cultural, qual é o sentido da produção cultural do resto do globo?

A transmissão em massa de uma cultura contribuiu, ao longo do século XX, para a criação de um senso comum mundial como reflexo de uma comunicação sem limites de espaço ou tempo. Os processos de hibridização cultural em várias partes do mundo pode ser entendido como o encontro/choque entre as culturas tradicionais de um grupo ou nação e a cultura de massa.

A produção em série definiu-se ainda nos primórdios de sua existência. Não se tratava de um ato criador como o do pintor, mas de uma atividade comercial tão simples como qualquer outra. Produz-se filmes ou notícias como em uma fábrica faziam-se rosquinhas. Acrescente-se a isso o fato de que grande parte dessa produção é destinada ao público infanto-juvenil, despertando desde cedo o gosto por um produto de fácil consumo[72].

No entanto, é necessário relativizar a questão. Nenhuma relação cultural é linear. Ao contrário, trata-se de um jogo de forças políticas e culturais no qual o conflito é o elemento principal. As relações culturais são desenhadas de acordo com uma dialética de construção de uma hegemonia a partir de forças simbólicas em confronto – uma hegemonia sempre pensada a partir de seu oposto, a resistência[73].

É possível resistir a partir de dentro da própria indústria – e ao longo do século XX foi possível ver resultados artísticos provenientes do lado de dentro dos estúdios de cinema e das gravadoras; o talento do indivíduo não pôde ser sufocado sequer pela mais agressiva máquina de produção em série. Nada de um cenário favorável ou de uma perspectiva ingênua: os criadores dentro da indústria costumam encontrar mais resistência do que facilidades aos seus projetos e, em última instância, o sucesso continua sendo a medida final da produção.

Filmes, músicas e histórias em quadrinhos, por exemplo, conseguiram alcançar o *status* de arte, rivalizando com qualquer outra pro-

---

72. "O sujeito ideal da sociedade dos figurantes será assim reduzido à condição de consumidor do tempo e do espaço. Aquilo que não se pode comercializar tem por destino desaparecer" (BOURRIAUD, N. *Esthétique relationnelle*. Paris: Les Presses Du Réel, 2001, p. 8).

73. "A nova cultura de massa não opera oferecendo modelos. Em lugar disso, não há valores estáveis, não há papéis específicos que possam ser seguidos do começo ao fim" (POLAN, D. "Brief encounters". In: MODLESKI, T. (ed.). *Studies in entertainment*. Indianápolis: Indiana University Press, 2003, p. 182).

dução dos séculos passados. Há, atualmente, toda uma galeria de nomes importantes na cultura de massa com as mesmas credenciais dos criadores de outros campos – embora, na maior parte dos casos, com um capital simbólico menor[74].

Esse papel mediador entre a realidade e sua apreensão pelos seres humanos, exercido anteriormente pelos mitos e tradições, encontra seu correlato atual na mídia. Aliás, o próprio termo "mídia" vem de *medium*, palavra latina que significa "intermediário"[75].

A mídia vale-se de símbolos que representam elementos do imaginário. Símbolos, *a priori*, são elementos que representam outros. O escudo de um time de futebol não é apenas um punhado de linhas e cores. Cada figura, cada cor, cada detalhe têm sua importância no contexto, representando, ou seja, querendo significar outro elemento. Os símbolos desempenham papel importante na vida imaginativa. Eles revelam os segredos do inconsciente, conduzem a ação por caminhos que não são perfeitamente claros. Os símbolos, pois, além de representarem uma idéia abstrata, transcendem a dimensão puramente cognitiva. O "significado" de um símbolo transborda as fronteiras do racional, pois atinge camadas mais profundas da psique humana[76].

Símbolos são elementos recorrentes, que transmitem a idéia, a forma e imagem de outro objeto. O símbolo não tem valor semântico próprio, senão quando está ligado ao objeto real que o sustenta. Membros expoentes podem representar a instituição ou o grupo no imaginário do público[77].

Os estudos de Habermas apontam para uma radicalização desse princípio a partir de uma ênfase proposital no sentido comunicativo da ação

---

74. "A televisão passa inevitavelmente por um processo de 'museificação'. Apropriar os textos televisivos para um uso histórico, antropológico ou estético transforma o meio, conferindo-lhe a mesma dignidade, por conta de seu objeto, reservada aos museus, galerias de arte e currículos universitários" (THORBURN, D. "Television as an aesthetic medium". *Critical Studies in Mass Communication*, 4, 1987, p. 162).

75. "A mediação de massa necessária para a circulação de textos da cultura popular é complicada, sofisticada e cara. Embora textos da comunicação popular sejam usados pelo público em sua vida e práticas cotidianas, são distribuídos na esfera planetária por sofisticadas tecnologias vinculadas a maiores interesses" (GUNN, J. & BRUMMETT, B. "Popular communication after globalization". *Journal of Communication*, vol. 53, n. 1, 2003, p. 708).

76. EPSTEIN, I. *O signo*. São Paulo: Ática, 1994.

77. "O conhecimento é mediado pelo universo de símbolos, e culturas são constituídas por texturas simbólicas" (STRATI, N. "Organizational symbolic as a social construction: a perspective from the Sociology of Knowledge". *Human Relations*, vol. 51, n. 11, 1998, p. 1386).

social. Suas análises voltaram-se, a princípio, para a análise do Direito e da gênese de uma "esfera pública", afastando-se temporariamente da crítica estética e da comunicação, núcleo do pensamento de Adorno e Horkheimer. No início da década de 80, porém, ele se volta para as perspectivas da comunicação, sob um prisma distinto da crítica precedente.

Em seu principal trabalho, a *Teoria da Ação Comunicativa*, Habermas consagra grande parte de seu texto para mostrar como a racionalização da comunicação foi fundamental para o processo de racionalização da sociedade. Não por acaso, nessa obra ele procede a uma detalhada análise das noções de ação social weberiana acrescentando-lhe uma dimensão comunicacional que tinha como objetivo atualizar as proposições frankfurtianas clássicas.

Ao propor uma base comunicativa para as interações sociais, Habermas consegue elaborar uma explicação dinâmica às ações sociais, desligando-se da teoria original frankfurtiana sem perder a perspectiva crítica da compreensão social. Habermas dedica uma longa parte de sua obra ao conceito weberiano de racionalidade, associando-o com a "teoria dos atos da fala", para demonstrar a associação entre as motivações religiosas do mundo e as possíveis racionalidades discursivas existentes. A religião, tanto quanto o discurso, são elementos propulsores da racionalidade social.

A passagem das formas simbólicas sagradas, para um sentido comunicativo só pode ser levada a cabo a partir da estruturação do fenômeno da interação como um fenômeno comunicativo[78]. Essa "elaboração lingüística da realidade", a transição da "ação ritual para a ação comunicativa" está intimamente ligada à própria configuração da esfera pública.

A elaboração teórica de Habermas pela primeira vez permite a estruturação de uma teoria social a partir de uma teoria da comunicação. Mais do que isso, a partir de uma teoria da "ação comunicativa", isto é, tomando o ato da fala não apenas como uma matriz geradora de ações, mas como a ação em si. Essa "reviravolta lingüística" é de vital importância por valorar adequadamente a comunicação social – entendida aqui em todas as suas formas – sem reduzir a análise à "sociossemiótica" do cotidiano.

---

78. HABERMAS, J. *Social change in public sphere*. Londres: Vintage, 2001.

A prerrogativa adotada neste trabalho, utilizando uma forma de comunicação para a confirmação de uma premissa da Sociologia do Conhecimento, deriva certamente da perspectiva longamente trabalhada por Habermas na *Teoria da ação comunicativa*. "Uma teoria da comunicação elaborada em termos da pragmática formal [...] poderá ser utilizada para uma teoria sociológica da ação se conseguir mostrar de que forma os atos comunicativos, isto é, os atos da fala, ou as funções não-verbais equivalentes, cumprem a função de coordenar a ação, *contribuindo assim para a estruturação das interações*"[79].

A estreita ligação entre o desenvolvimento da comunicação como fator de racionalização da sociedade ocidental já era esboçado em obras anteriores. A formação da esfera pública, por exemplo, só acontece efetivamente quando do surgimento da imprensa para a progressiva imersão de interesses particulares na esfera institucional.

Não por acaso, no estudo das práticas cotidianas que constitui a primeira parte de sua *Estética*, Lukács deixa claro a objetivação no mundo social das intenções do sujeito – particularmente por meio da linguagem. "A vida humana, seus pensamentos, seus sentimentos, suas práticas e reflexões são inimagináveis sem a objetivação. [...] As formas básicas da vida humana específica, o trabalho e a linguagem têm muitos aspectos no caráter de objetivações. [...] A linguagem do cotidiano apresenta, antes de tudo, uma peculiaridade que já destacamos: é um complicado sistema de mediações a respeito do qual o indivíduo que dele faz uso se comporta de modo imediato"[80].

Tendo na linguagem sua matéria-prima, os meios de comunicação de massa são instâncias mediadoras por excelência da realidade social, em uma redefinição contínua da constelação de conhecimentos potenciais e sua atualização. A notícia é o retrato do senso comum, das práticas e idéias presentes no circuito social, a forma de conhecimento mais próxima do cotidiano, estabelecendo uma relação de causalidade dialética entre o público e o publicado[81].

---

79. HABERMAS, J. *Teoria de la acción communicativa*. Madri: Taurus, 2001, p. 358.
80. LUKÁCS, G. *Estética*. Madri: Taurus, 1987, p. 39 e 59.
81. "As análises de cultivação revelam que o os *heavy viewers* percebem uma realidade mais vinculada ao 'mundo da TV' do que ao 'mundo real'. Assistir televisão gera representações erradas da realidade social" (CARLSON, J. "Television viewing: cultivate perceptions of affluence and support for capitalist values". *Political Communication*, vol. 10, 1993, p. 243. Londres).

Para o profissional de comunicação, "contar histórias" significa relatar um fato, desenvolver uma narrativa minimamente coerente que contemple um começo, um desenvolvimento de acordo com regras estilísticas – a chamada "pirâmide invertida" – e um fim, envolvido em uma série de fatos anteriores. Toda história tem um começo, um meio e um fim. E, sobretudo, tem um sentido, uma moral. A apreensão da realidade pelo raciocínio é um longo processo que envolve diversas etapas. Desde a percepção até a compreensão efetiva do fenômeno, há seleções, análises e construções de acordo com conhecimentos prévios que transformam a informação original em conhecimento[82].

Dessa forma, o uso dos meios de comunicação para a veiculação de discursos específicos representa a combinação de instâncias de socialização e de construção de universos simbólicos que pautariam a ótica que terá o leitor-receptor da realidade[83].

Os produtos de comunicação são criados em organizações complexas, originárias de contextos sociais diversos e produzidos coletivamente por profissionais treinados para trabalhar com informação. O profissional de comunicação, como outro qualquer, transforma sua matéria-prima – a informação em estado bruto – em um produto adequado a um determinado público. Esse produto final pode ser uma notícia, um filme, uma telenovela, um comercial de televisão.

As rotinas profissionais da comunicação nem de longe deixam espaço para uma preocupação de caráter ideológico que vá além das condições de produção de, digamos, uma notícia. O tempo para entregar o trabalho, as dificuldades para conseguir a informação, a pressão dos superiores para se fazer um bom trabalho, além de inúmeros outros fatores pessoais e sociais tendem a direcionar a atividade do profissional de comunicação para uma constante luta contra o relógio. Os elementos de caráter político ou ideológico estão subjacentes às práticas da comu-

---

82. "Como mediador-autor, numa concepção contemporânea, ele é um sujeito em relação com os outros sujeitos que liberam informação e os sujeitos fluidores da produção simbólica veiculada nos meios de comunicação" (MEDINA, C. *O signo da relação*. São Paulo: Paulus, 2005, p. 122).

83. *"Perceptions of the source affect judgements about the validity of information. Further, erros in source memory affect people's accuracy in deciding what information is valid"* (MARES, M.-L. *"The role of source confusions in television's cultivation of social reality judgements"*. *Human Communication Research*, vol. 23, n. 2, 1996, p. 282).

nicação de massa em um nível de profundidade estrutural vinculado ao meio social[84].

Qualquer pessoa que já trabalhou em uma agência de publicidade ou em uma redação sabe que, faltando poucos minutos para o término de um prazo, é difícil pensar nas implicações políticas ou ideológicas do produto. Tais determinações existem, sem dúvida, mas é uma das últimas preocupações do jornalista, do radialista ou do publicitário. Raramente há manipulação deliberada de um fato ou a distorção de uma notícia – isso ocorre, mas motivado por uma "visão de mundo" com raízes no contexto político-social, não no próprio campo da comunicação. O jornalista, por exemplo, não consegue ter consciência – muito menos controle – de todas as variáveis implicadas na construção de uma notícia[85].

O processo, portanto, não é inteiramente consciente. Do repórter que presencia determinado acontecimento até a recepção do produto midiático pelo leitor, a realidade passa por processos vários de reconstrução, seleção, adaptação e edição, que distanciam o produto final da realidade objetiva, criando um efeito de distanciamento entre as instâncias arbitrárias de decisão e sua objetivação no poder simbólico exercido[86].

Trata-se, com efeito, de um poder quase mágico que permite obter o equivalente daquilo que é obtido pela força (física ou econômica), graças ao efeito específico de mobilização, e só se exerce se for reconhecido, quer dizer, ignorado como arbitrário[87]. A objetividade aparente da informação é, por si só, um instrumento de legitimação de todo o processo de codificação. Ao ler o jornal, o público pode imaginar-se face a um retrato da realidade, sem distorções ou manipulações[88].

---

84. "Hoje em dia pensa-se mais em como o público usa a mídia do que vice-versa. Essa nova consideração da verdadeira natureza do funcionamento dos meios de massa levou a uma compreensão das limitações da comunicação – entender o comunicador como indivíduo vinculado a uma organização" (McQUAIL, D. *"Uncertainty about the audience and the organization of communications"*. The Sociological Review, n. 13, 1969, p. 75).
85. "As características do pano de fundo individual e fatores relacionados com a mídia parecem relevantes para formar a agenda do jornalista. No entanto, não podemos esperar encontrar muita variação entre os jornalistas. Afinal, em seu papel como membro de uma audiência, jornalistas também estão sujeitos aos efeitos da agenda pública" (PEISER, W. "Setting the journalist agenda: influences from journalists'individual characteristics and from media factors". *Journalism and Mass Communication Quarterly*, n. 77/2, 2000, p. 246).
86. BARROS, C. & MARTINO, L.M. *O habitus na comunicação*. São Paulo: Paulus, 2003, p. 52.
87. BOURDIEU, P. *Le sens pratique*. Paris: Minuit, 1990, p. 14.
88. SOTIROVIC, M. "How individuals explain social problems: the influence of media use. *Journal of Communication*, vol. 53, n. 1, 2003, p. 132.

Nesse particular, Niklas Luhmann estabelece que os meios de comunicação, como instituições sociais, impõem aos outros a obrigatoriedade de acatar as escolhas alheias como critério de ação social. Assim, para que o agente social possa compreender o que o circunda, é preciso que se opere uma seleção e organização dos símbolos do mundo real e uma redução da complexidade social[89].

Sua principal estratégia para a consolidação de sua representação como um dado científico, portanto digno de reconhecimento social, foi adotar um dos conceitos mais caros aos pesquisadores de todas as áreas: a idéia da objetividade do conhecimento. Afinal, "as relações de comunicação são, de modo inseparável, relações de poder que dependem, na forma e no conteúdo, do poder material e simbólico acumulado pelos agentes"[90].

O campo do jornalismo estabeleceu a notícia como um tipo ideal, capaz de refletir uma realidade exterior aos seres humanos, livre de toda e qualquer interpretação subjetiva[91]. Isso gera um novo "campo limitado de significação" não mais em sua seqüência intencional subjetiva, mas retrabalhada como um simples acontecimento tecido em uma colcha de retalhos cotidiana[92].

As práticas cotidianas, objeto principal da notícia, são carregadas de significados unicamente objetivados quando de sua representação. A ação social intersubjetiva no chamado "mundo da vida"[93] quando objetivada em uma notícia, permite uma melhor contextualização e compreensão de suas intenções e motivações[94].

Um estudo sobre a Estética da Comunicação não pode ignorar as objetivações da ação social retratadas nos meios de comunicação. O conhecimento intersubjetivo, nas sociedades contemporâneas, circula

---

89. LUHMANN, N. *Social systems*. California: Standford University Press, 2005, p. 140.
90. BOURDIEU, P. *Le sens pratique*. Paris: Minuit, 1990, p. 186.
91. WEBER, M. *conomia e sociedade* . Brasília: UnB, 2001, p. 12.
92. BERGER, P. & LUCKMANN, T. *The social construction of reality*. Londres: Penguin, 2002, p. 43.
93. SCHUTZ, A. *The structures of life-world*. Illinois: Northern Press, 2004.
94. "Comunicação é seletividade coordenada. Surge apenas a partir da base de informações do ego" (LUHMANN, N. *Social systems*. Califórnia: Standford University Press, 2005, p. 154).

sobretudo a partir dos meios de comunicação[95]. A própria linguagem, principal instrumento de interação, é continuamente redefinida em sua utilização na mídia. Compreender os mecanismos arbitrários de construção da notícia é um meio eficaz, desde que bem elaborado, para entender as relações igualmente arbitrárias de construção da realidade social.

Ou, como afirmam Berger e Luckmann, a linguagem da vida cotidiana oferece as objetivações necessárias e determina a ordem em que estas adquirem sentido e na qual a vida cotidiana ganha significado para mim. A linguagem marca os parâmetros da vida em sociedade.

Dentre as estratégias de ação simbólica utilizadas pelas instituições, provavelmente a que resultou em maiores modificações para um poder constituído foi, sem dúvida, a utilização em larga escala dos meios de comunicação. A partir do momento, em meados do século XX, que as organizações notaram que sua expansão estava intimamente ligada ao controle da mídia. Ao mesmo tempo, as mensagens concorrentes, representadas cotidianamente pelas emissoras de rádio e televisão tornaram-se portadoras de uma mensagem concorrente, de conteúdo diverso, muitas vezes em oposição, ao das outras emissoras. As instituições sociais viram-se, de um momento para o outro, ameaçadas por uma nova e avassaladora forma de comunicação em larga escala, que poderia, de um momento para o outro, aniquilar toda a mensagem institucional.

As condições de negação de um fato evidente, por outro lado, esbarram tanto nos princípios de modernidade quanto na própria necessidade de ampliação de uma mensagem informativa, na medida em que as conjunturas de uma ação arcaizante encontram sérias dificuldades para sobreviver a mudanças no mecanismo de ação de um novo modelo social. O resultado foi a assimilação das técnicas e práticas dos meios de comunicação pelas instituições – políticas, escolares e religiosas. Houve, a partir daí, uma reconfiguração nesses campos, e as formas até então autônomas de poder simbólico passaram a agir em uma curiosa intersecção de valores, práticas e mesmo um *ethos* próprio.

---

95. BERGER, P. & LUCKMANN, T. *The social construction of reality*. Londres: Penguin, 2002, p. 40.

A potencialidade da mídia foi objeto de inúmeros estudos no campo da comunicação, sobretudo para oferecer uma base segura de ação, tanto para conhecer quanto para combater eventuais efeitos da mídia. Problema central nas ciências humanas, o processo de comunicação ganhou novas formas institucionais e sociais, exigindo uma resposta sociológica adequada que explicasse, ainda que parcialmente, o fenômeno. Por que, perguntava-se, as instituições sociais dependiam tanto dos sistemas de comunicação para agir? Até que ponto havia uma medida crucial de trabalho pelas instituições a ponto de precisarem da mídia para obter e garantir uma visibilidade social – não apenas de conhecimento, mas de reconhecimento e reforço dos aspectos institucionais?

Em um cotidiano no qual o conhecimento de uma idéia é vinculado à sua divulgação constante pela mídia, a facilidade de disposição dos elementos doutrinários de qualquer instituição nos meios de comunicação constitui um canal poderoso de reprodução de um *status* dominante, além de sustentar-se como elemento de poder dentro da própria instituição. É evidente que a reação possível de um público, neste caso, é indiretamente percebida pelos produtores da mensagem, que só são capazes de aferir a utilidade de sua ação a partir de outras variáveis existentes no campo – o fluxo de participantes em uma instituição.

A esse respeito, Park afirma que "a vantagem de substituir o curso real dos acontecimentos por palavras, conceitos e uma ordem lógica está em que a ordem conceitual torna inteligível a ordem real"[96].

O modelo de Schramm pode ser criticado sobretudo pela pequena relevância dada ao receptor, apresentado como um mero coadjuvante no processo, reduzido a aceitar ou rejeitar de maneira indireta todo o fluxo de mensagens possíveis de uma instituição. Sua validade, porém, está em mostrar a adequação dos discursos exteriores ao ponto de vista institucional, em uma contínua reelaboração da realidade e do conhecimento possível objetivado nas estruturas de ação exemplificadas institucionalmente.

Conforme explicam Berger e Luckmann, "os universos simbólicos são produtos sociais que têm uma história. Se quisermos entender seu significado temos que entender a história de sua produção. Isto é tanto

---

96. PARK, R. "News as a form of knowledge". In: STEINBERG, C. *Mass media and communication*. New York: New York University Press, 1964, p. 165.

mais importante quanto estes produtos da consciência humana que, por sua própria natureza, apresentam-se como plenamente desenvolvidos e inevitáveis"[97].

A definição do conhecimento legítimo do mundo resulta em um paradoxo: de um lado, formas políticas das mais variadas espécies tentam obter a autoridade diante do indivíduo, procurando aliená-lo de sua liberdade em favor de recompensas e bem-estar. Do outro, o indivíduo fragmentado, sem bases sólidas nas quais depositar sua confiança e sua crença, procurando compreender-se em um mundo igualmente fragmentado e caótico. Em outras palavras, encerrava-se, de um lado, o problema da liberdade e da autonomia; de outro, a busca por um imperativo categórico provedor de sentido e ação à vida humana[98].

O caos, a falta de linearidade e sentido entre as ações, é uma realidade facilmente observável. A compreensão do todo, que facilitaria em muito a vida humana, é praticamente impossível. Em particular nas grandes cidades, é difícil dizer o que vai acontecer na manhã seguinte, quanto mais prever, com o mínimo de segurança, o que acontecerá nos próximos meses.

Qualquer criança hoje entende o funcionamento de linhas aéreas e de um aeroporto, mas para um adulto de 1910, tal perspectiva seria um sonho futurista. Por quê? Porque, estando no centro do problema, não conseguiria compreendê-lo senão sob um ponto de vista ainda mais restrito do que a visão daqueles que abordam o problema de longe.

Não é possível compreender fenômenos sociais em curso. Há um *moto perpetuo* social cuja estrutura é difícil de compreender. A simultaneidade de eventos não pode ser apreendida pela razão, não apenas pela falta de receptores sensoriais capazes disso, como também pela falta de compreensão das relações causais no cotidiano. Há um paradoxo evidente entre a alta quantidade de eventos simultâneos e o pequeno número de relações de causa e efeito que podem ser ligadas a eles.

As notícias nada mais são do que uma seleção de fragmentos de uma realidade desordenada. No máximo, traçam linhas condutoras para organizar esse caos, mas não conseguem evitar a falta de compreensão

---

97. BERGER, P. & LUCKMANN, T. *The social construction of reality*. Londres: Penguin, 2002, p. 142.
98. CANIVET, Michel. "Le principe éthique d'universalité et la discussion". *Revue Philosophique de Louvain*, tome 90, fev./1992, p. 34.

da realidade, ainda que a martelem constantemente na mente dos leitores. O paradoxo entre os acontecimentos – aqui transformados em notícias – e a compreensão de suas causas, de suas derivações ou mesmo do sentido social de cada fato aplica-se neste caso. A informação é, pelas próprias características da imprensa, desordenada. Não há, se compararmos jornais, revistas, telejornais, etc., uma linha condutora clara no sentido de estruturar o mundo de maneira coerente[99].

Um transeunte, em qualquer avenida grande de uma metrópole, é o exemplo claro disso. A compreensão de tudo o que se passa à sua volta é muito pequena. Tanto em macro quanto em microescala, a gama de fenômenos que se desenrolam ao seu redor durante um simples passeio é tão grande que se torna impossível de ser acompanhada. Todos têm suas causas, todos têm suas razões, mas essas causas e razões, fundamentos últimos do moto existencial, são desconhecidas. Ou, o que é pior, quando conhecidas, não fazem nenhum sentido mais claro.

Na medida em que as estratégias de definição do mundo utilizadas pela mídia ganham espaço no cenário cotidiano, a crítica à utilização deliberada dos meios de comunicação torna-se mais um *front* nessa batalha simbólica pela legitimidade de explicação do mundo[100].

B. Mídia e realidade em *A hora da estrela*

A relação intersubjetiva é dinâmica, transformando-se por si só à medida que os homens transcendem a realidade social na criação de novas formas de relação com seu meio e com os outros. A procura de um elemento único e determinante para essas transformações tem se mostrado inviável para as ciências humanas por conta de sua ação redutora da complexidade social a um único fator, seja econômico, seja tecnológico, seja mesmo abstrato. Daí os malabarismos dialéti-

---

99. "As pessoas aprendem da mídia algumas maneiras de compreender os eventos sociais. A excessiva personalização das notícias desvia a atenção das causas sociais, e focar a responsabilidade individual absolve aqueles cuja posição de poder torna-os responsáveis pelos fatos. Histórias pessoais são freqüentemente retiradas de seu contexto" (SOTIROVIC, M. "How individuals explain social problems: the influence of media use. *Journal of Communication*, vol. 53, n. 1, mar./2003, p. 134).

100. "Expressões como 'meios de massa' ou 'meios de comunicação de massa' são partes de uma teoria social que responde adiantadamente às principais questões que podem dizer respeito às conexões entre mídia e os processos sociais" (BENNET, T. "Theories of the media, theories of society". In: GUREVICH, M. et al. *Culture, society and the media*. Londres: Routledge, 2003, p. 30).

cos de qualquer teoria geral da relação humana que pretenda encontrar o motivo de suas transformações fora dessa relação. As falhas em seu intento decorrem da ausência de uma perspectiva na qual as demais variáveis possam ser levadas em conta. Creditar as transformações da intersubjetividade a alguma causa outra que não a relação entre os indivíduos é procurar a causa do problema além de seu campo de significação.

Qualquer natureza de determinismo não vence as feições múltiplas da existência considerada em seu aspecto estético, isto é, de sua centralidade existencial na percepção realizada pelo indivíduo em sua vida cotidiana. As transformações no espaço da intersubjetividade acompanham a história e, em certa medida, são a própria história. Uma história universal não pode deixar de ser vista como uma história das relações humanas – seja com o Outro, seja com o meio.

O resultado de uma mudança na maneira dos homens se comunicarem, isto é, entrarem em relação, muda a natureza dessas mesmas relações. No entanto, é preciso notar, as mudanças na forma de comunicação não podem ser entendidas como um fundamento ontológico como o criticado nos parágrafos anteriores; ao contrário, essas mudanças estão de tal maneira atreladas a toda uma cadeia de fatos que percorrem todo o horizonte humano, e se aqui concentra-se o foco na comunicação é por conta da centralidade de sua atuação na intermediação entre os seres humanos[101].

A definição das fronteiras da realidade social, bem como o preenchimento dos espaços de comunicação deixados vazios e existentes na intersubjetividade, é tarefa dos signos representantes de um sentido comum. Sua propagação no espaço social, tanto quanto na consciência dos indivíduos, é uma forma de ação comum da mídia. Em poucos momentos na literatura essa relação dialética entre uma existência individual carente de sentido – e, portanto, com poucos signos de repetição periódica – e o senso coletivo de preenchimento de espaços pela mídia é trabalhada de maneira crua como em *A hora da estrela*, de Clarice Lispector.

---

[101]. "Assim, o espaço público é o lugar que torna o diálogo possível, uma vez que a realidade é plural e depende da presença de diferentes perspectivas. Embora o mundo seja comum a todos, cada um está em uma posição diferente dentro dele – posições que nunca coincidem" (JOVCHELOVITCH, S. "Social Representations in and of the public sphere". *Journal for the Theory of Social Behavior*, 25: 1, p. 84).

Muito já foi dito a respeito das características desse livro. A posição singular desse último romance na obra da escritora é tema bastante discutido na crítica literária. Na produção da autora, no entanto, esse livro destaca-se pela presença da mídia – no caso, o rádio – em um papel secundário, mas revelador de importantes características das personagens e de sua construção de uma realidade, tanto interpessoal quanto social. Há pontos de contato e ruptura com a obra anterior da autora, embora este não seja o lugar para especificá-los.

O enredo é sobejamente conhecido: Macabéa, descrita como "nordestina", vai para um grande centro urbano na Região Sudeste. Arruma um emprego e mora com outras garotas em uma espécie de pensão. Sua rotina é o trabalho. Não tem amigas na cidade; suas distrações são ouvir rádio em um aparelho emprestado e eventuais passeios na cidade. Começa a namorar Olímpico de Jesus, mas o relacionamento dura pouco. Sua morte, no final do livro, passa despercebida no cotidiano da cidade grande. Há poucos eventos, nenhum deles fora do cotidiano[102].

Macabéa passa despercebida não fosse a insistência do narrador onisciente, Rodrigo S.M., em contar sua história – que ele qualifica de "sem importância", mas não mede esforços para contar. Macabéa existe, e esse é seu grande problema – assim como sua existência faz-se problema para o narrador[103].

É o único, na narrativa de Clarice Lispector, com um enredo no sentido mais tradicional – o próprio narrador auto-ironiza essa situação ao apresentar a anti-heroína sem nenhum respeito durante todo o livro. *A hora da estrela* tem uma história com começo-meio-e-fim, e essa disposição só não soa banal por conta das elucubrações de Rodrigo S.M. a respeito da banalidade da personagem, da história e de si mesmo, uma espécie de narrativa reflexiva – não no sentido de uma paródia na etimologia original – sobre a própria insignificância de contar uma história triste, nos moldes de uma teledramaturgia que, na época da criação do livro, ensaiava sair do modelo latino-americano para en-

---

102. O livro traz, como em outras obras suas, "experiências vividas por mulheres no interior de suas casas, em contato com as coisas mais humildes e com elas identificadas" (PERRONE-MOYSÉS, L. *Inútil poesia*. São Paulo: Cia. das Letras, 2000, p. 223).

103. "Paradoxalmente, a existência nega a lógica e o racional. [...] Daí a apresentação da vida 'real' como uma forma de paradoxo da vida em literatura. As personagens de Clarice vivem num caos e lutam para compreender sua razão de existir" (JOZEF, B. *A máscara e o enigma*. Rio de Janeiro: Francisco Alves, 1986, p. 211).

contrar um caminho brasileiro. Não deixa de soar irônico que a história mais simples seja, ao mesmo tempo, a mais parecida com as narrativas da televisão. A certa altura, o narrador deixa clara sua concepção de uma forma narrativa vazia:

> Apaixonei-me subitamente por fatos sem literatura – fatos são pedras duras e agir está me interessando mais do que pensar, de fatos não há como fugir (p. 16).

É sintomático que os meios de comunicação ganhem destaque exatamente no romance mais curto da autora, um romance em terceira pessoa, na qual um narrador se interroga continuamente a respeito da necessidade de escrever. A relevância e o sentido da narrativa são colocados em questão desde a primeira intervenção do narrador fictício, Rodrigo S.M.[104].

Narrador e personagem são tese e antítese em qualquer sentido comunicacional da existência: Macabéa, incomunicável pela falta de signos, e Rodrigo, sufocado em um universo denso de signos, denso o suficiente para fazer com que ele se questione a respeito da necessidade de aumentar essa quantidade de signos com a escrita. O narrador procura escapar, distanciar-se da narrativa. Fingir que não é dele a história, ao mesmo tempo em que a ela se apega. Um blefe para com o leitor[105].

Nesses momentos o argumento pessoal sobre a necessidade de escrever ganha espaço, a necessidade psicológica solapando as preocupações imediatas. Há pouca informação sobre ele, exceto por sua tentativa de jogar o foco desesperadamente sobre Macabéa, obsessão grande o suficiente para fazer o leitor desconfiar da insistência em desaparecer ou pelo menos fingir esse desaparecimento:

> Ela era calada (por não ter o que dizer) mas gostava de ruídos. Eram vida (p. 33).

---

104. "Na medida mesma em que a simplicidade é o ser da protagonista, escrever de outra maneira condenaria a história a ser 'exterior e explícita' como o narrador, em blefe, tenta nos afiançar que vai fazer. Já vimos que se trata de um blefe porque não há história mais interior e implícita do que esta que se constrói no pulsar de todas as suas instâncias estruturais" (QUEIROZ, V. "Tríptico para Clarice". *Revista Tempo Brasileiro*, 104, jan.-mar./1991, p. 134. Rio de Janeiro).

105. "Trata-se de uma 'suspensão do julgamento', da tentativa de referir o fenômeno experimentado com a mínima interferência dos valores interpretados. Pois nessa interferência residia o perigo das racionalizações" (LIMA, L.C. *Por que literatura*. Petrópolis: Vozes, 1969, p. 103).

Macabéa fala pouco porque tem poucos signos a trocar. Sua vida, despovoada de acontecimentos, não tem narrativas. Os pequenos fatos cotidianos tampouco são objetos de interpretação: a protagonista, por conta de sua baixa escolaridade, sequer tem o repertório necessário para atribuir sentidos profundos a quaisquer acontecimentos. Os signos ao redor dela não encontram um código para serem interpretados. Não existem, portanto, senão como "coisas" – no sentido atribuído por Wittgenstein – e não como unidades mínimas de interpretação. A realidade, para Macabéa, é difusa como um quadro impressionista; não existe com a nitidez que permite quaisquer perguntas ou questionamentos:

> Só uma vez se fez uma trágica pergunta: quem sou eu? Assustou-se tanto que parou completamente de pensar (p. 32).

Ao contrário da maioria das outras obras de Clarice Lispector, em *A hora da estrela*, os monólogos interiores são as reflexões do narrador, não da protagonista. Não há palavras suficientes no repertório de Macabéa para construir um discurso intrapessoal que ultrapasse as fronteiras do óbvio. A realidade, para ela, simplesmente "é", sem maiores questionamentos. A simplicidade de sua visão de mundo reside exatamente em sua impossibilidade de compreender as inter-relações que vão além de seu campo empírico de observação. Seu mundo despovoado de signos é plano e branco, sem nuances ou relevo. Poucas mudanças em uma paisagem tomada por natural – uma paisagem de silêncio[106].

No entanto, a situação de incapacidade de uma definição da realidade além do imediato não impede Macabéa de manter sua consciência ativa. Na falta de possibilidades para entender com exatidão o mundo ao seu redor – para o que precisaria de uma quantidade maior de signos da qual não dispõe, ela "sente" o mundo, utiliza como pode os dados da intuição sensível no sentido de compreender, ainda que em sentido vago, aquilo que os dados imediatos de sua consciência intuem ser contraditórios – uma vaga percepção acompanhada pela formula-

---

[106]. "Silêncio tanto mais contundente quanto não apenas ele se coloca, mas quanto mais ele se coloca como a captura da coisa em si. Quanto esta coisa em si (Macabéa), tece-se como signo do vazio existencial, de precariedade, na ordem da linguagem e na ordem do simbólico" (QUEIROZ, V. "Tríptico para Clarice". In. *Revista Tempo Brasileiro*, 104, jan.-mar./1991, p. 141. Rio de Janeiro).

ção, no plano do *logos*, de uma interpretação racional do que acontece consigo mesma e com o mundo ao seu redor[107].

Reduzindo a complexidade social a parâmetros apreensíveis, coube à mídia também determinar alguns padrões e normas de conduta, assim como a devoção a um deus ou um santo implicava um ônus gerado pela necessidade de proteção. Mais do que o ônus monetário – o cidadão paga pelo jornal –, há o ônus do consumo, determinado pela capacidade de manutenção de uma estrutura. Para se informar sobre o que está acontecendo, o cidadão precisa dispor de tempo, vontade e referenciais cognitivos suficientes para o entendimento da mensagem, dos quais Macabéa não dispõe[108].

Incapaz de decifrar com clareza os signos, Macabéa percebe a realidade como uma sensação vaga e tenta, como pode, criar relações interpretativas entre os signos que a cercam. No entanto, isso não é possível e ela se vê novamente obrigada a ver o mundo como um dado já estabelecido e, portanto, esfera do absoluto para além da qual nada pode ser modificado. O cotidiano é um sentido fixo para Macabéa – é porque foi e continuará sendo. Na falta de signos para serem combinados, a realidade se afigura como um panorama imutável[109].

> Chegou à conclusão que na verdade ninguém jamais a ofendera, tudo o que acontecia era porque as coisas são assim mesmo e não havia luta possível, para que lutar? (p. 40).

Um aparelho de rádio emprestado é o principal canal de informação da protagonista, sua janela de contato para o mundo. No entanto, não se trata de uma rádio qualquer: a Rádio Relógio, que transmite

---

107. Nesse sentido, sua relação com o mundo é de contemplação, mas em um nível exclusivamente sensorial. "Na atitude estética suscitada por um gênero particular de emoção suscitada por um gênero particular de objeto, o corpo e os cinco sentidos perdem sua vocação para a preservação da vida. [...] O intelecto não está mais ligado aos fins do conhecimento, isto é, à exploração do mundo ambiente com vias a se tornar seu mestre e senhor" (LESCOURRET, M. *Introduction à l'esthétique*. Paris: Flammarion, 2005, p. 58).

108. "Os meios de massa, a televisão em particular, tornaram-se o canal central a partir de onde aprendemos o que existe, o que é importante, o que é certo no mundo" (GROSS, L. "How true is television's image?" In: UNESCO. *Getting the message across*. Paris: The Unesco Press, 1975, p. 32).

109. "A linguagem cotidiana nos faz esquecer que toda linguagem é cifrada. Aparentemente, a comunicação indica que os parceiros se entendem. Se não se limitarem à troca de cumprimentos banais, cedo perceberão que a informação mais simples está cercada de equívocos" (LIMA, L.C. *Dispersa demanda*. Rio de Janeiro: Francisco Alves, 1980, p. 197).

"hora certa e cultura". Emissora comercial, a Rádio Relógio é a estilização máxima da programação cheia de signos, mas vazia de significados presente na mídia:

> Todas as madrugadas ligava o rádio emprestado por uma colega de moradia, Maria da Penha, ligava bem baixinho para não acordar as outras, ligava invariavelmente na Rádio Relógio, que dava "hora certa e cultura", e nenhuma música, só pingava em som de gotas que caem – cada gota de minuto que passava. E sobretudo esse canal de rádio aproveitava intervalos entre as tais gotas de minuto para dar anúncios comerciais – ela adorava anúncios (p. 37).

Trate-se de manifestações culturais regionais ou uma obra de filosofia, na transformação em produto para a venda, todas passam por uma padronização, necessária ao consumo de massa. Assim como uma determinada marca de macarrão não pode precisar as sutilezas de paladar de cada consumidor, criando seu produto para um hipotético "consumidor médio", as manifestações culturais perderam seu caráter de representação de um autêntico sistema de valores ou modo de vida, mas apenas de "cultura para consumo imediato"[110]. As drágeas informativas da Rádio Relógio são exatamente esse tipo de formação.

A mídia faz com que no *star system* os ídolos sucedam-se com uma velocidade cada vez maior na consciência do público, evitando, dessa maneira, tempo para uma apreensão crítica do que é veiculado[111]. O acúmulo de informações, somado à falta de tempo para pensar no assunto, resulta em uma situação quase ideal para a difusão dos conceitos desejados. Quanto maior o grau de repetição de uma mensagem, maior a chance de assimilação. Na Rádio Relógio o índice de repetição torna-se assustador a ponto de prescindir do produto: a repetição ganha o nível de ontologia do meio[112].

---

110. Nessa linha, Benjamim identifica a massa como uma nova instância de consumo, que modificaria, por si só, a percepção da obra. Além disso, delimita a perda estética da obra transformada em mercadoria (cf. BENJAMIN, W. "The work of art in time of mechanical reproduction". In: ID. *Illuminations*. New York: Fontana, 2005).

111. MORIN, E. *Cultura de massas no século XX*. Rio de Janeiro: Forense, 1985, p. 16.

112. "É o fato da organização compositiva da imagem como uma realidade substitutiva, ontologicamente mais relevante e privilegiada que a realidade constituída através da experiência pessoal e da intersubjetividade individualmente mediada. A tela se converte em realidade, ou seja, converte-se em realidade a obra tecnicamente composta, o espetáculo produzido pela mídia" (SUBIRATS, E. *Vanguarda, mídia, metrópole*. São Paulo: Studio Nobel, 1993, p. 41).

Apesar disso, é digno de nota que Macabéa não é retratada consumindo os elementos da cultura de massa.

A Rádio Relógio não toca música, não tem notícias. Híbrido de AM e FM, marca a hora com o barulho tic-tac e, de tempos em tempos, deixa escapar uma pílula de conhecimento empacotado para consumo rápido. Descontextualizadas, fora de qualquer conexão, essas informações não têm nenhum sentido em si além de passar uma falsa sensação de saber. Além disso, nada:

> Era rádio perfeita, pois também entre os pingos do tempo dava curtos ensinamentos dos quais talvez algum dia viesse precisar saber. Foi assim que aprendeu que o Imperador Carlos Magno era na terra dele chamado Carolus. Verdade que nunca achara modo de aplicar essa informação (p. 37).

As fronteiras da realidade, portanto, não se expandem no contato com a mídia. Não apenas pela falta de informação com algum sentido vinda dos meios de comunicação, mas também pelas restritas possibilidades de compreensão da protagonista. A recepção da mensagem, para ela, ocorre em um nível superficial – desconhecendo palavras, não é capaz de atribuir sentido ao que ouve. Escuta, guarda na memória e nada mais. O processo pelo qual a informação se constitui em conhecimento simplesmente não acontece por falta de referências com as quais confrontar os dados da mídia e, portanto, compreender:

> – Eu gosto tanto de ouvir os pingos dos minutos do tempo assim: tic-tac-tic-tac-tic-tac. A Rádio Relógio diz que dá a hora certa, cultura e anúncios. Que quer dizer cultura?
>
> – Cultura é cultura, continuou ele emburrado. Você também vive me encostando na parede.
>
> – É muita coisa que eu não entendo bem. O que quer dizer "renda per capita"?
>
> – Ora, é fácil, é coisa de médico (p. 50).

Macabéa não compreende o que ouve, o que lê. Apenas apreende os dados no nível da intuição sensível – acha bonito, bom, mau. Não por acaso, é uma música o elemento que provoca sua maior reação estética. Note-se que é um trecho de ópera; Macabéa não é desprovida de uma percepção estética, mas sente falta de uma definição lógica para compreender sua própria reação à música de uma espécie que não conhece – aliás, seu único contato com qualquer elemento externo ao seu restrito círculo de conhecimento.

Em uma existência vazia de signos há espaços na consciência que, mais cedo ou mais tarde, se transformam em dificuldades de comunicação – a intersubjetividade prevê a troca; onde não há elementos não há troca possível. Ela fala pouco. Não dispõe dos signos complexos dos quais necessita para exprimir sua realidade – sua realidade, portanto, torna-se simples. As interações com as pessoas ao redor seguem o mesmo padrão. Existem na necessidade do momento, com poucas digressões para além do óbvio. A razão comunicativa da personagem está calcada em uma lógica simples por conta da pequena quantidade de premissas em jogo.

Isso é ilustrado em um de seus diálogos com o namorado:

> – Você sabia que na Rádio Relógio disseram que um homem escreveu um livro chamado *Alice no país das maravilhas* e que também era um matemático? Falaram também em "élgebra". O que é que quer dizer "élgebra?"
>
> – Saber disso é coisa de fresco, de homem que vira mulher. Desculpe a palavra de eu ter dito fresco porque isso é palavrão para moça direita (p. 50).

No entanto, a complexidade afetiva não deixa de existir – a *aisthesis* está presente não só na música mas também na trama de sensações inexprimíveis dos conflitos nos quais se agita[113].

Assim, quebrando as barreiras iniciais de comunicação, Macabéa arruma um namorado. Quase por acaso e por iniciativa dele, note-se, mas esse pedaço da trama abre o lugar para uma fantástica representação das problemáticas formas de comunicação interpessoal da protagonista. Não há um "discurso amoroso" em Macabéa simplesmente porque não há discurso:

> Enfim, o que fosse acontecer, aconteceria. E por enquanto nada acontecia, os dois não sabiam inventar acontecimentos (p. 50).

---

[113]. "Trata-se da ilustração repetida e idêntica, em meio à variedade dos acontecimentos, de uma experiência de solidão" (SCHWARZ, R. *A sereia e o desconfiado*. Rio de Janeiro: Paz e Terra, 1965, p. 38).

As condições comunicativas de um relacionamento prevêem uma contínua interação de signos de repetição periódica e signos/códigos externos à relação. Signos de repetição periódica são os conjuntos de informações e conhecimentos que permitem a elaboração de um modelo mental de representação da conduta esperada de alguém com base nos signos apresentados. No contexto de uma relação afetiva, esses signos garantem a compreensão mútua em um intervalo de tempo pequeno. Em alguns casos, a prefiguração de uma conduta a ser adotada por um dos integrantes é possível por conta da repetição em situações passadas. A intimidade é uma conduta de prefiguração máxima das ações do outro. A rotina nada mais é do que o estado de repetição de signos em períodos extremamente curtos, dentro dos quais a ausência de novidade cria o tédio.

O modo de evitar isso é diluir a repetição constante de signos da relação, abrindo espaços para novas combinações de sentidos e códigos externos aos elementos afetivos. O signo novo atrai a atenção e cria condições de uma nova troca com elementos externos à relação afetiva. Esse equilíbrio depende, evidentemente, de fatores emocionais e psicológicos, mas o contexto comunicativo é evidente: a proximidade gera um complexo de signos/códigos em comum. Quando esse código da relação se torna o *único* código, chega-se ao impasse da falta de novidade – afinal, tudo já é conhecido e os signos andam em círculos. É nesse momento que qualquer novidade externa tende a chamar mais a atenção. Assim, a manutenção de uma incerteza sígnica, bem como a perspectiva de sempre ter alguma novidade é o componente de uma Estética da Comunicação aplicada ao relacionamento interpessoal. Sem diferença não há diálogo[114].

Olímpico, namorado de Macabéa, é ligeiramente mais articulado do que ela. No livro isso é apresentado como um reflexo de sua criação, um misto de malandragem e cavalheirismo fora de tom. Embora seu repertório não seja maior do que o da namorada, precisa o tempo todo ressaltar sua condição superior mostrando à Macabéa o domínio de um universo de signos por ela ignorado. Evidentemente a farsa só funciona porque ela não tem condições de perceber o engodo do qual é vítima.

---

114. "É porque as pessoas são diferentes – embora semelhantes – que a ação e a fala se tornam necessárias. Se todos fossem iguais, não haveria necessidade de comunicação por conta dessa igualdade contínua; se nada tivessem em comum, a fala perderia sua base e a ação não justificaria a si mesma" (JOVCHELOVITCH, S. "Social Representations in and of the public sphere". *Journal for the Theory of Social Behavior*, 25: 1, p. 84).

Há pouca interação nesse relacionamento. As condições comunicativas restringem-se às memórias de uma infância comum no Nordeste:

> As poucas conversas entre os namorados versavam sobre farinha, carne-de-sol, carne-seca, rapadura, melado. Pois esse era o passado de ambos e eles esqueciam o amargor da infância porque esta, já que passou, é sempre acre-doce e dá até nostalgia (47).

Na maior parte do tempo isso não acontece e o diálogo vai se tornando mais e mais rarefeito, entremeado de espaços de silêncio cada vez maiores entre ambos. É nesse momento que Clarice Lispector, novamente, faz uso da mídia como uma importante coadjuvante. Na falta de assuntos pessoais para conversar, utiliza o discurso dos meios de comunicação, não para definir um tema de discussão, mas como o próprio discurso[115].

Considerando que a mídia traduz a realidade para a linguagem do indivíduo, existem traduções para quantas línguas forem necessárias, satisfazendo a demanda contínua de um público cada vez maior e mais exigente – mas, também, mostrando as possibilidades de uma "tradução infinita" da mensagem, articulada quantas vezes for apropriada pelos indivíduos em sua relação com a mídia[116]. Ainda que essa tradução seja apenas superficial, como no caso de A hora da estrela. Macabéa constrói seu discurso vazio preenchendo-o com as articulacões do texto da mídia, a única intertextualidade que tem a tecer na trama de seu discurso:

> E sem notar que ele próprio era de poucas palavras como convém a um homem sério, disse-lhe:
>
> – Mas puxa vida! Você não abre o bico nem tem assunto!
>
> Então aflita ela lhe disse:
>
> – Olhe, o Imperador Carlos Magno era chamado na terra dele de Carolus. E você sabia que a mosca voa

---

[115]. "O desenvolvimento dos meios de massa tornou quase irrelevante a reunião de pessoas para uma conversa, discussão ou mesmo troca de informações. A mediação dos meios de massa se tornou um substituto para a experiência pública tanto quanto limitou o conhecimento que a experiência traz em si. Os meios de massa formam e informam a esfera pública" (JOVCHELOVITCH, S. "Social Representations in and of the public sphere". *Journal for the Theory of Social Behavior*, 25: 1, p. 97).

[116]. "O ato comunicativo não é apenas uma transmissão passiva, mas uma tradução, uma re-codificação da mensagem" (LOTMAN, I. "The sign mechanism of culture". *Semiotica*, 12:4, 1974, p. 302).

tão depressa que se voasse em linha reta ela ia passar pelo mundo todo em 28 dias? (p. 56).

Diante da reclamação do namorado de que "fala pouco", Macabéa reproduz *ipsis literis* a informação que ouviu na Rádio Relógio. A mídia preenche os vazios dos espaços de silêncio. O discurso interrompido pela falta de condições para produzir qualquer reflexão sobre o real impede a comunicação com o namorado. O resultado é um esforço em parecer interessante e manter o relacionamento[117].

No entanto, isso não é suficiente. Olímpico vai embora e Macabéa volta ao seu estado normal de solidão. Ou, em uma das considerações iniciais do narrador:

> E quero aceitar minha liberdade sem pensar o que muitos acham: que existir é coisa de doido, caso de loucura. Porque parece. Existir não é lógico (p. 20).

A realidade social é externa ao indivíduo que, ao ser nela inserido, não a conhece. Para efetivamente integrar-se nesse esquema é preciso que o conjunto de normas, valores e regras que determinam o funcionamento e as relações lhe sejam passados. Ninguém nasce para desenhar o mundo; ao contrário, entra como um único e simples elemento a mais em uma estrutura complexa e inexplicável sem a ajuda de algum meio. Na falta de signos para compor o real, o espaço vazio volta a ser preenchido pelos tic-tacs da Rádio Relógio.

---

[117]. "Os intelectos já não absorvem as informações que sobre eles se precipitam, nada aprendendo ou compreendendo. Simplesmente refletem essas informações mecanicamente, como se fossem bolas de bilhar, e assim surge a conversa" (FLUSSER, V. *Língua e realidade*. São Paulo: Herder, 1963, p. 154).

PARTE IV
Os novos lugares da comunicação

A dimensão mais externa do sujeito é sua relação com o espaço circundante.

Isso nos leva aos dois momentos extremos da relação entre Comunicação e Ser neste trabalho, o instante em que essa relação social é mediada pela cidade e, portanto, por elementos diretamente materiais, e na volta ao Ser como primeiro e mais importante na relação de comunicação – no entanto, não voltamos ao Ser pensado como no primeiro capítulo, mas no Ser em sua forma digital, um Ser que é, pela primeira vez na história, *causa sui*, autor de si-mesmo baseado em uma liberdade de escolha jamais patenteada na aventura humana.

A cidade é o interventor de mediação entre os seres. É o oceano de signos no qual os indivíduos navegam e constroem suas relações. Assim, um estudo sobre a comunicação e o Ser não pode prescindir de considerar a mediação urbana e sua influência na consciência comunicativa como um cenário ante o qual se desenrola a cena do cotidiano – e, como qualquer cenário, interfere na compreensão do que se passa[1].

No espaço digital, o Ser volta a encontrar-se consigo mesmo, mas de uma nova maneira, intermediada pela trajetória de *pixels* em uma tela. É um retorno à dimensão individual da consciência comunicativa, mas em outro plano, agora, com fagulhas de luz em uma tela[2].

---

[1]. "Linguagem de linguagem, a imagem urbana é a mediação para compreender o significado das relações socioculturais na cidade, sua 'sintaxe' apóia-se na própria urbanização, isto é, a imagem da cidade atual revela o momento crucial que ela atravessa: transforma-se o significado da cidade ou seria ela descartável como os objetos, e sua imagem passaria por sucessiva e cada vez mais rápida substituição?" (FERRARA, L.A. "As máscaras da cidade". *Revista USP*, mar.-mai./1990, p. 10. São Paulo).

[2]. "A cidade é também um dos maiores espaços onde atua a dominação social, que se traduz por objetos técnicos, elites políticas ou grupos de interesse" (NÉGRIER, E. "Espaces urbaines et sociétés de communication". *Espaces et Sociétés*, n. 87. Paris: L'Harmattan/CNRS, 1996, p. 60).

Em artigo publicado no início de 2006 na revista inglesa *Media, Culture & Society*, o pesquisador espanhol José García-Montes e sua equipe avaliam as mudanças no cotidiano causadas pelo uso do telefone celular. Em sua análise, levam em consideração as relações entre o ser humano e a tecnologia a partir de uma perspectiva ao mesmo tempo sociológica e comunicacional, destacando os elementos mais simples na alteração dos costumes pela possibilidade quase ilimitada de comunicação móvel provocada pelo celular.

A mesma questão de mudança, mas em um quadro mais amplo de trabalho, é tratada em *Por que as comunicações e artes estão convergindo?*, de Lucia Santaella. Em uma tradição de análise de tecnologia que remonta aos trabalhos de Marshall McLuhan, unida às contribuições filosóficas do trabalho semiótico de Charles Peirce, Santaella reúne em uma síntese original as possibilidades de interação entre o elemento material da técnica e seu significado social. Olhando as realidades virtuais a partir desse cruzamento entre uma teoria semiótica da mídia e uma compreensão técnica do meio, a autora consegue dimensionar corretamente o impacto dessas transformações na realidade social.

Longe de postular a idéia de uma tecnologia neutra, os estudos recentes sobre os meios de comunicação procuram trabalhar em um quadro de referências no qual a técnica é o veículo de expressão de uma ideologia. Ao mesmo tempo, distanciam-se de análises redutoras, ludistas, para as quais a técnica é a expressão de uma modernidade necessariamente má. A perspectiva é de compreender as alterações provocadas no cotidiano pela irrupção de uma tecnologia que cada vez mais ocupa os espaços cotidianos e cria uma nova distinção social entre quem domina as máquinas e quem é por elas dominado[3].

Nesse ponto, o artigo de García-Montes sobre o uso do telefone móvel é um complemento e um exemplo das propostas de *Por que as comunicações e as artes estão convergindo?* O celular tornou o espaço infinitamente pequeno. Ao abolir a necessidade de um ponto fixo a partir do qual devem ser centralizadas a emissão e recepção de mensagens, a telefonia móvel criou uma nova relação entre o homem e o espaço. No mesmo sentido, diminuiu a perspectiva de tempo necessário para se

---

3. "Diante dos meios eletrônicos, dos parques, dos espaços de convivência, da proliferação de espaços compatíveis de sociabilidade, nós nos tornamos pobres e fragmentados, tal como o rato de laboratório condenado a um percurso imutável" (BOURRIAUD, N. *Esthétique relationnelle*. Paris: Du Réel, 2001, p. 8).

efetuar uma comunicação na medida em que não é mais necessário o deslocamento para se chegar ao local de transmissão, mas o telefonema pode ser feito durante o próprio trajeto. No entanto, essa mesma tecnologia que emancipa o homem de um ponto fixo de comunicação permite ao indivíduo ser encontrado, via celular, onde se queira. A mobilidade converte-se em ilusão quando a privacidade desaparece. O celular aboliu o direito de não estar. Não é mais possível "não estar" no lugar para atender: o lugar da comunicação é o próprio comunicador.

A eletrônica abriu diante dos artistas um universo estético inexplorado, pronto para ser explorado na construção de novos objetos e novas relações entre o ser humano e sua própria capacidade criadora. O próprio suporte físico da obra de arte é transformado – e os novos meios ensejam novas linguagens. Os meios tradicionais de criação, tanto nas artes plásticas quanto na música, libertam a concepção estética abrindo espaço para um novo tratamento da própria noção de linguagem artística. Que significa criar quando tudo é possível? Uma das principais questões estéticas, a transgressão dos limites, ganha novas dimensões e problemas. Na arte eletrônica, como transgredir limites se não há limites?

Em um ensaio sobre a fotografia, datado de 1931, Walter Benjamin mostra como a técnica de reprodução conseguiu progressivamente libertar a arte, fazendo com que a linguagem artística pudesse se voltar sobre si mesma não mais na reprodução do elemento figurativo, mas na exploração de caminhos próprios. Nessa mesma linha, Santaella mostra como as relações entre arte e técnica atuam no desdobramento de novas perspectivas estéticas – palavra entendida, aqui, não apenas em sua referência ao texto artístico, mas no sentido original grego de uma *aisthesis*, sobretudo no que diz respeito a uma "sensibilidade" ou "percepção"[4].

As mídias, as artes e a tecnologia se encontram nas significações da cultura. A arte de vanguarda, em suas expressões de uso explícito da eletrônica – a videoarte, as videoinstalações e outros elementos – é apenas um dos aspectos, e não o principal, dessa convergência. A linguagem tecnológica transformou a relação da arte com o público não apenas no aspecto da comunicação de massa, debatido à exaustão no

---

4. BENJAMIN, W. "Pequena história da fotografia". *Obras escolhidas, 1*. São Paulo: Brasiliense, 2001, p. 95.

século XX, mas também nas relações de reciprocidade entre leitor/espectador/ouvinte e o produtor/criador cultural[5].

Denunciada em um passado recente como mera cúmplice de uma ideologia dominante, no final do século XX, a tecnologia pôde, pela primeira vez, ser usada como uma ameaça ao sistema capitalista que a criou. O tráfego de músicas na internet, a possibilidade de fazer o *download* de álbuns inteiros em poucos minutos abriu uma crise inédita na indústria fonográfica, longe de encontrar uma solução simples.

A tecnologia, desde o advento da Modernidade, tem sido sistematicamente apresentada como o elemento de libertação. No entanto, ao mesmo tempo, uma perspectiva de oposição é apresentada com a mesma força e intensidade, mas de sinal inverso: trata-se da condenação, antes de qualquer análise, das novas ferramentas de comunicação – hoje transformadas em tecnologias da realidade.

Aliás, isso acarreta uma mudança sem precedentes na própria noção de "realidade". A fotografia, o cinema e, mais tarde, a televisão, ao introduzirem o processo de edição como norma de trabalho, alteraram a perspectiva de representação do real. O filme ficcional ou a narrativa do telejornalismo ganham seu significado quando os textos são editados. A realidade é fragmentada, desmontada e reduzida a fragmentos antes de ser reconstruída na perspectiva do autor. A introdução do corte na edição de textos e imagens, análogo à criação de seqüências e planos no cinema, altera as relações entre realidade observada ou de uma realidade figurativa para uma montagem, isto é, uma reconstrução com novo sentido.

As mudanças na edição geram mudanças no sentido. Ao cortar uma imagem, adicionar outra, dar mais espaço ou eliminar um entrevistado, a mídia lida apenas com elementos da realidade. Nada é inventado no conteúdo, mas a forma, adequada ao meio tecnológico, se encarrega de introduzir novos significados na relação intertextual entre forma e conteúdo. Lidando apenas com fatos reais, a montagem transforma-se em uma nova linguagem, um novo discurso criado a partir da seleção de fatos reais. Nesse sentido, todo texto produzido pela mídia é uma ficção.

Há uma questão técnica de fundo nesse debate. Santaella mantém como pano de fundo a noção de que a comunicação, em suas inúmeras

---

5. "O desenvolvimento das técnicas de comunicação e sua convergência com a informática geraram um novo espaço de experiência estética" (CAUNE, J. *Esthétique de la communication*. Paris: PUF, 1997, p. 9).

formas e variantes, é o núcleo da sociedade. É possível encontrar caminhos seguros para encontrar as respostas – e perder o medo de ultrapassar as fronteiras entre estética e tecnologia é uma delas.

A interação entre o homem e a técnica não tem como resultado apenas uma maior praticidade na comunicação, mas, em certa medida, trata-se de uma profunda alteração nas relações sociais. A tecnologia está no centro de transformações sociais em escala mais ampla, nas quais o cotidiano é afetado em termos espaciais e temporais. As tecnologias de interação humana vêm se tornando o fio de Ariane cotidiano. Dominá-lo é a chave para sair do labirinto da comunicação.

É nesse limite do espaço comunicativo, quando o Ser atinge a fronteira externa do Si-Mesmo, que fica esse último item, entendendo-se o estudo, no capítulo 7, da arquitetura como relação primária e, no último, a chance do ser humano de construir-se na rede digital.

7
Arquitetura empresarial e pensamento capitalista

O título deste trecho é familiar aos freqüentadores de livrarias. Trata-se de uma aplicação contemporânea das teses defendidas sobre a relação entre a arquitetura e o pensamento de uma época, esmiuçada nas 62 páginas do livro de Erwin Panofsky, *Arquitetura gótica e escolástica*. A compreensão do modo de vida cotidiano de uma época passa pela definição dos pontos mestres de sua arquitetura.

Não pelos meandros artísticos e técnicos de determinada construção, mas em virtude do contexto cultural e social no qual está inserida. A relação entre as estruturas arquitetônicas e as estruturas de ação do cotidiano é uma complexa rede de símbolos e formas específicas de controle do ambiente do indivíduo[6]. A cidade é o espaço de isolamento.

A sensação de solidão diante da cidade existe quando se anda despreocupadamente no centro de uma metrópole. A estrutura de uma cidade reserva camadas superpostas de história ocultas aos olhos dos leigos. A multidão do centro da cidade é um espetáculo incrível – mas é sempre um pouco melancólico estar sozinho no meio de milhares de pessoas. Essa sensação de não ser notado, não ser visto isola a fronteira de contato do indivíduo, fazendo-o se sentir muito seguro, muito tranqüilo, e a melancolia do lugar nunca deixa de encontrar eco nos freqüentes estados de alma do indivíduo.

As ruas da metrópole são o ponto alto do passeio, bem como algumas lojas cinqüentenárias – quando não centenárias. O ritmo da cidade só se revela quando o solitário consegue ficar no meio da multidão sem, no entanto, pertencer a ela. Não é um passeio para se fazer com pressa. Os tipos humanos são curiosíssimos, uma variedade de pessoas estranhas diversas.

---

6. "A história do homem sobre a Terra é a história de uma rotura progressiva entre o homem e seu entorno. Esse processo se acelera quando, quase ao mesmo tempo, o homem se descobre como indivíduo e inicia a mecanização do planeta" (SANTOS, M. *Técnica espaço tempo*. São Paulo: Hucitec, 1996, p. 17).

Há uma intuição sensível mediada pela metrópole naquelas ruas, basta deixar os sentidos te levarem para perceber a unidade entre os vários lugares. Há pessoas muito tristes nesses lugares. Aliás, quase todas as pessoas estão sozinhas. Velhos executivos, de terno escuro e cabelos brancos, parecem perdidos no meio das outras pessoas, e alguns parecem fazer parte do ambiente, junto com os azulejos decorados e a coleção de bebidas alcoólicas em uma prateleira no alto do balcão. Parecem estar ali apenas porque devem, excluídos de toda e qualquer liberdade, exceto a de existir.

Uma multidão solitária se aproxima em ondas no centro de São Paulo, para usar a expressão de David Riesman. Quando se mergulha nessa onda me perco diante do infinito de rostos desconhecidos e, cercado de pessoas por todos os lados, entende-se exatamente o sentimento do naufrágio. Mas isso oferece uma certa segurança. A multidão te olha mas não te conhece. É paradoxalmente seguro no meio dela, sempre. O anonimato tem ótimos efeitos, reforçado pelas estruturas de uma arquitetura impessoal.

Como um meio de comunicação[7], a arquitetura está presente no cotidiano dos indivíduos como uma forma mediadora da ação e da compreensão. "A arquitetura é a paisagem simbólica, a primeira evidência visual da identidade da cidade"[8] e de suas organizações, carregadas de símbolos implícitos do poder tanto mais fortes quanto menos visíveis forem[9].

O princípio estruturador da construção civil de uma época obedece aos mesmos padrões de distinção social que qualquer outro bem cultural[10]. A arquitetura é a medida da força simbólica institucional exercida em um acordo tácito entre o indivíduo e o poder existente nas paredes. Na arquitetura das fábricas administradas pelas concepções tayloristas, as paredes demarcam o início e o fim de cada etapa da elaboração de um determinado produto. Ainda na geografia da adminis-

---

7. HALL, S. & Evans, J. *Visual culture*. Londres: Routledge, 2000, p. 4. Os autores definem a cultura visual como uma rede possível de interpretações e criação de significados construídos socialmente – passíveis, portanto, de serem estudados como uma forma de comunicação, uma linguagem.
8. ABBAS, A. "Buildings on disappearance". In: DURING, S. *The cultural studies reader*. Londres: Routledge, 1995.
9. BOURDIEU, P. *Le sens pratique*. Paris: Minuit, 1990, p. 55.
10. BOURDIEU, P. *La distinction*. Paris: Minuit, 1992.

tração científica existe o espaço privilegiado de quem é pago para pensar e observar a massa de seres reduzidos aos seus músculos[11].

Já as fábricas mais modernas podem ser atravessadas pelos olhares dos chamados *stakeholders*, conjunto de observadores externos ao poder empresarial, constituídos principalmente pela comunidade, sindicatos, autoridades, imprensa, organizações não-governamentais, fornecedores, distribuidores, famílias dos trabalhadores, entre outros. Nelas os tijolos que impedem, na fábrica antiga, o fluxo livre de informações ascendentes, descendentes e principalmente laterais são trocados pela transparência do vidro e por divisórias flexíveis e minimalistas. Com isso, a empresa "tende a se tornar um espaço indiferenciado, um processo que culmina, como se sabe, com a arquitetura do vidro, um material antiaurático por excelência"[12].

Não é coincidência, tampouco mero truísmo, estabelecer esses paralelos. Não se trata de uma relação de causa e efeito, mas de uma causa comum, um princípio estruturador comum entre a elaboração do pensamento de gestão moderno e a arquitetura. A arte e a filosofia encontram sua origem nos mesmos "hábitos mentais", esquemas praticamente automáticos orientadores da ação cotidiana[13] – da forma de lavar pratos até a elaboração de uma *Suma Teológica*. A argumentação de Panofsky, bem como seu estilo, é simples.

Na Europa, o século XIII significou o surgimento das maiores e mais lindas catedrais góticas já realizadas pelo homem. Nas cidades francesas de Chartres, Reims, Amiens, Paris e diversas outras, a arquitetura passou a apontar em direção ao céu, apoiando-se em abóbadas altíssimas, utilizando os mais modernos recursos da razão para criar espaços para a fé católica daquele tempo. As linhas eram claras, precisas, elevando-se em colunas e vitrais cheios de símbolos e imagens representativas do cristianismo[14].

Ao mesmo tempo, nas universidades da época, em particular a de Paris, religiosos e leigos desenvolviam um sistema de pensamento posteriormente conhecido como "Escolástica". Tratava-se, na prática,

---

11. TRAGTEMBERG, M. *Administração, poder e ideologia*. São Paulo: Ática, 1995, p. 23.
12. ARANTES, O. *O lugar da arquitetura depois dos modernos*. São Paulo: Edusp, 1998, p. 108.
13. PANOFSKY, E. *Arquitetura gótica e escolástica*. São Paulo: Martins Fontes, 2002, p. 25.
14. VAZ, H.L. "Fisionomia do século XIII". *Kriterion*, vol. 19, n. 66, 1972, p. 134. Belo Horizonte.

de conciliar os dogmas católicos com a filosofia – em outras palavras, manter a fé sem renunciar a aventura do conhecimento.

O modelo de texto criado nessa época foi a *Suma*, uma espécie de resumo ou compilação do que se sabia a respeito de um assunto, confrontando-a com argumentos contrários e com as verdades da fé. A escrita era clara, precisa, argumento após argumento, para chegar ao resultado de uma questão.

"Em contraste com um mero desenvolvimento paralelo, trata-se de uma verdadeira relação de causa e efeito; entretanto, contrariamente à influência individual, essa relação resulta de um processo de difusão genérico, e não de influências diretas. Forma-se a partir do que poderíamos denominar um hábito mental", isto é, o "princípio que rege a ação"[15].

Assim como na Idade Média, neste princípio de século XXI, o pensamento político-econômico dominante é uma forma bastante particular de capitalismo organizado segundo princípios de relação mundial. As empresas tornaram-se centros orgânicos de reunião e decisões sobre comportamentos – não apenas profissionais, mas mesmo pessoais. Livros e mais livros inundam o mercado ensinando a se comportar e a ter ética na empresa, mesmo a pensar em termos empresariais – em resumo, constituem uma nova instância do aparato ideológico[16].

Paralelamente, a arquitetura das principais referências do capitalismo parece adquirir consciência desse poder quase religioso de agregar homens e formas de pensamento. Basta passar pelas construções da Marginal Pinheiros, uma das principais vias expressas de São Paulo, para observar como o triunfo do liberalismo sobre outras formas econômicas gerou verdadeiras catedrais do capital espalhadas pelas margens do Rio Pinheiros. A distribuição do espaço obedeceu a critérios semelhantes. Otília Arantes corretamente questiona se o gosto pelo monumento, promovendo a reativação de certos rituais, "não estaria sacralizando o urbano"[17]. Desse modo, assim como unifica os sistemas culturais, "a produção capitalista unificou o espaço, que já não é limitado por sociedades externas"[18].

---

15. PANOFSKY, E. *Arquitetura gótica e escolástica*. São Paulo: Martins Fontes, 2002, p. 14.
16. ALTHUSSER, L. *Posições, 2*. São Paulo: Graal, 1984, p. 14.
17. ARANTES, O. *O lugar da arquitetura depois dos modernos*. São Paulo: Edusp, 1998, p. 138.
18. DEBORD, G. *La société du spétacle*. Paris: Soleil, 2004, p. 111.

Hieráticas, grandiosas, essas novas construções são orientadas pelo mesmo princípio de expansão que impulsiona o crescimento da economia mundial. Representam o poder empresarial, mas também o controle particular do indivíduo. Há pouco tempo, um banco alardeou a inauguração de sua nova sede em um "edifício inteligente". Construções inteligentes destinadas a trabalhadores do conhecimento[19].

A arquitetura do prédio reflete e amplia o progresso da instituição, escrevendo nas linhas de concreto armado os princípios e objetivos da empresa e do modo capitalista – da mesma maneira que a catedral gótica era construída de acordo com os mesmos princípios que regiam a elaboração das "Sumas". As empresas estruturam-se sobre um duplo sistema de poder, incorporado pelos colaboradores e reconhecido pelos concorrentes.

De um lado, precisa manter a colaboração dos funcionários para além do pagamento e outros benefícios particulares. Essas relações precisam ser constantemente reforçadas, e uma das formas é criar uma arquitetura que permita ao funcionário literalmente "ver" a instituição na qual trabalha, "ter" uma visão global do seu processo de trabalho. "A linguagem dessa arquitetura de efeitos cênicos entrega-se a uma retórica, a qual tenta expressar, ainda que veladamente, as conexões sistêmicas a que a configuração arquitetônica não tem mais acesso"[20].

Externamente, há a necessidade constante de marcar posição perante as concorrentes atuais e futuras, garantindo a sobrevivência e o progresso constante. Afinal, a capacidade de mutação da empresa é uma característica particularmente necessária para os tempos atuais. Desse modo, veremos (a) as relações visíveis de poder entre as empresas conforme sua arquitetura e (b) a contribuição dessas formas para a criação de um *habitus* empresarial.

A. A influência visível de um poder invisível

A arquitetura das empresas é uma demonstração tácita de seu poder perante colaboradores e concorrentes. Não apenas do seu capital monetário, mas também do capital humano em ação, do capital cultu-

---

[19]. "As megaestruturas urbanas, tanto na Europa quanto nos Estados Unidos e Japão, são uma das formas de utopia do século XX. Utopia tecnológica mais do que utopia da representação, embora a representação não esteja isolada de uma certa imagem tecnocrática" (RAGON, M. "Architecture et mégastructures". *Communications*, n. 42, 1985, p. 69. Paris: Du Seuil).

[20]. HABERMAS, J. "Arquitetura moderna e pós-moderna". In: ARANTES, O. & ARANTES, P. *Um ponto cego no projeto moderno de Jürgen Habermas*. São Paulo: Brasiliense, 1992, p. 146.

ral concretizado na decoração e arquitetura obrigatoriamente de "bom gosto", segundo as definições legítimas da estética contemporânea. A finalidade da composição estética é justamente uma forma de distinção, posicionando-se em relação aos concorrentes de modo a deixar claras as afinidades entre o poder econômico e seu correlato cultural.

Em outras palavras, a arquitetura é um dos elementos de capital simbólico usado pelas empresas para mostrar sua elevada posição entre as concorrentes, mostrando a força dos dominantes[21]. "Os agentes distribuem-se [nos campos sociais] segundo o volume global do capital que possuem e segundo a composição do seu capital – quer dizer, segundo o peso relativo das diferentes espécies no conjunto de suas posses"[22]. É exatamente por ser a parte mais visível e reconhecível das estruturas de poder que a arquitetura empresarial é ao mesmo tempo utilizada e despercebida.

"As possibilidades de uma produção arquitetural estão na dependência direta da ideologia global que orienta o grupo social em que essa prática se insere. Nesse caso, a ideologia desse grupo pode se refletir na prática arquitetural determinando a manipulação dos espaços"[23].

Os novos edifícios congregam os homens em diversos setores interligados não apenas pelas redes de computadores, mas por uma atitude mental semelhante visando aos mesmos objetivos. Assim como a congregação reunia-se para fortalecer a fé em edifícios racionalmente construídos para estimular as relações entre o homem e Deus, essas construções "inteligentes" se apresentam como novas catedrais de uma doutrina igualmente organizada em princípios de ação. Na prática, uma arquitetura voltada para a execução produtiva do trabalho relacionando-se com demonstrações tácitas do poder que as anima.

Isso pode ser observado no contraste entre as instituições financeiras estabelecidas no centro da cidade de São Paulo com as novas construções da Marginal Pinheiros e em outras avenidas da zona sul. São dois conjuntos arquitetônicos diferentes, construídos com um intervalo de pelo menos quarenta anos, em fases distintas mas relacionadas a uma mesma expansão capitalista.

---

21. MARX, K. *A ideologia alemã*. São Paulo: Hucitec, 1993, p. 72.
22. BOURDIEU, P. *Choses dites*. Paris: Minuit, 1993, p. 135.
23. COELHO, T. *A construção do sentido na arquitetura*. São Paulo: Perspectiva, 1998, p. 116.

Do mesmo modo, um contraste semelhante existe entre o planejamento dos edifícios, adequados para demonstrar as formas de poder existentes, e a organização compacta das habitações de massa, quando não a ocupação irregular das favelas. "Pela primeira vez uma arquitetura nova que, em cada época anterior, era reservada à satisfação das classes dominantes, acha-se diretamente destinada aos pobres. A miséria formal e a extensão gigantesca dessa nova experiência de hábitat provêm ambas de seu caráter de massa"[24].

Nas históricas ruas Álvares Penteado, da Quitanda e XV de Novembro, na região central, caminhos estreitos são ladeados por enormes construções em tons mais ou menos escuros. A impressão de solidez é reforçada pela horizontalidade das fachadas, ornadas com colunas, portas trabalhadas e inúmeros detalhes barrocos que se perdem na quantidade. Banco após banco, sem falar na Bolsa de Valores e na Bolsa de Mercadorias e Futuros, seguem esse mesmo padrão arquitetônico do capitalismo vitorioso e bem estabelecido de meados do século XX. Grandes ruas calçadas permitem o trânsito livre dos pedestres, um tráfego ininterrupto de passantes entre os prédios – uma particular reinterpretação do *flâneur* benjaminiano.

Nos edifícios da Marginal Pinheiros ou avenidas próximas, impera um estilo mais sóbrio, com menos decoração de fachada, mas mais claro e com linhas verticais predominantes e mais isolados uns dos outros, reforçando a imagem de composto orgânico das empresas lá estabelecidas. Sua aparência é mais leve, mais dinâmica, mais rápida. Localizados em vias expressas da capital, sua arquitetura pode ser apreciada melhor da janela de um carro, enquanto os prédios do centro da cidade só podem ser visitados a pé[25].

Não por acaso, a expansão dos centros financeiros para a região sul de São Paulo atinge seu auge nos últimos anos do século XX e no princípio deste, coerentes com as novas regras e métodos do capitalismo global. São construções que poderiam estar em qualquer grande metrópole, de Tóquio e Seul a Berlim e Detroit. O mesmo capital circula, a mesma arquitetura é empregada, os mesmos métodos empresariais

---

24. DEBORD, D. & DEBORD, G. *La société du spétacle*. Paris: Soleil, 2004, p. 114.
25. Duas análises semelhantes do caso são feitas nos livros de MOLES, A. *O cartaz* (São Paulo: Perspectiva, 1979, p. 23), de BERMAN, M. *Tudo o que é sólido desmancha no ar* (São Paulo: Cia. das Letras, 2001, p. 161) e FONTENELLE, I. *O nome da marca* (São Paulo, Objetiva, 2004, p. 198).

são implementados e originam os mesmos livros, mesmo para quem não os conhece diretamente[26].

O estabelecimento de fronteiras simbólicas entre as empresas engloba, atualmente, muito mais do que demonstrativos econômicos ou tabelas de balanços. As organizações são dependentes de um reconhecimento não apenas pelos concorrentes, mas também por instituições exteriores ao campo, responsáveis pela avaliação da conduta ético-social.

A arquitetura soma-se a esse capital como uma demonstração do nível cultural, do nível de escolaridade e mesmo das pretensões futuras que devem ser mostradas aos adversários. Há uma origem comum, um sistema de pensamento comum entre a arquitetura dessas catedrais do capitalismo e as condições atuais do sistema econômico que as origina[27]. Conquanto essa relação seja muito mais tendencial do que propriamente determinada, insinua-se com vitalidade sob os olhos do observador mais atento. Como salienta Bourdieu, as distâncias espaciais no papel equivalem a distâncias sociais.

Não se trata, como pretendem alguns críticos, de uma padronização premeditada, mas da adoção quase inconsciente – daí se falar de "hábitos" – de estilos de trabalho e criação de locais de trabalho orientados por um princípio comum. De acordo com Panofsky, "a catedral do apogeu gótico tentava representar todo o conjunto do conhecimento cristão da teologia, da moral, das ciências naturais e da história, na qual tudo tinha seu lugar certo"[28].

É claro que os reflexos dessa arquitetura são devidamente avaliados no contexto interno da organização. A demonstração tácita de poder, mostrado no amor às "belas formas" influencia os modelos organizacionais alojados sob determinada formação arquitetônica, atingindo diretamente os principais elementos de uma empresa – os funcionários.

B. A reprodução das formas de pensamento

As imagens da organização mudam conforme os sistemas de percepção que, por sua vez, partem das mesmas estruturas de pensamento de uma época. Muito embora não exista uma relação de paralelismo

---

26. PANOFSKY, E. *Arquitetura gótica e escolástica*. São Paulo: Martins Fontes, 2002, p. 15.
27. HARVEY, D. *A condição pós-moderna*. São Paulo: Loyola, 2002.
28. PANOFSKY, E. *Arquitetura gótica e escolástica*. São Paulo: Martins Fontes, 2002, p. 31.

obrigatória entre os diferentes modelos empresariais e estruturais de comando de uma empresa, todos são oriundos dos mesmos paradigmas teóricos. As diferentes formas de compreensão da organização objetivam-se em diferentes formas de organização espacial do ambiente de trabalho e, por sua vez, da arquitetura dos ambientes. A hierarquia é tornada visível nas paredes, nas colunas e na decoração, gerando estruturas de percepção e indicando tendencialmente as formas de comportamento possíveis[29].

Nas grandes corporações empresariais toda a disposição espacial é feita de modo a estabelecer a fronteira simbólica entre o indivíduo e o grupo, entre a instituição e seus agentes. É um poder invisível porque exercido constantemente, presente nas ações quase inconscientes, por isso mesmo menos passíveis de um exame atento. De outro lado, os indivíduos submetidos aos princípios arquitetônicos de distribuição de poder participam do acordo tácito que estabelece a distribuição de poder dentro das empresas. Conhecem as regras do jogo e enxergam nas paredes reais os símbolos de um poder passível de aquisição.

"Todas as formas de dominação simbólica se exercem sobre a base do conhecimento insuficiente, isto é, com a cumplicidade daqueles que se submetem a ela"[30]. Em outras palavras, há uma relação de cumplicidade entre a arquitetura quase litúrgica das sedes das grandes corporações e os sistemas de pensamento que orientam não apenas a construção, mas também as formas de comportamento de seus funcionários[31].

Pierre Bourdieu parte do princípio que os objetos de conhecimento são construídos, não dados. Todavia, o mundo não está baseado unicamente na representação subjetiva – ou volitiva – construída sobre princípios da vontade. As estruturas de ação do sujeito são antes de tudo objetivas, preexistentes e fundamentais para a compreensão posterior do mundo pelo sujeito.

O princípio dessa construção é o sistema de disposições estruturadas e estruturantes que se constituem na prática e são sempre orientadas em seu sentido prático. Tais disposições são incorporadas pelo

---

29. MARX, K. *Manuscritos econômico-filosóficos*. Lisboa: Presença, 1994, p. 160.
30. BOURDIEU, P. & HAACKE, H. *Livre-troca* – Diálogos entre ciência e arte. São Paulo: Bertrand, 1995, p. 58.
31. BOURDIEU, P. *Questions de sociologie*. Paris: Minuit, 2005, p. 137.

agente durante sua trajetória social, em particular na família e nas instituições escolares. Esse sistema de disposições duráveis e aplicáveis a qualquer situação, "estrutura estruturada" predisposta a operar como "estrutura estruturante", enquanto princípio gerador de práticas e representações é chamado pelo sociólogo francês de *habitus*. O *habitus*, explica o autor, pode ser comparado a um maestro que comanda as diversas partes da ação do sujeito nos diversos campos onde está inserido[32].

O *habitus*, portanto, é o princípio "gerador e regulador" das práticas cotidianas, definindo, em sua atuação conjunta com o contexto no qual está inserido, reações aparentemente espontâneas do sujeito. Uma determinada prática social é produzida a partir da relação entre a estrutura objetiva definidora das condições sociais de produção do *habitus* e as condições nas quais ele pode operar, ou seja, na conjuntura em que está inserido[33].

Dessa maneira, o *habitus* inculcado pela empresa e incorporado pelo empregado vincula-se à existência de condições conjunturais objetivas para sua efetiva materialização em uma prática qualquer. Assim como o *habitus* faz com que um determinado agente social veja sua posição de classe como natural – uma justificação – ao mesmo tempo, concorre para o estabelecimento de novas práticas estruturadoras do seu campo.

Um exemplo pode ilustrar melhor a questão. Em São Paulo, o antigo edifício-sede do Banco do Estado atualmente é propriedade de um banco espanhol. O lugar, por suas características históricas e arquitetônicas – foi o maior edifício da América Latina durante décadas –, está aberto à visitação pública. O guia de visitas, uma funcionária do banco espanhol, forneceu-nos o seguinte depoimento: "O edifício é imponente, mas o presidente da empresa é bastante simples, cumprimenta todo mundo. E quanto mais a empresa cresce, melhor para nós, a gente cresce junto". É conveniente observar que o depoimento foi obtido em um saguão de mármore na entrada do edifício de 32 andares.

A distribuição espacial gera uma série de procedimentos específicos. Comportamentos e práticas estruturam-se inconscientemente a partir das posições espaciais marcadas na distribuição de cargos e competências. Não é coincidência que a personagem *Dilbert*, das claus-

---

32. BOURDIEU, P. *Le sens pratique*. Paris: Minuit, 1990, p. 88.
33. BOURDIEU, P. *Esquisse d'une theorie de la pratique*. Paris: Gallimard, 2003, p. 78.

trofóbicas tiras de Scott Adams, viva em algo que ele denomina uma "baia". Descontada toda a intenção satírica, a organização do espaço cria um hábito de pensamento e ação estruturador das características funcionais de uma empresa, desde sua burocracia até os meandros de sua produção.

Essa influência é sutil e complexa, contribuindo como uma espécie de base de percepção de dados para o funcionário tomar consciência o tempo todo de sua condição. As estruturas arquitetônicas definem não apenas o preenchimento do espaço, mas a criação do sentido e do público presente nesse espaço. Como explica Martin-Barbero, "os centros comerciais, que reordenam o sentido do encontro entre as pessoas, isto é, funcionam como espetáculo arquitetônico e cenográfico do comércio e concentram as atividades que a cidade moderna separou: o trabalho e o ócio, o mercado e a diversão, as modas elitistas e as magias populares"[34].

No capitalismo avançado, a própria empresa transforma-se em espetáculo. Dessa maneira, o valor total de uma organização estipula-se pelos resultados do capital financeiro somado à imagem da organização e suas ações meritórias perante as instâncias competentes de avaliação.

A percepção dessas formas hierárquicas são avisos constantes das relações de hierarquia dentro da empresa. Reproduzem, em escala simbólica, as razões práticas de ação perante superiores e subordinados, tornando-se uma das garantias da reprodução do pensamento empresarial em todos os níveis – comprovando a literatura disponível, bem como a reforçando por outros aspectos, dentre os quais se destaca a comunicação empresarial. A incorporação de idéias, conceitos e emoções em uma forma simbólica que pode ser representada – essas "práticas de representação"[35] –, garante o sentido do trabalho aplicado. A arquitetura comunica o poder.

Isto nos leva à noção de "homologia", de Pierre Bourdieu. O conceito de homologia tem sua origem na hipótese da analogia estrutural entre campos. Os diversos campos, conquanto variem suas regras, lutas e prêmios estabelecidos como objeto de disputa, mantêm entre si condições análogas de posicionamento de seus agentes, gerando as mesmas estratégias de ação perante a realidade.

---

34. MARTIN-BARBERO, J. Cidade virtual: novos cenários da comunicação. *Comunicação e Educação*, 11, jan.-abr./1998, p. 60. São Paulo.
35. HALL, S. *Representation*. Londres: Routledge, 2000, p. 10.

Dados dois campos distintos – A e B –, suas condições de ação resultarão das infinitas possibilidades de estabelecimento de regras e prêmios estipulados como legítimos no interior de cada um. Contudo, existem analogias estruturais entre as posições objetivas dos agentes dentro de campos diversos.

Assim, o agente dominante A em um determinado campo tende a se identificar, no campo das ações, com o dominante B de outro. Da mesma forma, tende a haver uma identificação entre os ocupantes de posições dominadas em campos distintos.

É necessário especificar que a condição de homologia entre agentes não significa necessariamente a adoção de estratégias semelhantes na especificação de sua conduta. O fato de dois agentes ocuparem posições homólogas em campos diferentes estabelece menos uma forma comum de ação do que o reconhecimento de identidades formais.

A hegemonia de um agente em um campo, por exemplo, tende a ser reconhecida como homóloga à dominação existente em outros campos, compartilhando as mesmas críticas por parte dos dominados em outros. Os dominados no campo político, por exemplo, tendem a identificar os dominantes de seu campo com os detentores da hegemonia no campo da mídia, da cultura, da religião, etc.

A reprodução dos sistemas de pensamento é fundamental para a garantia do bom andamento das atividades organizacionais. É o que popularmente se chama "vestir a camisa", procedimento em nada fortuito mas inconscientemente calculado à espera de lucros e vantagens futuras. Desse modo, garante-se a perpetuação da cumplicidade e a eliminação do antagonismo. A influência dos espaços geométricos e da disposição topológica no ambiente de trabalho é de tal forma sutil que, quando questionados sobre isso, há uma certa resistência dos profissionais em reconhecer seus efeitos.

Certa vez, pediu-se a um grupo de alunos de administração, já empregados na área, que descrevessem o grau de comprometimento deles com a empresa onde atuavam. Todos, sem exceção, contaram histórias de sua vida profissional eivadas de um profundo grau de comprometimento pessoal e emocional. Era como se, ao se referirem a superiores e funcionários, estivessem falando ternamente de um almoço de família.

Questionou-se de onde vinham esses relacionamentos. Quase todos creditaram à proximidade do ambiente de trabalho, favoravelmente disposto para proporcionar tais aproximações. Frases como "era meu chefe, mas trabalhávamos juntos" ou "a gente tem que vestir a camisa" eram justificativas comuns para esse procedimento. Uma das raízes identificava-se, portanto, nas formas de arquitetura como reflexos da mentalidade empresarial aplicada. Nessa rápida enquete sobre a relação entre a adesão ao pensamento de uma empresa e sua arquitetura, não faltaram elogios à "beleza dos prédios", ao "tamanho das agências", no caso do aluno bancário. A dominação no cotidiano, explica Canclini, alimenta-se do eco social que gera nos indivíduos[36].

É claro que o grau variava conforme o modelo empresarial adotado em cada ambiente de trabalho. Um dos alunos, empregado de uma instituição bancária, mostrava como seu departamento caminhava devagar, unicamente respondendo aos estímulos mecânicos do meio.

Externamente, sempre que possível, a arquitetura empresarial volta-se para a demonstração concreta da etapa atual do capitalismo em voga. Internamente, contribui para estabelecer os modelos de comportamento e atuação de seus funcionários, bem como o grau de comprometimento em relação à empresa. A chamada "abordagem holográfica das organizações" tende a espalhar os princípios de ação e prática empresarial como uma espécie de "percepção social" dentre os funcionários, criando as condições de reprodução das relações e conseqüente perpetuação de um modelo sub-repticiamente pela disposição do espaço físico.

O conhecimento das práticas organizacionais tende a mostrar a arquitetura apenas como uma variável, e não das mais importantes, na constituição das relações dentro da empresa. Essa desvalorização vem justamente de sua proximidade cotidiana – é difícil analisar os elementos da configuração do dia-a-dia, sobretudo por sua intrínseca relação com nossos esquemas já formados de percepção do mundo. Em outras palavras, o cotidiano torna-se invisível por sua proximidade, assim como a totalidade de relações sociais existentes no processo de produção. O espaço real, bem como o espaço social, não são fortuitos e, nas suas especificidades, estão as possibilidades limitadas de comportamento diante deles.

As impressionantes formas da arquitetura da sede das grandes organizações são a corporificação do poder simbólico que as rege. Nesta

---

36. GARCIA-CANCLINI, N. *As culturas populares no capitalismo*. São Paulo: Brasiliense, 1990, p. 14.

etapa do capitalismo mundial, a magnitude das construções reflete e complementa o sistema de pensamento da qual fazem parte. Não causa espanto, portanto, a relação entre estrutura empresarial, o capitalismo global que as estabelece e as construções feitas especificamente para essas formas econômicas. Para um pensamento empresarial, uma arquitetura capitalista.

8
A criação do eu digital

As relações sociais no espaço virtual ganham crescente espaço na literatura sobre comunicação. Objeto tardiamente incorporado à tradição das ciências humanas, as relações virtuais ganharam importância a partir dos anos 90 como uma nova forma de interação humana, despertando novas reflexões tanto na comunicação quanto na sociologia. Assim como outras mídias eletrônicas ao longo do século XX, a internet causou uma profunda alteração no cotidiano[37].

Desde a liberação comercial da *web* no Brasil, em 1995, progressivamente há dualidade entre uma existência real e outra virtual. Os limites especificados entre as relações virtuais e reais transformam-se a cada dia, seguindo a dinâmica das estruturas tecnológicas e econômicas. O mundo virtual existe em uma relação de conflito com a realidade[38].

O interesse do estudo das relações no espaço virtual existe na medida em que essas novas formas de interação produzem efeitos reais. "O mundo da vida cotidiana não somente é tomado como uma realidade certa pelos membros ordinários da sociedade na conduta sujetivamente dotada de sentido que imprimem a suas vidas, mas é um mundo que se origina no pensamento e na ação dos homens comuns, sendo afirmado como real por eles"[39].

Longe de ser uma reprodução ou um espelho da realidade, as relações virtuais seguem uma dinâmica própria, muitas vezes com reflexos no mundo fora dos computadores. Assim, longe de constituir um mundo à parte ou uma realidade apenas lúdica, o resultado das relações

---

37. "Ao aproximar-se o novo milênio, vivemos em um mundo cheio de formas expressionais superpostas, que são como ruínas: antigas, medievais, modernas, restos de cultos, fragmentos de crenças e doutrinas. Um mundo sobre o qual avança implacável o domínio do 'virtual' e onde permanecem, teimosamente, realidades milenares" (SALDANHA, N. *Filosofias, povos, ruínas*. Rio de Janeiro: Caliban, 2002, p. 99).

38. BOGART, L. "Highway to the star or road to nowhere?" *Media Studies Journal*, vol. 8, n. 1, 1994, p. 3. New York: Columbia University Press.

39. BERGER, P. & LUCKMANN, T. *The social construction of reality*. Londres: Penguin, 2002, p. 36.

pessoais na *web* ultrapassam o espaço da internet. As relações do mundo virtual têm conseqüências reais – e essa é a razão, em última instância, pela qual é necessário uma investigação das relações virtuais[40].

Este texto é um estudo exploratório da representação do "eu" no mundo digital, com foco no *site* de relacionamentos Orkut. Esse *site*, criado em 2004, permite a interação entre pessoas a partir da criação de uma página pessoal, chamada de "perfil", centro dos relacionamentos. Os indivíduos podem se encontrar também em páginas coletivas denominadas "comunidades". O Orkut, ferramenta de comunicação, tornou-se, nos últimos dois anos, uma espécie de rede dentro da rede, um lugar novo de relações virtuais dentro da internet.

O número de usuários do Orkut muda a cada dia. É possível estimar mais de trinta milhões de usuários no mundo todo, e o Brasil é o país com maior número de clientes: cerca de 70%, segundo dados do próprio *site*. Metade dos usuários identifica-se como tendo "entre 18-25 anos"; no entanto, é preciso lembrar que esses dados são fornecidos pelos próprios usuários.

Na geografia do poder virtual, o Orkut é o principal espaço para a criação de um "eu digital". Descrito geralmente como um "site de relacionamentos", o Orkut é uma gigantesca comunidade virtual, reunindo pessoas de vários tipos – basta ter uma conexão à internet. Cada usuário tem uma página pessoal, chamada "perfil" (*profile*), na qual coloca as informações que desejar, sobre si mesmo, a partir de uma pergunta feita pelo programa: "quem sou eu?"

A novidade do Orkut é permitir o relacionamento e a interação entre várias pessoas. Cada perfil pode ser ligado a outro por um simples comando, e essa ligação também pode ser vista por qualquer um. O perfil de uma pessoa está ligado ao perfil de seus amigos, por sua vez ligados ao de outras pessoas, em uma simulação da teia de relações sociais em um espaço real. Cada pessoa, em seu perfil, coloca as informações que julga necessárias ou interessantes, em geral acompanhada de uma ou mais fotos.

Além disso, como as páginas são interligadas, é possível saber quem é amigo de quem. Na página, ao lado do perfil, há um espaço com os

---

[40]. "As análises da 'sociabilidade eletrônica' são raras. No entanto, podemos começar a aprender com pesquisas sobre esses modos específicos de comunicação que utilizam esses recursos" (NÉGRIER, Emmanuel. "Espaces urbaines et sociétés de communication". *Espaces et Sociétés*, n. 87, 1996, p. 67. Paris: L'Harmatan/CNRS).

"amigos", isto é, os perfis de outras pessoas. Assim, em um perfil, não estão disponíveis apenas as informações pessoais, mas também as de seus amigos e conhecidos.

Há um detalhe suplementar: cada pessoa pode escrever mensagens (*scraps*, traduzido no Brasil como "recados") para a outra. Esses recados também são públicos e ficam à disposição para leitura até que o destinatário resolva apagá-los. Caso não faça isso, todas as suas mensagens estão abertas ao público. Qualquer um que entre no perfil de um indivíduo A sabe quem é ele, quem são seus amigos e quais são as mensagens recebidas. Pode ler todas, se assim quiser, e reconstruir o fluxo de informações do sujeito. As fronteiras entre o particular e o público ficam difusas. A princípio, esses dados interessam apenas ao dono do perfil e seus amigos. No entanto, como qualquer pessoa pode ter acesso ao perfil e às mensagens, a teia de relações pessoais torna-se pública.

Além disso, usuários com interesses comuns podem se reunir em "comunidades", páginas coletivas nas quais é possível debater assuntos de interesse específico ou, simplesmente, indicar um gosto ou uma preferência.

Para este estudo foi feito um levantamento de 700 perfis eletrônicos e 400 comunidades durante os meses de janeiro a abril de 2006. Os perfis foram classificados em uma tipologia conforme a auto-representação, assim como as comunidades pelos centros de interesse aos quais estão vinculadas. Neste texto serão reproduzidos os exemplos mais representativos de cada grupo.

Os resultados foram interpretados com base em dois referenciais. De um lado, as pesquisas sobre comunicação mediada por computador, vertente mais nova dos estudos sobre tecnologias e impacto social. No entanto, o fundamento das ações sociais mediadas por computador só pode ser compreendido em um quadro mais amplo de referências quando se leva em conta uma sociologia da ação social como fundamento dos processos de interação descritos – e, nesse sentido, a referência aos trabalhos de Max Weber torna-se obrigatória.

Weber foi o primeiro a estudar o significado das ações sociais – entendidas como as ações orientadas para um outro. Um dos núcleos da sociologia weberiana está na identificação e estudo das ações sociais como estruturas de significado intersubjetivo compartilhadas por uma sociedade. É nesse sentido que as relações virtuais, tais como são objetivadas no Orkut ou em qualquer outro lugar da internet, são relações sociais. Por conta disso, um trabalho sobre comunicação interpessoal no mundo virtual não dispensa o concurso de um referencial de compreensão das relações sociais.

O autor alemão destacou a importância das relações sociais para a criação de uma realidade a partir da qual as ações sociais, dotadas de um sentido, passariam a existir. A própria definição de "sociologia" do autor deixa clara essa percepção, na medida em que a define como "uma ciência que pretende compreender interpretativamente a ação social e assim explicá-la causalmente em seu curso e seus efeitos. Por "ação" entende-se, neste caso, um comportamento humano sempre que e na medida em que o agente ou os agentes o relacionem com um sentido subjetivo. Ação 'social' significa uma ação que, quanto ao seu sentido visado pelo agente ou agentes, se refere ao comportamento de *outros*, orientando-se por este em seu curso"[41].

Estruturado por relações sociais, o mundo social existe de maneira objetiva, independentemente da vontade particular de seus indivíduos, mas variando a cada momento de acordo com inúmeras variáveis – não apenas a econômica – que influenciam o comportamento do indivíduo. A relação intersubjetiva define a existência do mundo social – seja ele objetivado em relações face a face ou em relações virtuais. O sentido final de realidade é similar.

A essa âncora teórica da sociologia compreensiva são somadas, quando necessário, as contribuições da teoria da comunicação virtual, campo de estudos crescente no âmbito acadêmico. O estudo científico de qualquer dado da internet esbarra em uma questão de veracidade: é impossível ter qualquer certeza a respeito da maior parte dos dados disponíveis na rede. Qualquer pessoa pode escrever e publicar informações. Isso, a princípio, invalidaria a pesquisa.

Há, porém, dois elementos a considerar: as informações virtuais, sobretudo as veiculadas no Orkut, podem ter conseqüências reais na medida em que parte dos usuários as considera reais; além disso, todos os perfis analisados neste estudo são de pessoas reais – amigos, estudantes, colegas, pessoas cuja existência real pode ser comprovada.

Este texto está dividido em duas partes. Na primeira (I), os aspectos gerais da construção do "eu digital" são delineados; em seguida

---

41. WEBER, M. *Economia e sociedade*. Brasília: UnB, 2001, p. 3.

(II), a especificidade das chamadas "comunidades" virtuais do Orkut estão no foco de análise.

A. A lógica da ação virtual

A lógica da ação social no mundo virtual pauta-se pela construção de identidades a partir da troca de informações. Na internet não existe uma âncora para distingüir o que é "realidade" das formas da imaginação. Ao contrário, a própria idéia de "real" sofre uma considerável alteração na medida em que toda existência no mundo virtual é um ponto de flutuação entre o volume de informações à disposição na rede.

No entanto, longe de significar o caos, a internet se tornou um espaço de novas formas de sociabilidade, não mais vinculadas a certezas passíveis de aferição, mas em trocas de informações entre os usuários. Como indica Venício Lima, "uma das tendências, particularmente promissora, que pode ser identificada como característica do novo cenário tecnológico, integrado e integrador, é a interatividade, isto é, a possibilidade de interação entre emissor e receptor"[42].

A construção do "eu" digital é uma das principais alterações no cotidiano feitas pela internet. No espaço virtual, qualquer ser humano é livre para reinventar-se a si próprio conforme seu gosto. Se desde o início do uso comercial da internet isso era possível em páginas pessoais, a interação pessoal mediada por computadores foi radicalmente alterada a partir de 2004 com o lançamento do Orkut.

A simulação do mundo cotidiano é tanto mais forte quanto a possibilidade, facultada pelo Orkut, de uma interação em tempo real. Os recados podem ser lidos e respondidos instantaneamente – quando, então, ficarão visíveis no perfil de outra pessoa.

É impossível avaliar, exceto quando se tem conhecimento pessoal do indivíduo, o quanto há de verdadeiro em cada perfil. A rigor, qualquer informação da internet pode ser falsa. No Orkut, essa regra também vale. Ninguém é obrigado a dizer a verdade. A quantidade de informações varia ao gosto de cada um. Do internauta que coloca todos os dados pessoais, fotos e descrições minuciosas até o usuário discreto,

---

42. LIMA, V. *Mídia*: teoria e política. São Paulo: Perseu Abramo, 2001, p. 57.

limitado a um nome e uma ou outra informação, a gama de possibilidades é infinita[43].

As possibilidades de auto-representação são exploradas desde o início da internet. As páginas pessoais, com currículos ou dados relevantes, seguiram um caminho de progressiva exposição até o modelo público-particular do Orkut.

O Orkut reflete no espaço da internet a estrutura e a dinâmica dos relacionamentos sociais existentes na realidade. Espaço virtual de ação social, esse programa permite aos internautas encontrar pessoas com interesses comuns a partir de um simples click.

Em outras palavras, permite a criação de uma realidade comum. De acordo com Berger e Luckmann, "os universos simbólicos são produtos sociais que têm uma história. Se quisermos entender seu significado temos de entender a história de sua produção. Isto é tanto mais importante quanto estes produtos da consciência humana que, por sua própria natureza, apresentam-se plenamente desenvolvidos e inevitáveis"[44].

No entanto, entre o real e o virtual há uma diferença no que diz respeito ao estabelecimento de um circuito de relações. O mundo social existe no conjunto das ações sociais, isto é, a ação de um indivíduo orientada para outro. Tal definição permanece válida no universo virtual. No entanto, a noção de "indivíduo" é alterada. O indivíduo se transforma em texto, em uma autonarrativa carregada de sentidos:

> Quem sou eu: A maior parte das pessoas que conheço dizem ter problemas ao falar de si mesmas, acho que eu não me enquadro neste grupo. Eu tenho 16 anos, curso o 2º ano do ensino médio e tenho como base para minha vida, os meus amigos. Morreria por cada um deles. Sou feliz, sincera, alegre, emotiva, teimosa, talvez um pouco mimada e egocentrica as vezes... Amo música, filmes, livros, filosofias... Odeio mentiras, rótulos, preconceitos, pessoas de mente fechada, limitadas. Minha vida é guiada pelo CARPE DIEM.
>
> Acredito na grandeza das pequenas coisas e sei aproveitá-las como poucos. Tenho muitas características

---

43. AARSETH, E. *Cybertext*. Baltimore: John Hopkins University Press, 1999, p. 47.
44. BERGER, P. & LUCKMANN, T. *The social construction of reality*. Londres: Penguin, 2002, p. 133.

gritantes, que podem ser encaradas como defeitos ou qualidades. Sou extrovertida e boazinha até demais às vezes. Outras de menos, confesso. Busco a felicidade, tentando mudar sempre que acho que será melhor pra mim mesma. Já fui contra meus princípios, já amei demais, já fui intolerante, já deixei de ser eu mesma, já magoei e fui magoada diversas vezes. Já menti e já falei a verdade quando era melhor não o ter feito. Hoje evito.

Nesse sentido, McGall afirma que "o conceito de si é definido a partir das relações interpessoais. [...] Esse conceito de si, por conter a autodefinição do 'si-mesmo' define as principais dimensões dos termos nos quais a relevância das ações do 'si-mesmo' será compreendida"[45].

O espaço das interações sociais no mundo real é o local de construção do "eu". Cada sujeito é visto pelos outros a partir de características pessoais limitadas pelo contexto e pelas condições materiais específicas – históricas, econômicas, sociais, cognitivas – nas quais o sujeito está inserido. Não é possível negar a própria identidade[46].

Mesmo os momentos de ruptura total são uma relação – ainda que negativa – com o que se é. O "eu", nesse sentido, é o resultado das escolhas pessoais feitas em um espaço de limites sociais. Os limites do "eu", no mundo real, pautam a relação entre as pessoas[47].

Todo sujeito se objetiva em um discurso sobre si mesmo construído na intersecção entre suas características genéticas inegáveis – o aspecto físico, por exemplo – e os elementos móveis da vida social, a saber, a fala, o gosto, a aparência do vestuário, as idéias.

O perfil do Orkut permite montar, imediatamente, todo o perfil do indivíduo a partir das informações disponíveis em cada caso, manten-

---

45. McCALL, G. *Self-concept and interpersonal communication*. In: ROLLOF, M. & MILLER, G. *Interpersonal processes*. Nova York: Sage, 1989, p. 68.

46. "A atenção dada a conversações menos específicas revela outros aspectos dessa interação visiofônica. A primeira é a perturbação que ela traz às fronteiras público-privado. Assim, a apresentação física de si mesmo, aquela que está escondida no espaço público, desaparece no visiofone" (NÉGRIER, E. "Espaces urbaines et sociétés de communication". *Espaces et Sociétés*, n. 87, 1996, p. 68. Paris: L'Harmattan/CNRS).

47. "A clara expressão significa comunicação. [...] O que é dividido é o ser na medida em que é transformado em algo comum para todos" (HEIDEGGER, M. *Being and time*. New York: State University of New York Press, 1996, p. 145).

do a premissa, como explica Goffman, segundo a qual "o controle sobre o que é percebido é o controle sobre o contato feito"[48]:

> Quem sou eu: Gosto muito de conversar e de conhecer gente nova. Valorizo cada minuto do meu dia, a vida tem que ser vivida intensamente. É difícil falar de mim, só quem é verdadeiramente meu amigo tem o privilégio de me conhecer e falar da minha pessoa. Então, AMIGOS!, podem usar esse espaço à vontade!!

No conjunto das relações sociais, o fluxo de dados é vinculado aos efeitos pretendidos pelo sujeito. A par dessas informações em permanente exposição, há outras reservadas para o círculo de amigos mais próximo, outras para a família e um bom número para ninguém, exceto para o próprio sujeito.

> Quem sou eu: Eu sou uma ruiva alta e gracinha aí... Essa ruiva está sempre pensando, discutindo, imaginando... And she's always in love. And always having fun. Essa ruiva é de escorpião, ascendente em touro e lua em gêmeos. Pra quem entende do assunto, sabe que é uma combinação complexa. Graças a isso ou não, o humor dela é só um pouquinho instável. Sim, às vezes ela é séria. Mas está sorrindo na maior parte do tempo. Essa ruiva tmb adora comer e ADORA cerveja.
>
> Além disso, ela é ansiosa, insegura, carente, bagunceira... Ela tmb se atrasa pelo menos 5 min, qse toda vez. Adora deitar e ficar com as pernas pra cima, encostadas no guarda-roupas (o que é possivel graças a disposição do quarto). O resto, o tempo e a convivência revelam.

O controle do fluxo de informações pessoais garante a dinâmica das interações sociais. É possível a cada um, em qualquer relação social, fazer um cálculo imediato de quem é o interlocutor e qual a quantidade – e a qualidade – de informações a compartilhar em um determinado momento do tempo[49].

---

48. GOFFMANN, E. *A representação do eu na vida cotidiana*. Petrópolis: Vozes, 1979, p. 67.
49. LUNDH, L.-G. "Meaning structures and mental representations". *Scandinavian Journal of Psychology*, n. 36, 1995, p. 365.

A existência de uma sociedade baseada em relações intersubjetivas afirma-se também sobre um lado negativo. O conhecimento da totalidade das relações não é apenas impossível, mas também indesejável. A exibição permanente do pensamento tende a tornar a vida social insuportável. Em outras palavras, tudo o que escapa às interações entre indivíduos não tem existência em termos sociais. O próprio senso comum resume e objetiva esse ocultamento necessário das ações como regra tácita do mundo cotidiano no dito popular "o que os olhos não vêem o coração não sente".

De fato, os amigos B e C de um indivíduo A podem se conhecer entre si, mas podem não saber de sua amizade comum com A. Da mesma maneira, a imagem que A apresenta para cada um deles pode ser diferente conforme a natureza da interação. A dinâmica de representações objetivadas na relação A – B será quase sempre diferente do mesmo fluxo de dados na relação A – C, variando ao infinito conforme o contexto. Para o indivíduo A, certas informações podem ser conhecidas por C mas não por B. Se as relações fossem conhecidas em sua totalidade, as estratégias de comunicação utilizadas por A perderiam sua eficácia – daí a distribuição parcimoniosa de dados. Conforme explica Goffman, "o indivíduo tende a tratar outros presentes com base na impressão que dão agora a respeito do passado e do futuro. É aqui onde os atos comunicativos se transformam em atos morais"[50].

B. A cidade eletrônica

A criação de uma identidade digital, no Orkut, permite ao usuário manipular livremente as informações sobre si mesmo. Na medida em que é possível reproduzir a identidade real, também é facultado modificá-la o quanto se queira. No entanto, os limites do controle transcendem os limites da criação social de uma identidade.

> Quem sou eu: O q dizer de mim? Cada época sou uma pessoa, cada hora sou uma menina diferente e assim vai indo... Amo conversar, fazer amizades, ter pessoas q eu gosto perto de mim... Entre outras coisas! Sou uma pessoa q é amiga com qm me faz bem e a "não fede e não cheira" pra qm me trata indiferente! Amo minha mãe, minha irmã, minha avó, algumas primas,

---

50. GOFFMAN, E. *A representação do eu na vida cotidiana*. Petrópolis: Vozes, 1979, p. 228.

alguns primos e amigos q considero mto especiais, amo uma pessoa q faz parte da minha vida e no momento está distante (criança!!!!) Extrovertida, alegre, entre outras qualidades e alguns (mtos) defeitos!!!! Essa sou eu!!!!

Há um postulado da sociologia fenomenológica segundo o qual o "eu" é sempre definido em sua constante relação com o outro. A construção social da realidade existe a partir do contato intersubjetivo das relações sociais, objetivadas em ações dos mais variados tipos. Nesse sentido, Schutz afirma que "a socialidade se constitui em atos comunicativos nos quais o Eu se volta para os outros, apreendendo-o como pessoas que se voltam para ele"[51].

No entanto, o contato com o outro, seja quem for esse outro, só pode acontecer a partir da transmissão, explícita ou implícita, de mensagens. As informações que um indivíduo tem a respeito de outro são apenas aquelas passíveis de serem aferidas em uma situação de troca simbólica de mensagens[52].

O conhecimento do sujeito é dado a partir dos fluxos de comunicação entre os indivíduos; tudo quanto for inferior ou superior a esse limite de troca de mensagens não existe como elemento social, interessando à Psicologia e à Biologia.

Nesse sentido, toda relação social é uma relação de comunicação social, entendida como o processo de estabelecimento e compartilhamento intersubjetivo de mensagens. Há, portanto, no mundo social, uma série de mensagens trocadas constantemente entre os indivíduos, com variados graus de intencionalidade, com vistas à própria definição do "eu".

Em termos estritamente sociais, o "eu" é o resultado de síntese entre o olhar dos outros em relação permanente com o que digo/faço. O sujeito real, no mundo social, existe como um ponto de flutuação entre a mensagem transmitida (de forma intencional ou não) por um indivíduo e sua compreensão pelo outro. É possível ao sujeito controlar uma parte desse fluxo de comunicação – a mensagem sobre si mesmo – mas não a recepção.

---

51. SCHUTZ, A. *The structures of life-world*. Illinois: Northern Press, 2001, p. 161.
52. "O eu é uma actividade, e ele nos oferece a *pathencia* do acto" (SANTOS, M.F. *Ontologia e cosmologia*. São Paulo: Logos, 1957, p. 93).

Conforme explica Alfred Schutz, na tradição da sociologia weberiana, "assim originam-se os ambientes de compreensão mútua, o consentimento e um ambiente comum de comunicação. As pessoas que participam de um ambiente de comunicação não são dadas umas às outras como objetos, mas como 'contra-sujeitos', sócios em uma comunidade de pessoas"[53].

A intencionalidade da mensagem original é confrontada de maneira permanente com a intencionalidade do receptor. Essa perspectiva é encontrada, intuitivamente, em alguns perfis, dirigidos explicitamente a um possível leitor:

> Quem sou eu: Vou falar de mim por quê? Pra você decorar meu manual e me deixar na sua mão?

Esse tipo de relação, no Orkut, segue inalterado, exceto por um fator: o controle da auto-representação do sujeito atua em um grau muito maior, quase de controle absoluto. No mundo real não é possível esconder as características físicas, o tom da voz, a própria face. No entanto, a transformação parece ser uma característica de toda a comunicação virtual. Conforme aponta Arlindo Machado, a imagem eletrônica é uma metamorfose, uma virtualidade, jogando com os sentidos do termo "virtual"[54].

No Orkut, ao criar uma personalidade digital, o indivíduo pode manipular os dados pessoais ao seu bel-prazer, modificando a própria identidade, melhorando a si mesmo ou, eventualmente, criando alter-egos melhorados, com melhor aceitação social:

> Quem sou eu: Aprecio boas amizades. Meu Deus está acima de tudo e minha família é meu porto seguro, minha base. Amo as coisas simples da vida, música, cinema, animais, minha profissão e espero sempre estar feliz, não importando as dificuldades.

Isso não significa, no entanto, que todos os perfis do Orkut sejam necessariamente falsos. Tampouco verdadeiros. No entanto, interessam na medida em que são a representação arbitrária de si mesmo. Os perfis do Orkut podem não ser verdadeiros, mas os usuários agem em

---

53. SCHUTZ, A. *The structures of life-world*. Illinois: Northern Press, 2001, p. 161.
54. MACHADO, A. "Formas expressivas da contemporaneidade". In: PEREIRA, A.C. & FAUSTO NETO, A. *Comunicação e cultura contemporâneas*. Rio de Janeiro: Nortrya, 1993, p. 207.

relação a eles como se fossem. E não faltam casos nos quais a descrição procura ser fiel ao indivíduo descrito.

A exposição do si-mesmo em um perfil é um ato altamente simbólico e carregado de intenções. O usuário sabe que será visto e sua descrição será responsável pela representação que os visitantes farão dele. Não se trata, evidentemente, de um comportamento único, mas nunca a identidade pessoal esteve tão aberta quanto no Orkut.

Essa exposição demasiada do "eu", em casos-limite, causa o efeito contrário: usuários interessados em preservar sua intimidade chegam a apagar o perfil ou reduzi-lo aos mínimos elementos necessários com vistas a manter as relações mas, ao mesmo tempo, evitar a excessiva visibilidade de si.

> Quem sou eu: Gente por uma questao pessoal... mts xeretas entrando na minha vida... os scraps serao lidos, respondidos e apagados... mas estarao aki no meu S2!!! bjoooo gde amoress =]

No mundo real é possível ao indivíduo controlar os fluxos de informação dirigidos a cada interlocutor. Em um diálogo real, os interlocutores definem e redefinem a cada momento o que falar, o que dizer, quais informações/opiniões transmitir, quais guardar para si. É um julgamento objetivo e imediato do valor simbólico de cada uma das falas em oposição ao aspecto dito "espontâneo" da linguagem[55].

Na nova esfera pública digital, o diálogo ganha em termos de igualdade entre os interlocutores, embora, claro, essa igualdade esteja longe de ser plena e muitas vezes seja a fonte de conflitos entre quem pretende uma internet livre e os defensores de algum tipo de controle.

Assim, em uma conversa, o conjunto das trocas simbólicas é orientado de maneira a personalizar ao máximo a informação. No Orkut, ao contrário, a mesma informação está disponível para todos os interlocutores, sem esse controle em "tempo real" das informações em um diálogo. A troca, neste caso, é reduzida ao consumo imediato.

As relações sociais, no Orkut, seguem uma lógica semelhante às do mundo real. A diferença é a exposição permanente e as novas possibili-

---

[55]. "Nosso discurso mantém uma íntima relação com a verdade de nosso ser. Mais precisamente, já há algum tempo concebemos como natural o duplo movimento da enunciação e da decifração. Falar é dar-se à interpretação" (BRUNO, F. "A enunciação de si na Modernidade". In: FAUSTO NETO, A. *O indivíduo e as mídias*. Rio de Janeiro: Diadorim, 1996, p. 308).

dades de interação pessoal. Cada usuário pode deixar "recados" (*scraps*) para os outros. Há aí uma nova exposição pública da vida privada. Os recados são públicos, podem ser lidos por qualquer pessoa. Dessa maneira, qualquer um que acesse o perfil de uma pessoa conhece não apenas a auto-representação, mas também os amigos da pessoa e o grau de relação com eles[56].

Os recados expõem a intimidade das microrrelações sociais, deixando expostas para qualquer um as informações trocadas entre os indivíduos. É possível saber quem está falando com quem – o sigilo da correspondência transformado em uma exposição sem precedentes das relações. Assim, é possível saber dos contatos mantidos entre duas pessoas e nem sempre desejados por uma terceira.

As fontes de informação se formam nesse contexto: "A interação é parcialmente composta de uma série de recursos oferecidos ou de uma oferta de recursos (informações). Na interação, cada participante proverá o outro de recursos simbólicos durante uma interação. Amor, *status* e informação estão entre esses recursos transmitidos simbolicamente"[57].

É o caso, digamos, da namorada que encontra no "Caderno de Recados" (*scrapbook*) do namorado recados da "ex". As relações do mundo virtual têm conseqüências reais – e essa é a razão, em última instância, pela qual é necessário uma investigação das relações virtuais:

> Amigos, Por motivos básicos de sussego e privacidade, todo scrap é deletado depois de lido e respondido. Simples assim. Valeu.

Os recados estão entre os elementos mais fascinantes do Orkut. A privacidade das conversas, bem como o sigilo da correspondência é um dos princípios do conceito moderno de "cidadão". O caderno de recados do Orkut é uma correspondência aberta – ou uma conversa pública, conforme o caso. Qualquer pessoa pode escrever ou ler um recado. Uma vez escrito, fica gravado no perfil até que o dono o apa-

---

56. "Para além das diferentes disciplinas que têm construído a noção de sociabilidade urbana, uma das mais importantes diz respeito sem dúvida à articulação entre a proximidade física e distância social. É ao redor dela que se vive uma identidade urbana" (NÉGRIER, Emmanuel. "Espaces urbaines et sociétés de communication". *Espaces et Sociétés*, n. 87, 1996, p. 60. Paris: L'Harmattan/CNRS).

57. ROLLOF, M. "Communication and reciprocity". In: ROLLOF, M. & ROLLOF, G. *Interpersonal processes*. Nova York: Sage, 1989, p. 25.

gue. Os recados seguem a lógica de um diálogo: uma vez escrito, espera-se uma resposta. Os outros usuários, participem ou não desse diálogo, podem ler e saber, em um toque de *mouse*, toda a conversa.

As conseqüências desse grau de exposição não demoram a surgir: essa leitura da intimidade gera uma série de problemas.

> Quem sou eu: Sem mais delongas... PS1: Se você não me conhece, deixe um recado antes de me adicionar. PS2: Não desenhe no meu scrapbook!

Nem todas as relações humanas precisam ou podem ser vistas por uma terceira pessoa. No mundo moderno, os espaços do sujeito foram construídos de modo a garantir um mínimo de privacidade no que diz respeito às relações de comunicação. As prerrogativas de existência de uma esfera privada, oposta a uma esfera pública, são um dos elementos mais característicos da Modernidade, na medida em que regulam os fluxos de comunicação no sentido de delimitar quais pertencem a cada espaço. Dessa maneira, os limites do público/privado definem-se a partir das mensagens em circulação de cada um com os outros indivíduos pertencentes a uma ou outra esfera.

Ver o caderno de recados de outra pessoa é fazer uma leitura da intimidade. Nem todas as conversas poderiam ser públicas: ao contrário, o teor pessoal da maioria delas deveria implicar, em um ambiente real, uma série de precauções dos interlocutores para não serem ouvidos/vistos por ninguém. No Orkut essa lógica se inverte: os recados estão lá para serem lidos por qualquer pessoa. Os próprios internautas notam essa característica. Um depoimento na comunidade "O Orkut destrói relacionamentos" é notável:

> **E mais uma história acabada!!!** 17/03/2006 16:29
>
> Até q enfim encontrei uma comunidade q realmenti combinasse comigu!!! mais é por essa m... di orkut fim d meu relacionamentu!!! mais ai concordo com qq um q dizer q isso eh uma b... !!! kem tiver afim d trocar uma ideia sobre isso podi me add ok? Bjinhus pra tds os coraçoes feridoss... assim como o meu !!! A verdade é uma só: O Orkut destroi relacionamentos!!

Atualmente, a noção de "intimidade" está vinculada à comunicação. A autodefinição do indivíduo passa pelas informações a respeito de si mesmo tornadas públicas. Nesse sentido, "intimidade" refere-se ao conjunto de informações pessoais compartilhadas apenas com um número restrito de pessoas com as quais existe um vínculo afetivo. A construção da intimidade está vinculada a uma definição negativa: o íntimo é o espaço daquilo que não pode ser visto ou ouvido – onde, portanto, há barreiras permanentes de comunicação, alteradas unicamente a partir da vontade explícita do indivíduo. A questão, em termos jurídicos, apresenta-se como lei: violação da intimidade é crime.

Uma das peculiaridades da Modernidade é a definição clara dos espaços de comunicação a partir do teor das mensagens trocadas pelos indivíduos. A existência de um "assunto pessoal", oposto ao conjunto de assuntos pertencentes a um grupo maior, é um dos principais elementos de definição do "eu" em relação aos outros.

Há uma evidente relação de poder no conhecimento das informações de outra pessoa. No conjunto das relações sociais, determinadas ações só são possíveis na medida em que estão ocultas de outros grupos aos quais o indivíduo pertence. "A informação a respeito do indivíduo serve para definir a situação, tornando os outros capazes de conhecer antecipadamente o que se esperará deles e o que é possível esperar"[58]. Tal elemento fica patente em uma comunidade sobre relacionamentos:

> O amor constrói, o Orkut destrói vc anda brigando com sua namorada(o) por causa dos scraps das orkutianas(os)??... ja recebeu ou enviou akele testemunho suspeito??...e ela(e) rastriou vc depois...kkk, aki é seu lugar...kkkk, compartilhe aki as suas historias....

As interações sociais são complexos sistemas de comunicação nos quais a informação pessoal é o capital de troca. Cada pessoa, no mundo social, escolhe quais informações devem ser compartilhadas com quem. Esse atento controle das informações pessoais permite o convívio em sociedade. Um grupo no qual todas as informações fossem compartilhadas por todos os membros conduziria a uma situação de anomia.

Em um paralelo com o Estado moderno, Norberto Bobbio mostra que a sobrevivência de uma nação não está nas informações transmitidas, mas justamente naquilo que não se sabe – os *arcana imperii* – a seu respeito. Esse princípio político se reproduz, em outra escala, na microssociologia da vida pessoal cotidiana.

O teor de uma conversa pessoal tende a diferir integralmente dos diálogos formais – e a separação nítida dos assuntos pessoais das ques-

---

58. GOFFMAN, E. *A representação do eu na vida cotidiana*. Petrópolis: Vozes, 1979, p. 11.

tões técnicas e profissionais é um imperativo de qualquer relação social. O título de duas comunidades é exemplar:

> Minha namorada vigia meu orkut Comunidade destinada a todos aqueles que tem que explicar a namorada, toda mulher nova que vc add, todo scrap que chega, todo scrap que vc envia... Vamos nos unir contra essas espiãs do ORKUT
>
> A Comuninade vale também para as ciumentas de plantão que assumem seu instinto Mata Hari e vasculham o orkut do namorado!!!!! hahahahhahaha!!!!!!

Os limites entre o pessoal e o público não são bem delineados no Orkut – como, de resto, na internet. Estudando as transformações da fotografia nos fotoblogs, Cohen chega a resultados similares no que diz respeito à identidade dos autores. Oscila em um *continuum* entre a deliberada exposição do "eu" e a contida demonstração de preferências e fatos do cotidiano[59].

Se na construção do perfil existe uma seleção claramente voluntária das informações tornadas públicas, no caderno de recados esse controle é bastante reduzido. Um recado pode ficar exposto durante horas até que o dono do perfil o apague. E, nesse intervalo de tempo, será um dado particular de caráter público. A solução, em alguns casos, é encontrada a partir da reconstrução explícita dessa fronteira, na maior parte dos casos com certo tom irônico:

> Quem sou eu: eu quem?

De todos os recursos do Orkut, as chamadas "comunidades virtuais" estão entre os mais reveladores dos dispositivos de criação de uma personalidade virtual. Os participantes do Orkut podem se reunir em grupos de interesse denominados "comunidades". Trata-se de fóruns de discussão de assuntos de atenção comum, criados por um dos participantes e que permite a interação *on-line* entre todos. Nesses fóruns qualquer um pode participar, criar tópicos de discussão e trocar informações.

Dessa maneira, ao lado de grupos de discussão há as comunidades como uma forma específica de interação digital. A partir dos membros de uma comunidade é possível estabelecer novas formas de relaciona-

---

[59]. COHEN, K. "What does the fotoblog wants?" *Media, Culture & Society*, vol. 27, 2005, p. 885.

mento, mesmo com pessoas até então desconhecidas. Afinal, a comunidade é um centro de interesses comuns e, portanto, um lugar virtual de socialização vinculado a um ou outro aspecto do cotidiano.

Os grupos de discussão já existiam na internet antes do Orkut. No entanto, a dimensão pública e espacial de seu conteúdo atingiu um nível de complexidade e sofisticação jamais imaginado dentro desse novo sistema. Quando se visita o perfil de alguém, aparecem na página as comunidades que a pessoa freqüenta. Assim, instantaneamente, é possível conhecer os gostos e preferências da pessoa objetivados na freqüência a esta ou àquela comunidade. Em certos casos, a própria descrição é substituída pelo convite a que se compartilhe o conhecimento das comunidades como índice de gosto.

> Quem sou eu: -> Dê uma espiadinha nas minhas Communities que terá uma noção :P

Há uma diminuição radical no tempo de relação social. Se, no mundo real, a explicitação dos gostos e preferências é geralmente decorrente do estabelecimento prévio de relações sociais, no Orkut essa consciência das práticas do outro é imediata. Basta ter acesso a um determinado perfil e imediatamente é possível ter uma lista clara de suas idéias, práticas e referências de vida. As comunidades permitem estabelecer uma fenomenologia da personalidade do usuário do Orkut – não apenas do que ele gosta, mas sobretudo do que pretende mostrar que gosta:

> Quem sou eu: Não gosto muito de falar de mim, mas as comunidades falam bastante e um pouco q vc convive descobre!!!

As comunidades são geralmente acompanhadas de pequenas descrições referentes a seu conteúdo ou ao perfil dos participantes. Os temas variam do interesse sério em agregar pessoas ao completo *nonsense*.

O perfil de um participante é sempre acompanhado de suas comunidades. Ao se tornar membro de uma delas, o internauta imediatamente assume uma série de valores específicos daquele mundo. Uma comunidade lúdica, por exemplo, é acompanhada dos respectivos valores esperados de quem a freqüenta:

> Deus protege os bêbados. Se vc ja escapou de situações extremas inexplicavelmente quando estava localizado, se vc ja se safou de brigas com namorada, ow arrumou sua namorada qdo estava DOIDO.... se vc ado-

> ra beber, ficar doidao, e falar besteira a noite toda com os amigos... se vc eh dakeles q qdo bebe vai pra balada e vira o rei da noite... o kra mais engraçado, mais simpatico, mais doidao... vc esta no lugar certo......

As práticas culturais são elementos a partir dos quais é possível delinear o contorno de uma série de escalas de valor do indivíduo. A posição de um indivíduo no mundo social é objetivada de maneira reflexiva a partir do valor social de suas práticas simbólicas. O gosto, as preferências estéticas e culturais, a adesão a uma certa atividade e mesmo as mais distantes percepções simbólicas são indicadores da posição específica do agente no espaço social[60].

Ao assumir um certo gosto ou prática, o indivíduo se posiciona diante dos outros em um lugar próprio dentro das hierarquias de uma sociedade. Assim, a identificação com o grupo se relaciona ao conjunto de práticas em comum. Na comunidade virtual, a confissão de uma prática considerada ruim no mundo real ganha legitimidade:

> Eu durmo na aula... Para todos aqueles que encontram nas palavras do professor uma canção de ninar, capotam e, quando aprendem alguma coisa, foi por total osmose...

O gosto, elemento por excelência de distinção, é uma estratégia específica de atribuição de valor na construção de um "eu" digital. Pertencer a uma comunidade significa reconhecer-se perante os outros como praticante de uma certa atividade ou, em última instância, adepto de um certo gosto. Isso tende a estipular o valor específico do sujeito em relação aos seus amigos. As inúmeras comunidades "eu amo" ou "eu odeio" mostram essa expectativa de valoração esperada dentro de um determinado grupo:

> Eu adoro banho quente! Você é daqueles que toma banho fervendo, capaz de fazer o alarme de fogo soar?? Quando você sai do banho existem gotas de agua no teto como em uma sauna?? Ao sair do banheiro aquela nuvem de vapor sai junto com você como na foto?? Seu espelho embassa? Você acha que é o único q faz isso? Errado, nós também fazemos isso!

---

60. "É pela cultura que o indivíduo adquire *standing* e realidade. Sua real natureza e substância é a alienação de si mesmo como Espírito de seu ser natural" (HEGEL, G.W.F. *Phenomenology of spirit*. Oxford: Oxford University Press, 1977, p. 298).

As práticas sociais se revelam no cotidiano e estão dispersas no senso comum. Declarar um gosto é uma ação social e, como tal, envolve a reciprocidade esperada entre o comportamento adotado e a perspectiva de um comportamento daqueles com quem se está envolvido. A ação virtual segue um caminho semelhante.

Ao participar de uma comunidade, o indivíduo revela suas preferências – e, com isso, posiciona-se em relação aos outros participantes como detentor de um capital simbólico específico, análogo ao que seria sua prática no mundo real. Na medida em que as práticas virtuais se pautam por uma refração das categorias utilizadas na realidade, os gostos e práticas se deixam revelar na mesma medida, posicionando o sujeito a partir de suas práticas. Estar em uma comunidade é atribuir um valor a si mesmo em relação ao contexto cultural no qual se vive – e uma tomada de posição:

> Eu quero justiça social: Para todas aquelas pessoas que discordam e lutam contra o modelo econômico atual buscando um mundo mais justo, melhor distribuição de renda e valores mais humanitários... Esta é uma comunidade apartidária cujo foco não é a discussão de ideologias políticas (existem outras comunidades especificamente dedicadas a esta tarefa), e sim, a busca de idéias concretas e efetivas para a construção de uma sociedade que oferece oportunidades para todos.

Evidentemente a preocupação em revelar ou não gostos e preferências não é explícita, exceto em alguns poucos casos localizados. No entanto, as comunidades garantem uma coesão de interesses e participações dos membros do Orkut.

Não é este o lugar para uma discussão pormenorizada do caráter valorativo específico da cultura ou das práticas sociais, mesmo porque ainda não foram dimensionadas as relações entre uma prática social e as formas de interação virtual. No entanto, pode-se aferir da pesquisa realizada até que ponto as práticas culturais objetivadas como preferências no Orkut servem como pontos de construção de uma realidade social no mundo virtual e, mais ainda, na criação do "eu" digital[61].

---

61. "A determinação social da percepção é claramente um efeito da sociedade sobre o indivíduo, enquanto a percepção do social refere-se a uma percepção individual da sociedade" (GLYNN, J. et al. "Opinions, perceptions and social reality". In: GLASSER, T. & SALMON, C. *Public opinion and the communication of consent*. Londres: Guilford Press, 1995, p. 255).

> Eu sou estranho: Vc se acha diferente? As pessoas te olham qdo vc passa na rua? Vc costuma falar coisas q ninguém mais entende e comer pão com manteiga e açucar??? Essa é a sua comunidade! A comunidade dos seres estranhos que um dia vão dominar o mundo HAHAHAHAHAHAHA (risada macabra).

No mundo social, o ser humano é definido por sua prática – tanto efetiva quanto discursiva. Na perspectiva weberiana, o ato é sempre o ponto de partida de qualquer ação. Na mesma linha, a sociologia fenomenológica de Schutz – de vasta base weberiana, é bom salientar – entende que as interações simbólicas intersubjetivas são as responsáveis pela construção do "mundo da vida", do conhecimento comum.

Não é demais, portanto, lembrar que as práticas virtuais são reveladoras de comportamentos possíveis de um indivíduo real – a participação e a freqüência a determinadas comunidades são indicadoras dessas práticas. O impacto das tecnologias digitais na construção do "eu" ultrapassam o espaço virtual, tendo seus efeitos em uma dimensão geral. Estudando os efeitos do uso de celulares, García-Montes e sua equipe mostra o quanto o deslocamento do falante implica mudanças na comunicação[62].

No ambiente virtual, não existem distinções entre o ser e o parecer: os pixels da tela permitem a qualquer um não apenas mostrar o que é, mas sobretudo o que pretende ser[63]. Nesse sentido, as comunidades são uma radiografia imediata da personalidade de cada participante – não apenas o que ele é, mas o que gostaria de ser. O exemplo abaixo revela esse sentimento na maior comunidade do Orkut – quase dois milhões de participantes:

> Eu odeio acordar cedo: Pra você que acha que o dia só começa após o meio-dia.

Realidade, auto-representação e imaginário têm suas fronteiras quebradas no Orkut. A perplexidade diante das novas relações virtuais não poupam nem quem está mergulhado nelas. Em um dos perfis consultados, essa perplexidade toma a forma de uma identificação negativa:

---

62. GARCÍA-MONTES, A. et al. "Changes in the self resulting from the use of mobile phones". In: *Media, Culture & Society*, vol. 28, 2006, p. 69.
63. DOMINICK, J.R. "Who do you think you are? Personal home-pages and self-presentation". In: *Journalism and Mass Communication Quarterly*, vol. 76, n. 4, 1999, p. 648.

Quem sou eu: Ainda não compreendo a necessidade de me definir erroneamente por mera curiosidade alheia.

Compreender essa necessidade, talvez, seja uma nova tarefa da comunicação.]

Conclusão
As dobras do texto

As linhas estão traçadas e o resultado é uma malha de conceitos, exemplos e discussões pelas páginas do texto. Os critérios do tecido estão delimitados, e pouco a pouco a estampa se delineia como algo que se pretende inteligível e coerente, dentro dos limites próprios de uma pesquisa. Isso não significa, porém, os limites de um trabalho final ou de um pensamento. As contribuições para novos textos enovelam-se à medida que é escrito, agregando novas formas, novos desenhos e novos problemas – alguns nós na trama – engendrados pelo movimento perpétuo do mundo cotidiano que cerca o desenvolvimento do assunto. Nas últimas linhas da textura, embaraçam-se as considerações a partir de desenvolvimentos diversos.

É a partir desses parâmetros que se pretende usar estas páginas finais para novas perguntas sobre o pano de fundo já costurado. E, sobretudo, iniciar outros diálogos, acrescer à trama fios ainda inexplorados, sem a intenção de dar conta deles, mas para imaginar o que pode ser feito. Afinal, desde Bachelard, a imaginação na ciência deixou de ser um crime para ganhar a luz das considerações legítimas. O diálogo precisa ser aberto juntando as pontas dos fios utilizados com considerações diversas para o estímulo do pensamento.

Obstáculos que se apresentem para novas indagações, trechos retomados e abandonados, linhas de argumentação ainda desconhecidas transformadas em momentos de reflexão e análise. Intercessores, no sentido que Gilles Deleuze dá a essa palavra, na criação de conceitos a partir da intervenção de pessoas/problemas para seguir uma argumentação[1].

Por isso mesmo, cumpre chamar ao diálogo interlocutores próximos e distantes. E pensar, sobretudo, no problema específico do conhecimento limitado por estratégias de ação institucional a partir de sua apresentação. E o recurso, neste caso, é a contraposição de idéias e intenções – seja com os modernos, seja com os antigos.

---

1. DELEUZE, G. *Conversações*. São Paulo: Ed. 34, 2001, p. 35.

As fronteiras do conhecimento organizado foram redefinidas no último século como em nenhum outro momento da história desde a Reforma. Essas transformações decorrem dos novos fluxos globais de conhecimento em curso no Ocidente, redefinindo a própria estrutura interna do cotidiano. Acompanhar as mudanças significa repensar suas práticas institucionais e avançar em direção a novas formas, novos discursos ou ainda novas formas para novos discursos.

O lugar da comunicação na sociedade redefine seus limites. As instituições provedoras de sentido e responsáveis pela distribuição do conhecimento procuram pensar novamente seus próprios espaços, por conta da relação entre a informação transmitida e os novos contornos do público. Dessa maneira, a comunicação na sociedade passa por novos agentes intermediários relacionados à transmissão em massa – não por acaso, universidade e mídia são os dois pontos fundamentais do processo.

A razão moderna não conhece a unidade de uma compreensão do todo senão como utopia. O próprio campo científico reage contra qualquer tentativa de unidade, apesar do êxito de inúmeras tentativas antidisciplinares. Vale lembrar que a não-dissolução das disciplinas ou sua absorção em um único campo do saber está longe de ser a resposta esperada. Afinal, o próprio Aristóteles dividiu o conhecimento em áreas de investigação – mas não deixou de lado o sentido da unidade.

A unidade do conhecimento é um pressuposto do próprio conhecimento. Conhecimento pré-moderno e pós-moderno, a unidade é perdida pela Modernidade. O conhecimento da unidade dos princípios é enquadrar o pensamento moderno. No século XVI, Francisco Suárez escrevia que "o entendimento adquire as ciências do modo mais perfeito que pode, e o modo mais perfeito é adquirir a ciência das coisas unidas, não divididas"[2]. Seiscentos anos depois, Lee Smolin postula algo similar ao mostrar que a física, em sua especialização, não deixou de procurar uma teoria unificada para explicar uma realidade contínua, longe de toda fragmentação especializada[3]. O que une um jesuíta do século XVI e um físico dos anos 2000 é a procura de uma representação/interpretação completa da realidade.

As tramas de sentido do "mundo da vida" geram uma complexa rede de comportamentos e representações específicas em cada grupo

---

2. SUÁREZ, F. *Introducción a la metafísica*. Madri: Espasa-Calpe, 1966, p. 51.
3. SMOLIN, L. *The trouble with physics*. Nova York: Houghton, 2005.

social, garantindo, de certa maneira, a sobrevivência e o significado do próprio indivíduo diante de um mundo em perpétua transformação. As estratégias de ação, porém, devem ser compatíveis com as exigências da Modernidade sob pena de um arcaísmo de resultados desastrosos. As novas definições dos espaços cotidianos de conhecimento encontram uma estrutura em suas novas formas, na medida em que não se interponham diretamente no curso dos acontecimentos, mas, antes, se aliem ao presente. Um modo de trabalho no sentido de abrir fronteiras e convergir o conhecimento na busca de ciências, acima de tudo, humanas.

Bibliografia citada

AARSETH, E. *Cybertext*. Baltimore: John Hopkins University Press, 1999.

ABBAS, A. "Buildings on disappearance". In: DURING, S. *The cultural studies reader*. Londres: Routledge, 1995.

ACKER, L.V. *Introdução à filosofia lógica*. São Paulo: Acadêmica, 1932.

ADORNO, T.W. *Aesthetic theory*. Londres: Continuum, 2005.

_____ *Negative dialectics*. Londres: Continuum, 2003.

ADORNO, T.W. & HORKHEIMER, M. *Dialetics of Enlightenment*. Londres: Verso, 1997.

AGOSTINHO, S. *A doutrina cristã*. São Paulo: Paulus, 2002.

ALMEIDA, G. *A metafísica poética em Hilda Hilst*. São Paulo: PUC, 2005 [Dissertação de mestrado].

ALTHUSSER, L. *Posições 2*. São Paulo: Graal, 1984.

AQUINO, T. de. *Suma contra os gentios*. Caxias do Sul/Porto Alegre: Sulina, 1990.

_____ *Summa Theologica*. Londres: Britannica, 1952.

ARANTES, P. *O lugar da arquitetura depois dos modernos*. São Paulo: Edusp, 1998.

ARISTÓTELES. *Metaphysics*. Londres: Penguin, 1998.

_____ "On the soul" (De anima). In: *Complete Works*. Princeton: Princeton University Press, 1997.

_____ "Categories – Pari Hermeneias" (Organon). In: *Complete Works*. Princeton: Princeton University Press, 1997.

BAKHTIN, M. *Problemas da poética de Dostoiévski*. Rio de Janeiro: Forense, 2001.

_____ *Marxismo e filosofia da linguagem*. São Paulo: Hucitec, 2000.

BARROS, C. *Ética na comunicação*. São Paulo: Moderna, 1995.

BARROS, C. & MARTINO, L.M. *O habitus na comunicação*. São Paulo: Paulus, 2003.

BARTHES, R. *Inedits* – Vol. 1. Paris: Seuil, 2003.

_____ *Critique et verité*. Paris: Seuil, 1992.

BAUMAN, Z. *Vida líquida*. Rio de Janeiro: Zahar, 2003.

_____ *Modernidade líquida*. Rio de Janeiro: Zahar, 2001.

BAUMGARTEN, A. *Estética*. Petrópolis: Vozes, 1993.

BEHAR, L. *The retoric of silence*. New York: Mouton de Gruyter, 1995.

BENJAMIN, W. "The work of art in time of mechanical reproduction". In: ID. *Illuminations*. New York: Fontana, 2005.

_____ "Pequena história da fotografia". In: *Obras escolhidas* – Vol. 1. São Paulo: Brasiliense, 2001, p. 95.

BENNET, T. "Theories of the media, theories of society". In: GUREVICH, M. et al. *Culture, society and the media*. Londres: Routledge, 2003.

BERGER, K. *Theory of art*. Oxford: Oxford USA Trade, 1999.

BERGER, P. & BERGER, B. *Sociology*. New York: Harper and Row, 1989.

BERGER, P. & LUCKMANN, T. *The social construction of reality*. Londres: Penguin, 2002.

BERMAN, M. *Tudo o que é sólido desmancha no ar*. São Paulo: Cia. das Letras, 2001.

BLIKSTEIN, I. "Intertextualidade e polifonia". In: BARROS, D. & FIORIN, J. *Dialogismo, polifonia, intertextualidade*. 3. ed. São Paulo: Edusp, 2003, p. 45.

_____ "Mirage et connaissance". *Revista de Antropologia*, vol. 26, 1983. São Paulo: Edusp.

BOAVENTURA, S. *Recondução das ciências à teologia*. Lisboa: Presença, s.d.

BOGART, L. "Highway to the star or road to nowhere?" *Media Studies Journal*, vol. 8, n. 1, 1994, p. 3. New York: Columbia University Press.

BONFANTINI, M. & PRONI, G. "Suposição: sim ou não?" In: ECO, U. & SEBEOK, T. *O signo de três*. São Paulo: Perspectiva, 1991.

BOURDIEU, P. *Questions de sociologie*. Paris: Minuit, 2004.

_____ *Esquisse d'une theorie de la pratique*. Paris: Gallimard, 2003.

_____ *Choses dites*. Paris: Minuit, 1993.

_____ *Les héritiers*. Paris: Minuit, 1993.

_____ *La distinction*. Paris: Minuit, 1992.

_____ *Le sens pratique*. Paris: Minuit, 1990.

BOURDIEU, P. & HAACKE, H. *Livre-troca* – Diálogos entre ciência e arte. São Paulo: Bertrand, 1995.

BOURRIAUD, N. *Esthétique relationnelle*. Paris: Les Presses du Réel, 2001.

BRUNKHORST, M. "Critical theory and the analysis of contemporary mass society". In: RUSH, F. *Critical theory*. Londres: Cambridge, 2004.

BRUNO, F. "A enunciação de si na Modernidade". In: FAUSTO NETO, A. *O indivíduo e as mídias*. Rio de Janeiro: Diadorim, 1996.

CAMPBELL, P. "Communication aesthetics". *Today's Speech* [s.e.], Summer/1971.

CÂNDIDO, A. *Literatura e sociedade*. 6. ed. São Paulo: Cia. Editora Nacional, 1980.

CANIVET, M. "Le principe éthique d'universalité et la discussion". *Revue Philosophique de Louvain*, tome 90, fev./1992.

CAPALBO, C. "Fenomenologia segundo Husserl". *Revista Brasileira de Filosofia*, vol. XXI, fasc. 81, jan.-mar./1971. São Paulo.

CARLSON, J. "Television viewing: cultivate perceptions of affluence and support for capitalist values". *Political Communication*, vol. 10, 1993 [s.e.], Londres.

CASTELLO, J. *Inventário das sombras*. Rio de Janeiro: Record, 1999.

CAUNE, J. *Esthétique de la communication*. Paris: PUF, 1997.

COELHO, N. "Da Poesia". *Cadernos de Literatura Brasileira*, n. 8, 1999. Rio de Janeiro: Instituto Moreira Salles.

COELHO, T. *A construção do sentido na arquitetura*. São Paulo: Perspectiva, 1998.

COHEN, K. "What does the fotoblog wants?" *Media, Culture & Society*, vol. 27, n. 6, 2005.

COLLIN, F. *Social reality*. Londres: Routledge, 2000.

CONTRACTOR, N.; SEIBOLD, D.; HELLER, M. "International influence in the structuring of media use in groups". *Human Communication Research*, vol. 22 n. 4, jun./1996.

COSTA, M. *L'estetica della comunicazione*. Roma: Castelvecchi, 1999.

COULDRY, N. "Liveness, 'reality' and the mediated habitus". *The Communication Review*, n. 7, 2004. Londres: Taylor and Francis.

COUTINHO, E. *A visão existenciadora*. São Paulo: Perspectiva, 1983.

_____ *A artisticidade do ser*. São Paulo: Perspectiva, 1979.

_____ *O lugar de todos os lugares*. São Paulo: Perspectiva, 1976.

DEBORD, G. *La société du spétacle*. Paris: Soleil, 2004.

DELEUZE, G. *Conversações*. São Paulo, Ed. 34, 2001.

DESCAMPS, C. "La formation du moi". In: DELACAMPAGNE, C. & MAGGIORI, R. *Philosopher*. Paris: Fayard, 1980.

DESTRI, L. & FOLGUEIRA, L. *Maldita, devota*: episódios da vida de Hilda Hilst. São Paulo: Cásper Líbero, 2006 [mimeo.].

DOMINICK, J.R. "Who do you think you are? – Personal homepages and self-presentation". *Journalism and Mass Communication Quarterly*, vol. 76, n. 4, 1999.

ECO, U. *Dalla periferia dell'imperio*. Milão: Bompiani, 2003.

ECO, U. & SEBEOK, T. *O signo de três*. São Paulo: Perspectiva, 1991.

EHRENHAUS, P. "Silence e symbolic expression". *Communication Monographs*, 55, 1988.

EPSTEIN, I. *O signo*. São Paulo: Ática, 1994.

FERRARA, L.A. "As máscaras da cidade". *Revista USP*, mar.-mai./ 1990.

FLUSSER, V. *Pós-história*. São Paulo: Duas Cidades, 1983.

_____ *Língua e realidade*. São Paulo: Herder, 1963.

FONSECA, J.P. "Comunicação estética". *Revista Tempo Brasileiro*, n. 19/20. Rio de Janeiro.

FONTENELLE, I. *O nome da marca*. São Paulo: Objetiva, 2004.

FOREST, A. *La structure métaphysique du concret*. Paris: J. Vrin, 1956.

FOREST, F. *Ouvre systéme invisible*. Paris: L'Harmattan, 2006.

FORGAS, J. "What is social about social cognition?" *British Journal of Social Psychology*, 22, 1983.

GALEFFI, R. *Novos ensaios de estética*. Salvador: UFBA, 1979.

_____ "A tese da autonomia da arte". *Revista Brasileira de Filosofia*, vol. XXV, fasc. 99, jul.-set./1975. São Paulo.

GARCIA-CANCLINI, N. *As culturas populares no capitalismo*. São Paulo: Brasiliense, 1990.

GARCÍA-MONTES, A. et al. "Changes in the self resulting from the use of mobile phones". *Media, Culture & Society*, vol. 28, n. 1, 2006.

GEORGE, Richard. "Social reality and social relations". *The review of metaphysics*, vol. XXXVII, n. 1, Issue n. 145.

GLYNN, J. et al. "Opinions, perceptions and social reality". In: GLASSER, T. & SALMON, C. *Public opinion and the communication of consent*. Londres: Guilford Press, 1995.

GOFFMAN, E. *A representação do eu na vida cotidiana*. Petrópolis: Vozes, 1979.

GOODMAN, N. "Languages of art". In: ROSS, D. *Art and its significance*. Nova York: State University of New York Press, 1994.

GRAMSCI, A. *Cadernos do cárcere* – Vol. 1. Rio de Janeiro: Civilização Brasileira, 1999.

GROSS, L. "How true is television's image?" In: UNESCO. *Getting the message across*. Paris: The Unesco Press, 1975.

GUNN, J. & BRUMMETT, B. "Popular communication after globalization". *Journal of Communication*, vol. 53, n. 1, mar./2003.

HABERMAS, J. *Social change in public sphere*. Londres: Vintage, 2001.

_____ *Teoria de la acción communicativa*. Madri: Taurus, 2001.

_____ "Arquitetura moderna e pós-moderna". In: ARANTES, O. & ARANTES, P. *Um ponto cego no projeto moderno de Jürgen Habermas*. São Paulo: Brasiliense, 1992.

HALL, S. *Representation*. Londres: Routledge, 2000.

_____ "Encoding/decoding". In: HALL, S. et al. *Culture, media, language*. Londres: Routledge, 1998.

HALL, S. & EVANS, J. *Visual culture*. Londres: Routledge, 2000.

HARVEY, D. *A condição pós-moderna*. São Paulo: Loyola, 2002.

HEGEL, G.W.F. *Introductory lectures on aesthetics*. Londres: Penguin, 1993.

_____ *Phenomenology of spirit*. Oxford: Oxford University Press, 1977.

HEIDEGGER, M. *Poetry, language, thought*. New York: Harper and Row, 2004.

_____ *Being and time*. New York: State University of New York Press, 1996.

_____ *On the way to language*. São Francisco: HarperCollins, 1982.

HILL, T. "O real, a *mimese*". *Revista Tempo Brasileiro*, n. 51, out.-dez./1977. Rio de Janeiro.

HORKHEIMER, M. *Critical theory*. Londres: Continuum, 2005.

HUSSERL, E. *The shorter logical investigations*. Londres: Routledge, 2005.

_____ *La crise des sciences européennes et la phénoménologie transcendentale*. Paris: Gallimard, 2004.

_____ *The idea of phenomenology*. The Hague: Martinus Nijhoof, 1973.

JASPERS, K. *Reason and existenz*. New York: Noonday Press, 1971.

JENKINS, R. *Rethinking history*. Londres: Routledge, 2006.

JENSEN, K.B. *The social semiotics of mass communication*. Londres: Sage, 2004.

JOVCHELOVITCH, S. "Social representations in and of the public sphere". *Journal for the Theory of Social Behavior*, 25, 1.

JOZEF, B. *A máscara e o enigma*. Rio de Janeiro: Francisco Alves, 1986, p. 211.

_____ *O espaço reconquistado*. Petrópolis: Vozes, 1974, p. 148.

KANT, I. *Critic of aesthetic judgement*. Londres: Brittanica, 2003 [Great Books].

_____ *Critic of pure reason*. Londres: Brittanica, 2003 [Great Books].

KATZ, C.S. "O problema da comunicação na obra de Husserl". In: *Revista de Cultura Vozes*, ano 66, n. 8, out./1972. Petrópolis: Vozes.

KIERKEGAARD, S. *Repetition*. Princeton: Princeton University Press, 2004.

_____ *Papers and journals*: a selection. Londres: Penguin, 1996.

KRISTEVA, J. Σημειωτχη – Recherches pour une sémanalyse. Paris: Seuil, 1969.

KUJAWSKI, G.M. *Cultura e liberdade*. São Paulo: Convívio, 1953.

LADUSÃNS, S. "Reflexão crítica". *Revista Brasileira de Filosofia*, vol. XXVIII, fasc. 112, out.-dez./1978. São Paulo.

LANGER, S.K. *Philosophy in a new key*. New York: Penguin, 1958.

LANTZ, P. "Sujet de la conaissance et subjectivité". *L'Homme et la Société*, n. 101, n. 3, 1991.

LEFEBVRE, H. *Everydaylife in the modern world*. Londres: Transaction.

LEIBNIZ, G. *New essays on human understanding*. Cambridge: University of Cambridge Press, 2005.

LESCOURRET, M. *Introduction à l'estéthique*. Paris: Flammarion, 2005.

LIMA, L.C. *Dispersa demanda*. Rio de Janeiro: Francisco Alves, 1980, p. 197.

_____ *Por que literatura*. Petrópolis: Vozes, 1969, p. 103.

LIMA, V. *Mídia: teoria e política*. São Paulo: Perseu Abramo, 2001.

LOTMAN, I. *La semiosfera*. Madri: Taurus, 2004.

_____ "Notes on the structure of a literary text". *Semiotica*, 15:3, 1975.

_____ "The sign mechanism of culture". *Semiotica*, 12:4, 1974.

LUHMANN, N. *Social systems*. California: Standford University Press, 2005.

_____ *A realidade dos meios de comunicação*. São Paulo: Paulus, 2005.

LUKÁCS, G. *Estetica*. Madri: Taurus, 1987.

LUNDH, L.-G. "Meaning structures and mental representations". *Scandinavian Journal of Psychology*, n. 36, 1995.

MACHADO, A. "Formas expressivas da contemporaneidade". In: PEREIRA, A.C. & FAUSTO NETO, A. *Comunicação e cultura contemporâneas*. Rio de Janeiro: Nortrya, 1993.

MACHADO, C. *A escritura delirante em Hilda Hilst*. São Paulo: PUC, 1993 [Tese de doutorado].

MAIGRET, E. *Sociologie de la communication et des médias*. Paris: Armand Colin, 2003.

MANNING, P.K. "Dramaturgy, politics and the axial media event". *The Sociological Quarterly*, vol. 37, n. 2, 1996.

MARCEL, G. *Être et avoir*. Paris: Aubier, 1935.

MARES, M. "The role of source confusions in television's cultivation of social reality judgements". *Human Communication Research*, vol. 23, n. 2, dez./1996.

MARTIN-BARBERO, J. "Cidade virtual: novos cenários da comunicação". *Comunicação e Educação*, 11, jan.-abr./1998, p. 53-67. São Paulo.

MARTINO, L.M.S. *Comunicação*: troca cultural. São Paulo: Paulus, 2005.

_____ *Mídia e poder simbólico*. São Paulo: Paulus, 2003.

MARX, K. *Manuscritos econômico-filosóficos*. Lisboa: Presença, 1994.

_____ *A ideologia alemã*. São Paulo: Hucitec, 1993.

McCALL, G. "Self-concept and interpersonal communication". In: ROLLOF, M. & MILLER, G. *Interpersonal processes*. Nova York: Sage, 1989.

McQUAIL, D. "Uncertainty about the audience and the organization of communications". *The Sociological Review*, n. 13, 1969.

McQUAIL, D. et al. "The television audience: a revised perspective". In: McQUAIL, D. *Sociology of mass communications*. Middlesex: Penguin, 1972.

MEDINA, C. *O signo da relação*. São Paulo: Paulus, 2005.

MEDINA, F. *No limiar dos sentido, a expressão do inefável* – O lírico e o grotesco em uma leitura das *Cartas de um sedutor* de Hilda Hilst. São Paulo: PUC, 2005 [Dissertação de mestrado].

MERQUIOR, J.G. *Astúcia da mimese*. Rio de Janeiro: José Olympio, 1978.

MOLES, A. *O cartaz*. São Paulo: Perspectiva, 1979.

MONTEIRO, A. *Escolha e sobrevivência*. São Paulo: [s.e.], 2004.

MORIN, E. *Le paradigme perdu*. Paris: Seuil, 2003.

_____ *Cultura de massas no século XX*. Rio de Janeiro: Forense, 1985.

NÉGRIER, E. "Espaces urbaines et sociétés de communication". *Espaces et Sociétés*, n. 87, 1996. Paris: L'Harmattan/CNRS.

NUNES, B. *Introdução à filosofia da arte*. São Paulo: Ática, 1989.

_____ *O dorso do tigre*. São Paulo: Perspectiva, 1969.

OLKOWSKI, D. "Art and the orientation of thought". *Research in Phenomenology*, vol. XVI, 1987.

PANOFSKY, E. *Arquitetura gótica e escolástica*. São Paulo: Martins Fontes, 2002.

PARK, R. "News as a form of knowledge". In: STEINBERG, C. *Mass media and communication*. New York: New York University Press, 1964.

PEISER, W. "Setting the journalist agenda: influences from journalists'individual characteristics and from media factors". *Journalism and Mass Communication Quarterly*, n. 77/2, 2000.

PERRONE-MOYSÉS, L. *Inútil poesia*. São Paulo: Cia. das Letras, 2000, p. 223.

POLAN, D. "Brief encounters". In: MODLESKI, T. (ed.). *Studies in entertainment*. Indianápolis: Indiana University Press, 2003.

PORTELLA, E. *Confluências*. Rio de Janeiro: Tempo Brasileiro, 1983.

QUEIROZ, V. "Tríptico para Clarice". *Revista Tempo Brasileiro*, 104, jan.-mar./1991, p. 141. Rio de Janeiro.

RAGON, M. "Architecture et mégastructures". *Communications*, n. 42, 1985. Paris: Du Seuil.

RENAUT, A. "The subject of communication". *Reseaux*, vol. 1, n. 2, 1993.

ROLLOF, M. "Communication and reciprocity". In: ROLLOF, M. & ROLLOF, G. *Interpersonal processes*. Nova York: Sage, 1989.

RUBIN, A. et al. *Communication research*. Londres: PromoBooks, 2003, p. 4.

SALDANHA, N. *Filosofias, povos, ruínas*. Rio de Janeiro: Caliban, 2002.

SANTOS, B.S. *Crítica da razão indolente*. São Paulo: Cortez, 2001.

SANTOS, M. *Técnica espaço tempo*. São Paulo: Hucitec, 1996.

SANTOS, M.F. *Convite à estética*. São Paulo: Matese, 1966.

_____ *Ontologia e cosmologia*. São Paulo: Logos, 1957.

SCHAEFFER, J. *Adieu à l'esthétique*. Paris: PUF, 2000.

SCHELER, M. "The Being of the person". In. MORAN, D. & MOONEY, T. *The phenomenology reader*. Londres: Routledge, 2006.

_____ *Posição do homem no cosmos*. Rio de Janeiro: Forense, 2000.

_____ *Visão filosófica do mundo*. São Paulo: Perspectiva, 1989.

SCHERER, R. *Philosophies de la comunication*. Paris: Sees, 1971.

SCHRAMM, W. *Men, messages, and media*. New York: Harper and Row, 1973.

SCHUTZ, A. *The structures of life-world*. Illinois: Northern Press, 2004.

SCHWARZ, R. *A sereia e o desconfiado*. Rio de Janeiro: Paz e Terra, 1965, p. 38.

SEARLE, J. *The construction of social reality*. Londres: Penguin, 2004.

SEVERIN, A. & TANKARD, E. *Communication theories*. Londres: Routledge, 2001.

SILVA, V.F. "Teoria da Solidão". In: *Obras completas* – Vol. II. São Paulo: Instituto Brasileiro de Filosofia, 1966.

SMOLIN, L. *The trouble with physics*. Nova York: Houghton, 2005.

SOTIROVIC, M. "How individuals explain social problems: the influence of media use". *Journal of Communication*, vol. 53, n. 1, mar./2003.

SPINOZA, B. *Ética*. Lisboa: Relógio D'Água, s.d.

STRATI, A. "Organizational symbolic as a social construction: a perspective from the sociology of knowledge". *Human Relations*, vol. 51, n. 11, nov./1998.

STRENGER, I. "Hegel e Husserl: duas fenomenologias?" *Revista Brasileira de Filosofia*, vol. XX, fasc. 80, out.-dez./1970. São Paulo.

SUÁREZ, F. *Introducción a la metafísica*. Madri: Espasa-Calpe, 1966.

SUBIRATS, E. *Vanguarda, mídia, metrópole*. São Paulo: Studio Nobel, 1993, p. 41.

THORBURN, D. "Television as an aesthetic medium". *Critical Studies in Mass Communication*, 4, 1987.

TRAGTEMBERG, M. *Administração, poder e ideologia*. São Paulo: Ática, 1995.

TRUZZI, M. "Sherlock Holmes: psicólogo social aplicado". In: ECO, U. & SEBEOK, T. *O signo de três*. São Paulo: Perspectiva, 1991.

VAZ, H.L. "Fisionomia do século XIII". *Kriterion*, vol. 19, n. 66, 1972, p. 134 [s.e.]. Belo Horizonte.

WATZLAWICK, P. *A realidade é real?* Lisboa: Relógio D'Água, 2005.

WEBER, M. *Economia e sociedade*. Brasília: UnB, 2001.

WILLIAMS, R. *Keywords*. Londres: Fontana, 2003.

WITTGENSTEIN, L. *Tractatus logico-philosophicus*. Londres: Routledge, 2001.

ZEIMBEKIS, J. *Que'est-ce qu'un jugement esthétique?* Paris: Vrin, 2006.

CULTURAL

Administração
Antropologia
Biografias
Comunicação
Dinâmicas e Jogos
Ecologia e Meio-Ambiente
Educação e Pedagogia
Filosofia
História
Letras e Literatura
Obras de referência
Política
Psicologia
Saúde e Nutrição
Serviço Social e Trabalho
Sociologia

CATEQUÉTICO PASTORAL

Catequese
Geral
Crisma
Primeira Eucaristia

Pastoral
Geral
Sacramental
Familiar
Social
Ensino Religioso Escolar

TEOLÓGICO ESPIRITUAL

Biografias
Devocionários
Espiritualidade e Mística
Espiritualidade Mariana
Franciscanismo
Autoconhecimento
Liturgia
Obras de referência
Sagrada Escritura e Livros Apócrifos

Teologia
Bíblica
Histórica
Prática
Sistemática

REVISTAS

Concilium
Estudos Bíblicos
Grande Sinal
REB (Revista Eclesiástica Brasileira)
RIBLA (Revista de Interpretação Bíblica Latino-Americana)
SEDOC (Serviço de Documentação)

VOZES NOBILIS

O novo segmento de publicações da Editora Vozes.

PRODUTOS SAZONAIS

Folhinha do Sagrado Coração de Jesus
Calendário de Mesa do Sagrado Coração de Jesus
Almanaque Santo Antônio
Agendinha
Diário Vozes
Meditações para o dia-a-dia
Guia do Dizimista

CADASTRE-SE
www.vozes.com.br

EDITORA VOZES LTDA.
Frei Luís, 100 – Centro – Cep 25.689-900 – Petrópolis, RJ – Tel.: (24) 2233-9000 – Fax: (24) 2231-4676 – E-mail: vendas@vozes.com.br

UNIDADES NO BRASIL: Aparecida, SP – Belo Horizonte, MG – Boa Vista, RR – Brasília, DF – Campinas, SP –
Campos dos Goytacazes, RJ – Cuiabá, MT – Curitiba, PR – Florianópolis, SC – Fortaleza, CE – Goiânia, GO – Juiz de Fora, MG –
Londrina, PR – Manaus, AM – Natal, RN – Petrópolis, RJ – Porto Alegre, RS – Recife, PE – Rio de Janeiro, RJ –
Salvador, BA – São Luís, MA – São Paulo, SP
UNIDADE NO EXTERIOR: Lisboa – Portugal